LES

TRAVAUX PUBLICS

DE LA FRANCE

TOME PREMIER : ROUTES ET PONTS

LES
TRAVAUX PUBLICS
DE LA FRANCE

ROUTES ET PONTS — CHEMINS DE FER — RIVIÈRES ET CANAUX
PORTS DE MER — PHARES ET BALISES

PAR

MM. F. LUCAS ET V. FOURNIÉ — ED. COLLIGNON — H. DE LAGRENÉ
VOISIN BEY — E. ALLARD

OUVRAGE PUBLIÉ SOUS LES AUSPICES

DU MINISTÈRE DES TRAVAUX PUBLICS

ET SOUS LA DIRECTION DE

M. LÉONCE REYNAUD
Inspecteur général des Ponts et Chaussées

TOME PREMIER : ROUTES ET PONTS

PAR

FÉLIX LUCAS ET VICTOR FOURNIÉ
Ingénieurs en Chef des Ponts et Chaussées

AVEC 50 PLANCHES PHOTOTYPÉES, 100 GRAVURES ET UNE CARTE EN CHROMOLITHOGRAPHIE

PARIS
J. ROTHSCHILD, ÉDITEUR
13, RUE DES SAINTS-PÈRES, 13

M DCCC LXXXIII

CLASSEMENT DU TEXTE ET DES PLANCHES

TEXTE : Faux titre et titre; feuilles a b, et 1 à 28.
PLANCHES : 1 à 50 à classer d'après l'explication des planches (voir texte page 98); — Carte des Routes.

N. B. Les feuilles a et b ne se trouvent pas dans les Exemplaires complets de l'ouvrage.

PRÉFACE

Une belle collection de vues photographiques envoyées par le Ministère des Travaux publics à l'Exposition universelle de Vienne, en 1873, a été le point de départ du présent ouvrage, qui lui a emprunté plusieurs planches des plus remarquables et l'a complétée par l'adjonction d'un grand nombre de nouveaux dessins.

De bons esprits ont jugé que faire connaître des travaux qui n'ont pas encore eu tout le retentissement qu'ils méritent, initier le public aux conditions de divers ordres qui président à leur établissement, mettre en lumière les services qu'ils ont rendus, serait combler une regrettable lacune et constituer une œuvre réellement utile.

A aucune époque en effet on n'a mieux senti le rôle que les grandes voies de communication sont appelées à remplir, et l'influence qu'elles exercent sur les relations sociales, le développement de la civilisation, l'accroissement des richesses et même sur la constitution des États; jamais elles n'ont absorbé une aussi large part de l'activité humaine, n'ont été conçues dans un meilleur esprit, et n'ont répandu plus de bienfaits. Cependant on parle plus volontiers des travaux de l'ancienne Égypte ou de la Rome des Césars que de ceux des temps modernes, et l'on semble porté à plus d'admiration pour le passé que pour le présent.

Qu'on soit vivement frappé de l'intelligence et de l'énergie qui ont présidé à la création des pyramides, des temples et des tombeaux des bords du Nil, à l'érection de pierres de dimensions colossales, à l'ouverture de nombreuses routes solidement établies pour mettre en relation toutes les parties du plus vaste empire qui ait jamais été rangé sous une même loi : il n'y a certes là rien que de très légitime. Toutes ces manifestations du génie de l'homme ont droit au respect. Mais on ne saurait méconnaître que nos œuvres, considérées en elles-mêmes, l'emportent de beaucoup sur celles des anciens. Nos chemins de fer seuls ont fait construire en Europe, depuis un demi-siècle à peine, plus d'ouvrages analogues aux célèbres aqueducs des Romains que n'en produisaient jadis des milliers d'années; nous avons ouvert dans ces derniers temps plus de voies souterraines à travers les rochers les plus durs qu'on ne l'avait fait depuis l'origine des sociétés; nos ports de mer sont plus nombreux, plus vastes, plus sûrs que ceux des anciens; nos voies de navigation intérieure ont pris un développement qu'on n'entrevoyait même pas autrefois; nos constructions témoignent de plus de science et de hardiesse, sans présenter pour la plupart moins de garanties de durée, que celles dont on se plaît trop souvent à exalter outre mesure les mérites. Et il est à remarquer que les grandes entreprises de travaux publics ne s'appuient plus sur l'esclavage, qu'elles ne condamnent plus à de misérables et honteuses existences la plupart des hommes dont elles empruntent les bras, et que, grâce en partie aux puissantes machines d'invention moderne qui se sont si heureusement substituées aux esclaves, elles sont devenues des agents de prospérité pendant comme après leur exécution.

La science et l'industrie ne se sont pas bornées d'ailleurs, dans leurs progrès incessants, à nous doter de ces précieux auxiliaires; les heureuses innovations abondent dans l'état actuel de l'art des constructions.

Il n'y a pas soixante ans que les idées les plus fausses avaient encore cours sur les mortiers, sur cette importante matière dont l'usage remonte pourtant à la plus haute antiquité. Ils étaient bons ou mauvais, suivant les hasards des circonstances locales, lorsque Vicat en a révélé la théorie, et a montré comment leurs propriétés varient avec leur composition. Grâce à lui et aux savants ingénieurs qui ont poursuivi ses études, les mortiers modernes sont de beaucoup supérieurs à ceux des anciens, satisfont à plus d'exigences, et ont permis d'exécuter avec succès des travaux qu'on n'aurait pas osé entreprendre jadis.

A peine découverts, les courants électriques font partir des mines d'une puissance jusqu'alors inconnue, fournissent une lumière abondante aux opérations qui doivent être poursuivies pendant la nuit, et augmentent dans une forte proportion l'éclat de notre éclairage maritime.

Au moyen de l'air comprimé, des fondations s'établissent solidement à de grandes profondeurs dans les terrains les plus défavorables, en même temps que le scaphandre, cette autre invention récente, autorise l'exécution d'excellentes maçonneries en pleine mer jusqu'à vingt mètres au-dessous de la surface de l'eau.

Enfin c'est encore aux progrès de la science et de l'industrie qu'on doit l'abaissement du prix du fer, ce métal précieux entre tous, qui, à peine employé il n'y a pas longtemps dans les grands travaux de construction, y remplit de nos jours un rôle si important et remplace avec tout avantage, en une foule de circonstances, la pierre et le bois. C'est le fer qui a permis d'édifier de hautes tours de phares qu'on transporte sans grandes dépenses sur des rochers isolés en mer ou, jusqu'aux antipodes, sur des plages dépourvues de toute ressource; d'établir des arches de ponts de bien plus grande ouverture que par le passé; de couvrir de vastes surfaces sans les encombrer de points d'appui; plus encore, de doter presque toutes les parties du globe de ces nouvelles voies de communication dont la bienfaisante influence, déjà si considérable, est appelée à se développer dans d'énormes proportions.

Malgré ses guerres et ses révolutions, la France n'est pas restée en arrière dans le mouvement auquel ont pris plus ou moins part toutes les nations civilisées, et ses efforts ont été trop fructueux pour qu'il n'y ait pas grand intérêt à s'en rendre compte.

Depuis 1830, la France n'a pas exécuté sur son territoire moins de 30 000 kilomètres de routes nationales ou départementales, en y dépensant plus de 800 millions, et elle a produit bien davantage au prix de plus grands sacrifices sur les chemins vicinaux. Le développement de ces dernières voies de communication, si modestes, si bienfaisantes en même temps, s'élève aujourd'hui à 380 000 kilomètres en bon état de viabilité, sur lesquels il a été dépensé depuis 1836, date de la loi qui a constitué le service, plus de 4 milliards, y compris, il est vrai, les frais d'entretien.

La France n'avait que 1812 kilomètres de canaux en 1830, elle en compte actuellement 4421, à quoi il convient d'ajouter 6937 kilomètres de rivières canalisées ou notablement améliorées au point de vue de la navigation. Les dépenses faites dans les travaux de ce genre se sont élevées à 700 millions environ de 1830 à 1876.

Nous avions 22 kilomètres de chemins de fer en 1830; à la fin de 1876 le nombre de kilomètres en pleine exploitation s'élevait à 22 673, et le développement des lignes en cours d'exécution était de 8539 kilomètres. Sur ces 31 212 kilomètres, 22 758 étaient, à cette dernière date, distribués entre six grandes compagnies, dont les dépenses atteignaient à 8 323 000 000 y compris 1 175 991 000 francs de subventions accordées par l'État. Les dépenses faites par les petites compagnies à la même époque, tant pour les lignes dites d'intérêt général que pour celles d'intérêt local, peuvent être évaluées à 1 milliard.

Dans le même laps de temps, des travaux considérables, qui ont coûté plus de 400 millions, ont été exécutés dans l'intérêt de la navigation maritime. Deux cents de nos ports de mer ont été améliorés et développés, quelques-uns sur une grande échelle, tels que ceux de Dunkerque, du Havre, de Brest, de Saint-Nazaire et de Marseille. L'éclairage de notre littoral, qui ne se composait en 1830 que de 53 phares dont les appareils optiques, relativement défectueux, ont tous été remplacés depuis lors, compte aujourd'hui 372 phares parmi lesquels on peut citer de remarquables édifices. En 1830 encore, notre balisage maritime était d'une telle insignifiance que les documents officiels n'en tenaient aucun compte, et il se composait, à la fin de 1876, de 3214 ouvrages de diverse nature.

Après tous ces grands travaux, il faudrait parler, pour ne rien omettre d'essentiel, de ceux qui ont eu pour objet l'assainissement ou l'irrigation de diverses parties du territoire, ainsi que de ceux qui ont introduit les plus importantes améliorations dans la plupart de nos grandes villes. Il y aurait surtout à citer la ville de Paris, qui a ouvert tant de beaux et larges débouchés à une circulation toujours croissante et qui, dans le demi-siècle que nous venons de parcourir, a passé pour ses égouts, d'une longueur de moins de 38 kilomètres à celle de 600 kilomètres; pour le volume moyen d'eau distribuée par jour, de de 19 300 mètres cubes à 291 000 mètres cubes; pour son éclairage public d'une quantité de lumière évaluée à ce que produiraient 20 712 bougies de l'Étoile à celle de 201 412 bougies de même espèce dans *l'enceinte antérieure à la dernière annexion et de 379 660 pour la ville actuelle. On trouverait également de l'intérêt à un compte rendu des dépenses qu'elle a consacrées à tous ces travaux d'utilité publique.*

Mais c'est en fait de préfaces peut-être qu'il importe le plus de savoir se borner, et d'ailleurs, si succinct et si incomplet qu'il soit, le résumé qui vient d'être présenté du merveilleux développement donné de nos jours à l'une des branches les plus importantes de l'activité humaine, doit suffire pour faire apprécier le but que se sont proposé les auteurs du présent ouvrage. Ils ont voulu répandre des connaissances utiles, trop renfermées jusqu'à présent dans le cercle des hommes spéciaux, et permettre d'apprécier, parmi les titres qui recommandent une époque dont les grandeurs sont parfois méconnues, l'un de ceux que la postérité reconnaissante placera peut-être au premier rang.

L'ouvrage est divisé en cinq parties sous les titres de : ROUTES ET PONTS, CHEMINS DE FER, NAVIGATION INTÉRIEURE, PORTS DE MER, PHARES ET BALISES.

Des ingénieurs dont les noms font autorité ont bien voulu se charger de la rédaction. Chaque partie fait connaître l'histoire, la technique et la statistique de l'ordre de travaux dont elle traite. Enfin, outre les vues photographiques et la carte spéciale qui l'accompagnent, le texte de chaque volume est complété par de nombreuses vignettes destinées à en faciliter l'intelligence.

Des photographes de premier ordre ont prêté à la collection de planches le plus précieux concours; ce sont : MM. BALDUS et BERTHAUD, à Paris; DE BRAY, à Nice; CABIREL, à Perpignan; COGNAQ, à la Rochelle; COLLARD et DAVANNE, à Paris; DELON, à Toulouse; DUCLOS, à Quimper; JOGUET, à Lyon; DE LABRADOR, à Bayonne; LETELLIER, au Havre; MAGNY, à Coutances; PACAULT, à Pau; PROMPT, à Albi; PROVOST, à Béziers; ROMANOWSKI, à Montpellier; SARAULT, à Asnières; TERPEREAU, à Bordeaux, et TERRIS, à Marseille.

Paris, novembre 1879.

L. R.

LÉONCE REYNAUD

M. Léonce Reynaud a été enlevé le 14 février 1880 à sa famille et à ses amis. Ses collaborateurs dans la publication des Travaux publics de la France ont pensé qu'une biographie sommaire de leur cher et digne Directeur ne serait pas déplacée en tête de l'ouvrage qui a formé le couronnement de sa laborieuse carrière.

La Notice qui suit est extraite du Journal des Débats du 1ᵉʳ mars 1880. Elle est due à M. F. de Dartein, Ingénieur en chef des Ponts et Chaussées. Ancien élève de M. Reynaud, et son successeur dans les chaires qu'il a occupées à l'École des Ponts et Chaussées et à l'École polytechnique, M. de Dartein était naturellement désigné pour rendre ce dernier hommage à sa mémoire.

Le Corps des Ponts et Chaussées vient de faire une perte vivement ressentie dans la personne de M. l'Inspecteur général Léonce Reynaud, qui, à d'éminentes qualités professionnelles, joignait de remarquables talents d'architecte, de professeur et d'écrivain. M. Léonce Reynaud, né à Lyon en 1803, était l'aîné et le dernier survivant de trois frères, hommes très distingués à divers titres, et qui, dans leurs carrières respectives, se sont fait une réputation considérable. Le second de ces frères fut Jean Reynaud, le philosophe, auteur de *Terre et Ciel*; le plus jeune était le vice-amiral Saint-Elme Reynaud.

Admis à l'École polytechnique en 1821, Léonce Reynaud fut, après une année d'études, licencié avec ses camarades de salle. Ses opinions libérales et l'indépendance de son caractère l'avaient rendu suspect de carbonarisme; mais ce ne fut qu'après son renvoi immérité qu'il s'affilia aux sociétés secrètes. Ainsi jeté dans la politique, il prit une part active à la préparation et à l'accomplissement de la révolution de Juillet.

Après son expulsion de l'École polytechnique, Léonce Reynaud dut s'ouvrir une nouvelle carrière. Son goût pour le dessin le dirigea vers les beaux-arts. Tout en travaillant pour vivre, — car sa famille, ruinée depuis quelques années, était réduite au strict nécessaire, — il fit de solides études d'architecture, les perfectionna par un voyage en Italie et, jusqu'en 1830, exerça la profession d'architecte.

L'injustice dont il avait été victime fut alors réparée. Le nouveau Gouvernement lui offrit, après enquête, à raison de son rang à l'École polytechnique, d'entrer dans le Corps des Ponts et Chaussées. M. Reynaud accepta cette proposition et montra, par la suite de sa carrière, que les traverses de la vie peuvent tourner à l'avantage des hommes qui les ont vaillamment supportées. En effet les études d'architecture qu'il avait entreprises sous le coup de la nécessité lui valurent les emplois et le préparèrent aux travaux qui ont fondé sa réputation.

Proposé à son insu et nommé, dès 1837, aux fonctions de professeur d'architecture à l'École polytechnique, il y enseigna durant trente années, captivant son auditoire par le charme de sa parole et le mérite de ce cours excellent qu'il a développé dans son *Traité d'architecture*. La solidité des principes, la clarté de l'exposition, l'heureux choix des exemples et le soin avec lequel sont gravés tous les dessins, font de ce livre un monument classique de premier ordre, monument qui honore d'autant plus l'auteur qu'il est, à vrai dire, unique en son genre : car les autres traités généraux, écrits sur l'architecture depuis Vitruve jusqu'à nos jours, sont ou des dictionnaires ou des recueils de préceptes et d'exemples appropriés à telle ou telle époque, et composés sans vue d'ensemble, ou du moins dépourvus d'une idée philosophique qui règle l'exposition, coordonne les différentes parties et surtout vivifie toute l'œuvre par l'enseignement d'une saine doctrine.

Résumée en peu de mots, la doctrine de M. Reynaud se définit ainsi : L'utilité dans le but, la sincérité dans les moyens et la justesse dans l'expression sont les conditions essentielles de la beauté des édifices. Préceptes féconds et salutaires, pleinement d'accord avec les leçons des chefs-d'œuvre de l'art grec, dans lesquels le fond domine toujours la forme.

La valeur pratique du livre n'est pas moindre que son mérite théorique. Il renferme dans ses deux parties : « l'Art de bâtir » et la « Composition des édifices », toutes les notions techniques et artistiques qui peuvent intéresser l'architecte, depuis l'étude des propriétés et de la résistance des matériaux de construction jusqu'à celle des édifices tout entiers, examinés dans leurs diverses formes, variables selon les temps et les lieux. Aussi le *Traité d'architecture*, si complet, si nourri de faits et d'idées, a-t-il rendu et continue-t-il à rendre les plus grands services. On n'a point essayé de lui donner de rival. Plusieurs fois réimprimé, traduit et même contrefait, il est aux mains de tous les architectes. Sa réputation est aussi haute à l'étranger qu'en France, et la notoriété de son auteur est devenue universelle.

L'autre grande œuvre de M. Reynaud fut sa participation comme ingénieur, puis comme directeur du Service des phares, à l'organisation de l'éclairage et du balisage des côtes de France. Cette carrière lui fut également ouverte par ses études d'architecture. La construction du phare de Bréhat commença sa double réputation d'ingénieur et d'architecte. Bâtie sur la côte nord de Bretagne, cette haute et robuste tour de granit s'élargit à la base suivant une élégante courbure concave : elle se rattache ainsi plus solidement au rocher balayé par les hautes mers, sur lequel à grand'peine furent établies ses fondations. Dans son cadre sauvage et grandiose, grâce à la vigueur de ses formes, elle produit un effet imposant.

Pendant trente-deux années, de 1846 à 1878, M. Reynaud dirigea le service des phares. L'administration lui a fait l'honneur, après sa mise à la retraite, de le maintenir dans cette haute situation jusqu'à sa soixante-quinzième année. On jugera de l'importance de ses services, quand on saura qu'il a fait construire plus de la moitié des phares (61 sur 116) et les trois quarts des fanaux et des feux flottants (187 sur 254) qui éclairaient, il y a deux ans, les côtes de la France; qu'il a créé, par l'installation de près de trois mille tours, tourelles, bouées, balises et amers de toute sorte, le balisage des mêmes côtes, qui existait à peine avant son entrée en fonctions; enfin qu'on lui doit l'usage, pour plusieurs phares, de la lumière électrique et la substitution, dans les appareils d'éclairage habituels, de l'huile minérale à celle de colza, innovation très avantageuse dont la France a donné l'exemple aux autres pays.

Parmi les nombreux phares élevés sous la direction personnelle de M. Reynaud, beaucoup mériteraient une mention par leur intérêt technique ou artistique; mais il en est trois surtout qu'on ne saurait ici passer sous silence. Nous avons déjà parlé du phare de Bréhat. Les deux autres sont les phares de la Nouvelle-Calédonie et d'Ar-men. Le premier fut bâti en France et tout en fer; il ne restait plus qu'à le transporter et à le monter sur place dans notre lointaine colonie, ce qui eut lieu en 1865; le public parisien en a vu un tout semblable dressé au Champ de Mars, pendant l'Exposition de 1867. Tous les visiteurs ont admiré le port élégant de cette tige élancée, renflée à sa base pour contenir le logis des gardiens, et couronnée au pied de la lanterne par de hautes consoles supportant le balcon.

Le phare d'Ar-men, simple tour cylindrique, beaucoup moins élevée que la précédente et qui n'aura guère d'autres visiteurs que les agents préposés au service, surpasse de beaucoup tous les ouvrages du même genre par l'extrême difficulté de sa construction. Déjà M. de Parville en a raconté l'émouvante histoire aux lecteurs du *Journal des Débats*. Le phare en question s'élève en pleine mer, sur la pointe d'un écueil de la chaussée de Sein; pointe fort étroite, strictement suffisante pour l'assiette de l'ouvrage, et qui, battue par des courants d'une extrême violence, est presque toujours balayée par les lames durant ses rares et courtes émersions. En 1867, au début de l'entreprise, on n'y put accoster que sept fois, et travailler en tout pendant huit heures. Les ouvriers, couchés à plat ventre, maniaient l'outil d'une main, et de l'autre se cramponnaient aux aspérités du roc; des ceintures de sauvetage les soutenaient sur l'eau quand la vague les avait entraînés. L'année suivante, on obtint dix-huit heures de travail. Une soixantaine de trous de mine lardaient alors le sommet de la roche. Pendant la campagne très favorable de 1869, des barres de fer furent scellées dans ces trous, et l'on exécuta, en moellons et ciment, vingt-cinq mètres cubes de maçonnerie qui, par bonheur, résistèrent bien aux tempêtes de l'hiver. Le plus difficile était fait, et même le succès était assuré, car, à mesure qu'on s'élève, le travail devient plus facile. Maintenant la tour est presque terminée; et, sans doute, on la finira cet automne, mais trop tard malheureusement pour que M. Reynaud, qui s'intéressait passionnément à cette œuvre, ait eu la joie d'assister à son achèvement. Il avait communiqué son ardeur aux ingénieurs et à tous les agents d'exécution, et ce n'est faire tort à personne que de le reconnaître, dans le directeur du service, l'âme de l'entreprise, et de lui en attribuer pour la plus grande part l'heureuse issue.

Au reste, M. Reynaud excellait à tirer un bon parti des hommes. Son prestige personnel lui assurait une autorité qu'il savait rendre légère et faire aimer par son urbanité, sa bienveillance, son indulgence pour les fautes vénielles ou involontaires. Il savait aussi stimuler le zèle et utiliser les aptitudes : avec lui, le travail devenait attrayant; on s'y intéressait d'abord; bientôt, à son exemple, on s'y dévouait. Ses subordonnés se transformaient en collaborateurs. Aucun d'eux n'ignorait que le maître n'avait en vue que le bien public, et qu'après le succès, il ferait chaleureusement valoir les services de ses auxiliaires, se contentant pour lui-même de laisser parler l'œuvre. De pareils chefs communiquent à leurs inférieurs, même aux plus humbles, un dévouement sans bornes. Ils ont le secret de faire réussir les plus difficiles entreprises.

M. Reynaud avait la passion du bien public; loin de faire deux parts de son existence, l'une vouée aux devoirs professionnels, l'autre consacrée à des occupations personnelles, chose possible et même facile avec une organisation comme la sienne, il se donnait complètement aux fonctions qu'il avait acceptées. Quelles plus belles preuves en pourrait-on présenter que les ouvrages mêmes qu'il a écrits ou dont il a dirigé la publication : le *Traité d'architecture*, le *Mémoire sur l'éclairage et le balisage*, les *Travaux publics de la France*, l'*Atlas des ports maritimes de la France*. Chacun d'eux répond à l'une des phases de sa carrière et témoigne, par sa perfection, du zèle de son auteur pour le bien public. Il semble que dans tous ses travaux il se soit imposé, par conscience, l'obligation d'épuiser son sujet.

Parvenu aux plus hauts grades de sa carrière, Inspecteur général de 1re classe, Directeur de l'École des Ponts et Chaussées en même temps que du Service des phares, M. Reynaud, quoique bien secondé par des collaborateurs qu'il avait pour la plupart formés lui-même, n'a point cherché le repos. C'est à peine si, après sa mise à la retraite, il l'a connu. De nombreuses occupations s'ajoutaient incessamment à celles que lui imposaient ses principales fonctions. Tour à tour ou simultanément, Inspecteur général des édifices diocésains, membre du conseil de perfectionnement de l'École polytechnique, des conseils supérieurs des Bâtiments civils, de l'École des beaux-arts et de l'enseignement technique, de la commission et du comité de la Société centrale de sauvetage des naufragés, des jurys et commissions des Expositions universelles, du jury d'artistes chargé de décerner, sous l'empire, le prix décennal de 100 000 fr., de la commission pour l'étude des travaux à faire aux Tuileries, président de la commission d'arbitrage pour le rachat des chemins de fer du Sud-Ouest, de la commission de l'atlas des ports maritimes de la France, de la Société amicale de secours des anciens élèves de l'École polytechnique, etc., M. Reynaud prêtait généreusement un concours très actif et très dévoué à tous les travaux utiles auxquels ses vastes connaissances lui permettaient de prendre part. On l'y associait spontanément, et jamais il n'a refusé ses services. Dans tous les conseils où il a siégé, sa haute intelligence, son ferme bon sens, la droiture et l'indépendance de son caractère lui assuraient une grande influence qu'il savait, une fois sa conviction arrêtée, faire prévaloir auprès de ses collègues.

La robuste santé de M. Reynaud semblait devoir le conserver longtemps encore à l'affection de sa famille et de ses amis, au respectueux attachement de ses nombreux élèves, lorsque, vers la fin de 1878, la maladie qui devait l'emporter fit sentir ses premières atteintes. Il la supporta stoïquement ; et, dédaignant de prolonger son existence au prix d'un repos qui la rendrait inutile, il continua jusqu'au bout de s'acquitter des devoirs dont il avait conservé la charge. Peu de jours avant sa fin, ce courageux vieillard s'imposait une dure fatigue : il faisait les honneurs d'un bal de bienfaisance donné au profit de la caisse de secours de ses chers élèves de l'École polytechnique. Il est mort debout, avec la tranquillité d'un sage et la résignation d'un croyant. Un tel homme n'honore pas seulement sa famille, l'École où il s'est formé et le corps dont il fut membre, mais encore le pays qu'il a si fidèlement et si noblement servi.

ROUTES ET PONTS

INTRODUCTION

L'origine des voies de terre est certainement contemporaine des premières civilisations.

Dans le récit biblique de l'émigration des Hébreux, il est fait mention d'une *voie publique* établie sur le territoire d'Édom et d'une *voie royale* qui traversait le pays des Amorrhéens[1].

Hérodote parle de routes qui partaient des portes de Thèbes. Cet historien donne aussi quelques indications relatives au mode d'établissement du *pont de Sémiramis*, sur l'Euphrate.

Chez les premiers Romains, la construction des ponts était regardée comme une œuvre religieuse et présidée par les pontifes. C'est ainsi que fut bâti avec de grandes cérémonies, sous le règne d'Ancus Martius, le pont *Sublicius*, qui franchissait le Tibre pour unir Rome au mont Janicule. Ce pont était en charpente, sur pilotis, comme l'indique son nom *sublica*, pieu; on sait qu'il fut rompu pendant qu'Horatius Coclès en défendait le passage contre l'armée de Porsenna. Il fut plus tard reconstruit en pierre et reçut le nom de *pons Æmilius*.

On attribue aux Carthaginois l'invention des chaussées pavées[2], dont les Romains s'empressèrent de tirer parti dès qu'ils la connurent. Environ trois siècles avant l'ère chrétienne, Claudius Appius construisait, avec un grand luxe de matériaux et de main-d'œuvre, la chaussée de la voie *Appienne*, dans la partie comprise entre Rome et Capoue. Cet exemple fut suivi d'abord pour les voies *Aurélienne, Flaminienne, Émilienne*, puis pour beaucoup d'autres, en sorte qu'au temps de César Rome communiquait déjà avec toutes les villes principales de l'Italie ancienne. Dans les provinces, la première route dont les historiens fassent mention partait de l'Èbre et se dirigeait par *Emporium*[3] vers le Rhône et les Alpes; sa construction paraît remonter au temps de la dernière guerre punique; Resendius prétend qu'elle était pavée de pierres équarries, « *pene insanâ profusione*[4] ». On attribue au consul Domitius OEnobarbus la construction d'une autre route qui traversait la Savoie, le Dauphiné et l'Auvergne; Cicéron parle de cette voie *Domitienne* dans son discours *pro Fonteio*.

Il n'existe aucun vestige certain de chemins tracés de main d'homme dans les Gaules avant l'arrivée des Romains; l'histoire ne nous a conservé relativement à ces routes aucun document précis, mais leur existence est démontrée par la fréquence des migrations ainsi que par l'usage des chariots et des chars de guerre. La rapidité des marches militaires de César, la grande mobilité de ses équipages et de ses troupes, prouvent d'ailleurs que les chemins gaulois étaient aisément praticables. Il existait certainement des ponts pour la traversée des rivières; il est en effet question, dans les *Commentaires de César*, des ponts de *Genabum* (Orléans) sur la Loire, de *Limonum* (Poitiers) sur la Vienne, de *Melodunum* (Melun) et de *Lutetia* (Paris) sur la Seine, etc. Dans sa campagne contre Vercingétorix, César a

1. *Les Nombres*, chap. xx, verseta 10 et 19, et chap. xxi, verset 22.
2. Isidore, lib. XV *Originum*, caput ultimum.
3. Aujourd'hui Ampurias, bourg de Catalogne, sur le Lloegat.
4. *De Antiquitate Lusitaniæ, cap. de Viis militaribus.*

1.

1.

campé sur une rive de l'*Elaver* (Allier), près d'un pont que les Gaulois avaient rompu et qu'il a fait rétablir sur les pilotis primitifs dont les parties inférieures étaient restées intactes[1]; on voit qu'il s'agissait d'un pont en charpente.

Peut-être les ponts gaulois présentaient-ils en général, quant à leur système de construction, une certaine analogie avec celui que César fit établir sur le Rhin, dans le court espace de dix jours, pour le passage de son armée. Voici, d'après les *Commentaires*, comment cet ouvrage d'art, dont la longueur était de 4 à 500 mètres, avait été construit :

« On assembla par couples des pièces de bois d'un pied et demi de grosseur, affilées en pointe à leur base et d'une hauteur proportionnée à la profondeur du fleuve; on laissait entre ces pièces un intervalle de 2 pieds. Après avoir assemblé ces pièces par un appareil convenable, on les descendait dans l'eau, non pas verticalement, comme des pieux ordinaires, mais en les inclinant dans le sens du courant, et on les enfonçait dans cette direction. Un assemblage tout pareil, mais incliné en sens contraire, était fixé de la même manière à 40 pieds en amont du premier. Ces doubles pièces, ainsi disposées, recevaient à leur extrémité une poutre de 2 pieds de grosseur, qui remplissait le vide de même largeur qu'elles laissaient entre elles, et était maintenue à chaque bout par de doubles liens. Cette armature, composée de pièces inclinées en sens contraire et fortement assemblées, formait naturelle-

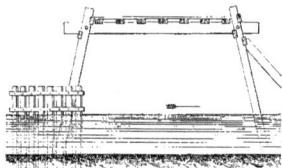

Fig. 1. — Coupe transversale.   Fig. 2. — Plan.

PONT DE CÉSAR SUR LE RHIN.

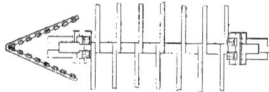

ment un système très-solide, car telle est la propriété de cette disposition que la violence du courant ajoutait encore à sa fermeté en exerçant une forte pression sur tous les assemblages. Après qu'on eut établi un certain nombre d'ouvrages semblables, également espacés, entre les deux rives, on leur fit supporter un plancher continu, composé de solives recouvertes de fascines. Pour compléter ces dispositions, on avait planté en aval du pont des pieux inclinés dans le même sens que les pièces derrière lesquelles ils se trouvaient placés et qui, assemblés avec le reste de l'ouvrage, formaient un tout capable de résister à la plus grande impétuosité du courant. En amont, on avait pris les mesures nécessaires pour amortir le choc des arbres et des bateaux que l'ennemi aurait pu envoyer par le courant du fleuve, en vue de renverser le pont. »

Alberti, Palladio, Scamozzi et d'autres encore ont essayé de reconstituer, d'après le texte des *Commentaires*, le dessin du pont de César. La disposition ci-dessus, qui a été indiquée par le colonel Émy, pourrait être encore aujourd'hui employée avec avantage.

Les progrès de l'archéologie réussiront sans doute à répandre quelque lumière sur les travaux des Gaulois, en matière de routes et de ponts, avant la campagne de César. Sans nous occuper davantage de cette époque reculée, nous remonterons seulement à l'origine de la tradition romaine pour la suivre ensuite à travers le moyen âge et les temps modernes jusqu'à nos jours.

1. « *Iisdem sublicis, quarum pars inferior integra remanebat, pontem reficere capit* » (*Cæs.*, VII, xxxv).

CHAPITRE PREMIER

ÉPOQUE GALLO-ROMAINE

Auguste avait relié Lyon à l'Italie par deux routes respectivement dirigées sur Turin et sur Aoste; cette dernière était carrossable. Agrippa construisit ensuite quatre voies principales faisant communiquer cette même ville de Lyon :

Avec la mer du Nord, par Langres, Metz, Coblentz et les vallées du Rhin et de la Meuse;

Avec la Manche, par Autun, Troyes, Soissons et Amiens;

Avec l'Océan, par Roanne et Limoges, vers Saintes et Bordeaux;

Avec la Méditerranée, vers Arles, par la vallée du Rhône.

A ces grandes artères, qui présentaient ensemble un développement d'environ 4,000 kilomètres, on en rattacha beaucoup d'autres, surtout pendant les trois siècles suivants.

Ces voies *militaires* ou *principales* avaient pour but de favoriser les mouvements des troupes, la transmission des dépêches administratives et le transport des denrées. Des fabriques et magasins d'armes existaient dans plusieurs des cités que traversaient ces routes; les légions romaines trouvaient d'ailleurs, après chaque journée de marche, un gîte (*mansio*) abondamment pourvu de vivres, de céréales et de fourrages. Ces gîtes servaient en même temps de relais pour le service des postes; on suppléait à l'insuffisance de leur nombre pour cet usage en installant des relais proprement dits (*mutationes*) entre deux gîtes consécutifs. Chaque station contenait un nombre déterminé de chevaux, mulets, bœufs et ânes, ainsi que des véhicules de divers genres, à l'usage des courriers et des commissaires impériaux; elle était administrée par un fonctionnaire spécial ayant sous ses ordres un personnel varié. Le service des postes romaines, réglementé jusque dans ses moindres détails, aidait puissamment à l'exercice de l'autorité césarienne. Nul ne pouvait faire usage des ressources créées par cette organisation, s'il n'était muni d'une lettre de poste délivrée par un haut dignitaire, préfet du prétoire ou maître des offices. Des pénalités sévères étaient prononcées contre les abus.

TRACÉ ET PROFIL DES VOIES ROMAINES. — Les voies romaines étaient tracées avec beaucoup d'art; on adoptait de préférence les alignements droits, sauf à recourir à des lacets pour la traversée des faîtes. Lorsqu'il fallait franchir des terrains bas et humides, on établissait des remblais souvent considérables et soutenus par des murs; on évitait toutefois, autant que possible, les difficultés de cette nature en se tenant sur les hauteurs ou à flanc de coteau. Les déclivités, ordinairement limitées à 0^m,10 environ, étaient portées jusqu'à 0^m,15 et même jusqu'à 0^m,20 lorsqu'on pouvait ainsi s'affranchir de l'obligation d'ouvrir des tranchées. Si l'on se trouvait en présence d'un obstacle impossible à gravir ou à contourner, on perçait un tunnel dans le roc, travail particulièrement long et pénible à une époque où le fer n'était pas aidé par la poudre[1].

Le profil transversal des voies romaines variait beaucoup suivant les exigences de la circulation. Suivant André Palladio, les grandes routes voisines de Rome avaient généralement une chaussée

---

1. Suivant Tite-Live, Annibal aurait employé *le feu et le vinaigre* pour perforer un rocher des Alpes. Ce récit semble légendaire. Rappelons cependant qu'au commencement du siècle dernier, l'ingénieur Gautier a employé avec succès *le feu et l'eau* pour ouvrir une tranchée, au fond de la vallée d'Aure, dans une roche très-dure qu'il appelle *pierre fondante*. Ce procédé, imaginé par un paysan de la contrée, consistait à exhumer le rocher de broussailles et de fagots auxquels on mettait le feu; on injectait ensuite de l'eau froide sur les parois chauffées; la pierre se fendillait avec bruit et le déblai s'achevait à la pince.

pavée dont la surface très-unie était réservée aux piétons, et deux accotements empierrés, d'une largeur moitié moindre, destinés aux cavaliers et aux véhicules. Vers la fin du xvi⁰ siècle, Nicolas Bergier, auteur de l'*Histoire des grands chemins de l'empire romain*, a découvert, dans le voisinage de Reims, plusieurs tronçons bien conservés d'anciennes voies romaines qui étaient empierrées sur 20 pieds de largeur, sans divisions intermédiaires; dans les parties en remblai, la largeur de la plate-forme était de 60 pieds, soit trois fois celle de l'empierrement. Au commencement du xviii⁰ siècle, Gautier, ingénieur du Languedoc, a constaté qu'aux environs de Langres, où les voies militaires suivaient généralement la crête des montagnes, la largeur comprenait une chaussée proprement dite, sur laquelle deux chariots pouvaient se croiser, et deux accotements permettant à un piéton et à un cavalier de marcher de front; ces trois parties étaient empierrées et séparées entre elles par des dalles posées de champ, d'environ 5 pouces d'épaisseur sur 2 pieds de côté. On peut admettre que la largeur normale des chemins les plus fréquentés était de 15 pieds en moyenne, de manière à rendre possible le croisement de trois chars; les trottoirs n'avaient, en général, que 2 pieds de largeur.

Indépendamment des voies militaires, les Romains ont établi dans les Gaules un grand nombre de voies *vicinales* et de voies *agraires* pour desservir les bourgs, les contrées agricoles et les établissements thermaux. Sur ces routes secondaires, on donnait à la chaussée 8 à 10 pieds de largeur et quelquefois moitié moins; dans le premier cas, deux chariots pouvaient se croiser. Ces voies n'étaient empierrées que sur de courts espaces.

STRUCTURE DES CHAUSSÉES. — Les chaussées romaines présentaient toujours un léger bombement, afin de faciliter l'écoulement des eaux. Pour les établir, on commençait par tracer deux sillons parallèles, entre lesquels on creusait un encaissement d'un mètre au moins. On construisait dans cet encaissement, par couches successives, un véritable massif de maçonnerie.

Bergier compare très-judicieusement la structure de ces chaussées à celle du *pavimentum* qui constituait le sol artificiel des édifices. Cette maçonnerie, dont l'épaisseur était d'environ 0ᵐ,50, comprenait quatre assises bien distinctes, présentant chacune une constitution spéciale. La couche inférieure ou fondation (*statumen*) était un véritable blocage, obtenu en posant directement chaque pierre sur un lit de mortier; Vitruve recommande de consacrer à ce travail des pierres assez grosses pour que la moindre d'entre elles puisse remplir la main. Pour construire le *rudus*, maçonnerie comprimée qui succédait à la fondation, on disposait une épaisse couche de mortier, sur laquelle on jetait à la pelle une couche à peu près égale de pierres cassées pouvant traverser un anneau de 0ᵐ,10; le battage avait pour but de faire refluer le mortier dans tous les interstices. Venait ensuite le *nucleus*, sorte de ciment de chaux et de briques pilées, fortement battu. L'assise supérieure (*summa crusta*) se composait, suivant les cas, d'un dallage, d'un pavage en mosaïque, d'un carrelage de briques ou d'une couche de mortier de pouzzolane.

Cela posé, examinons les résultats des sondages opérés par Bergier sur les voies militaires des environs de Reims.

La première fouille, faite dans l'enclos du monastère des Capucins, a révélé l'existence de quatre couches distinctes dans la maçonnerie de la chaussée, savoir :

1° Blocage de pierres larges et plates, couchées les unes sur les autres; le mortier, dont une assise continue se retrouve au fond de l'encaissement, est blanc et friable; cette couche est tout à fait analogue au *statumen* décrit plus haut; son épaisseur est de 11 pouces;

2° Maçonnerie comprimée, composée de pierres non siliceuses, arrondies ou cubiques, avec des fragments de briques ou de tuiles; *rudus* de 8 pouces d'épaisseur;

3° Une sorte de ciment ayant pour base la matière argileuse connue en Champagne sous le nom de *crouin*, « de sorte que le pic entrant dedans et ayant fait son trou ne peut emporter que sa largeur de telle matière »; l'épaisseur de ce *nucleus* s'élève à 12 pouces;

4° Un empierrement proprement dit (*summa crusta*), de 6 pouces d'épaisseur, en matériaux plus petits que ceux de la deuxième couche.

L'épaisseur totale de cette maçonnerie est de 37 pouces, soit 1 mètre environ; sa largeur est de 20 pieds. Elle est maintenue à droite et à gauche par deux fortes bordures en maçonnerie de blocage, pour lesquelles on a réservé les pierres les plus grosses. On peut, d'après ces diverses indications, reconstituer le profil transversal de la chaussée comme l'indique la figure 3.

Une seconde fouille, faite à environ 2 kilomètres de Reims, du côté de Châlons, a mis en relief une disposition analogue, sauf que le *nucleus* se trouvait au-dessous du *rudus*; ce dernier ne contenait d'ailleurs aucun fragment de briques.

Le troisième sondage, fait à 15 kilomètres de Reims, du côté de Mouzon, sur une partie de route en remblai de 7 mètres, conduit à des résultats un peu différents, représentés par la figure 4. L'épaisseur totale est de 42 pouces, soit 1^m,20. La fondation en pierres plates comprend deux couches distinctes, l'une en blocage, l'autre en maçonnerie sèche. L'épaisseur du *nucleus* se réduit à 4 pouces. Les matériaux qui entrent dans la constitution du *rudus* sont des cailloux lisses, dont la grosseur varie depuis celle d'un noyau de cerise jusqu'à celle d'une noix. Les pierres de la couche supérieure sont plus grosses.

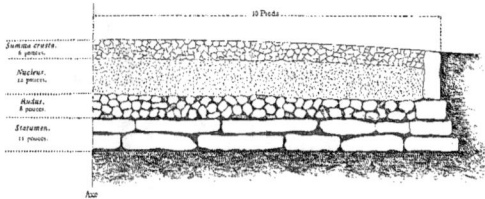

Fig. 3 — COUPE TRANSVERSALE D'UNE CHAUSSÉE ROMAINE.

On voit par ces exemples que la disposition des couches n'était pas invariable. L'ordre du noyau et de la rudération pouvait s'intervertir; les couches intermédiaires pouvaient même manquer. Dans les fouilles qu'il a faites aux environs de Langres, Gautier n'a trouvé qu'une fondation pavée, de 6 à

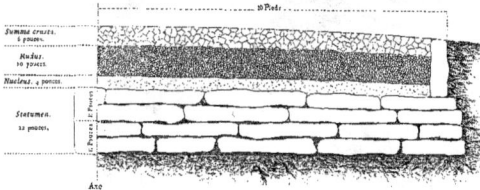

Fig. 4 — COUPE TRANSVERSALE D'UNE CHAUSSÉE ROMAINE.

8 pouces d'épaisseur, surmontée d'un empierrement de 2 à 3 pieds dont les matériaux avaient, en moyenne, la grosseur d'un œuf de poule; les pierres du *statumen* étaient « posées de champ, un peu courbées de biais les unes à côté des autres ».

L'empierrement constituait le mode de construction le plus général de la couche superficielle des chaussées romaines. On le remplaçait quelquefois par un pavage proprement dit, en pierres brisées au marteau sans régularité de forme. On y substituait aussi, mais plus rarement, un dallage en larges carreaux, assemblés et polis avec le plus grand soin; suivant Juste Lipse, les dalles de la voie Appienne avaient de 3 à 5 pieds carrés.

ACCESSOIRES DES VOIES. — Comme les étriers n'étaient pas encore en usage, on trouvait indispensable d'établir, de distance en distance, des gradins en pierre, à la disposition des cavaliers.

De mille en mille[1] les distances étaient indiquées par des colonnes spéciales dites *bornes milliaires*.

---

1. Le mille romain, comprenant 8 stades, valait 1482 mètres.

Celle de ces bornes qui marquait l'origine des routes partant de Rome portait le nom de *milliaire doré;* elle se composait d'un fût cylindrique, reposant sur un piédestal corinthien et couronné d'un chapiteau toscan surmonté d'une boule. Bergier prétend que ce milliaire était implanté *au milieu du monde :* il essaye de justifier cette singulière opinion en disant que par *monde* il faut entendre *l'empire*

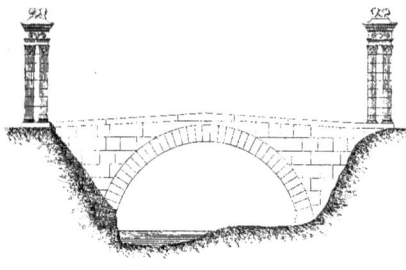

Fig. 5. — Pont de Saint-Chamas.
Échelle de 0^m,005 pour 1^m,00.

romain, « qui en est la plus grande et la meilleure partie » ; que l'Italie forme le *milieu de l'empire ;* que Rome est le *milieu de l'Italie* et que le milliaire doré est *à peu près* au milieu de Rome.

Fig. 6. — Portique du Pont de Saint-Chamas.
Échelle de 0^m,015 pour 1^m,00.

Aux abords des villes, les routes étaient souvent bordées de mausolées et de tombeaux. On rencontrait aussi le long des voies romaines des temples, des pyramides, des obélisques, des arcs de triomphe. Il existe, de nos jours encore, à l'entrée et à la sortie du pont romain de Saint-Chamas sur la Touloubre, qui donnait passage à la voie Aurélienne, deux portiques remarquablement conservés et portant une inscription très-lisible. Ces portiques (fig. 6) ont environ 7 mètres de hauteur totale et 3^m,50 d'ouverture; ils sont flanqués de pilastres surmontés de statues de lions; les corniches sont corinthiennes.

La longueur du pont entre les portes est d'environ 23 mètres; il a 6 mètres de largeur entre les têtes.

MURS DE SOUTÈNEMENT. — Les levées ou terrasses, adoptées pour l'établissement des voies romaines dans les vallées, étaient le plus souvent formées par de simples remblais en terre, à talus inclinés; il s'en trouvait de nombreux exemples dans la Gaule Belgique.

Parfois aussi la levée était comprise entre deux murs de soutènement que l'on faisait traverser par des aqueducs pour assurer l'écoulement des eaux.

Il en était ainsi près d'Ariccia, sur la voie Appienne, et dans les Flandres, sur plusieurs parties des chaussées dites *de Brunehaut*. Citons, parmi ces dernières, la grande voie directe de Tongres à Paris, qui était soutenue sur un parcours considérable par deux murs latéraux très-élevés, « de sorte que », dit Louis Guicciardin[1], « le peuple esbahy d'un ouvrage si excellent et de si haute entreprise, a inventé la fable que le diable la bastit en trois jours et trois nuits ».

Lorsque la route se développait sur le flanc d'un coteau abrupt, on l'établissait partie en remblai et partie en déblai avec murs de soutènement en pierres équarries. On en trouve un exemple, que Bergier a signalé, sur la voie Flaminienne dans le voisinage d'Urbin.

Des remplissages en pierres sèches, derrière les murs de soutènement, étaient souvent employés pour diminuer la poussée des terres. Les épaisseurs que les Romains donnaient à ces murs dépassaient notablement celles que nous adoptons aujourd'hui.

MAÇONNERIES ROMAINES. — M. Choisy, ingénieur des ponts et chaussées, auteur d'un remarquable ouvrage intitulé l'*Art de bâtir chez les Romains*, a nettement défini les règles générales qui présidaient à la construction des murs en maçonnerie.

Les pierres de taille étaient toujours posées à sec, alors même qu'elles ne constituaient qu'un parement liaisonné avec un massif intérieur. Le mortier n'était, pour les anciens, qu'une matière d'agrégation, une gangue plastique, uniquement destinée à agglomérer des matériaux d'un faible volume; jamais les Romains ne l'ont utilisé pour transmettre et régulariser les pressions.

Dans les parements en pierres de taille, on faisait régulièrement alterner une assise continue de carreaux soit avec une assise continue de boutisses, soit avec une assise mixte; il en résulte que les pierres formant lancis ne se succédaient que de deux en deux lits.

Le massif intérieur était presque toujours en blocage; Vitruve recommande pour ce travail l'emploi de cailloux très-menus, « afin que les murs, pénétrés dans toutes leurs parties et abreuvés de mortier de chaux et de sable, se conservent plus longtemps ».

La maçonnerie par compression, pour laquelle on établissait des couches successives de mortier et de pierres cassées, était quelquefois pratiquée entre deux parements en lourdes pierres de taille; mais on la réservait ordinairement pour les massifs de fondation à établir dans des tranchées à pic.

En l'absence de parements taillés, les murs romains présentaient un revêtement plus ou moins régulier, soit en moellons, soit en briques triangulaires. Des madriers de bois d'olivier, légèrement carbonisés, traversaient de part en part le massif de maçonnerie, de manière à relier les deux parements l'un à l'autre. Souvent aussi le mur était traversé à divers niveaux par des assises de grandes briques ou de carreaux de terre cuite.

Les Romains attachaient une grande importance à la bonne qualité des matériaux de construction; leurs pierres de taille provenaient toujours des meilleures carrières de la contrée dans laquelle on les employait.

A défaut de bonnes pierres de taille, on fabriquait des briques en argile souvent mélangée de paille hachée très-menu. Ces briques, après avoir été soigneusement battues, étaient, en général, séchées au soleil pendant cinq ans au moins; on ne recourait que rarement à la cuisson sur des aires ou dans des fours.

La chaux grasse s'obtenait par la calcination, dans des fours spéciaux, du calcaire le plus pur; lorsqu'il fallait la rendre hydraulique, pour les travaux à la mer ou en rivière, on l'additionnait soit de pouzzolane, soit de briques pilées.

Pour la fabrication du mortier, les Romains choisissaient des sables de carrière purs de toute argile; ils mélangeaient une partie de chaux éteinte avec deux ou trois parties de sable. Ils évitaient autant que possible d'employer le mortier pendant les grandes chaleurs de l'été.

---

[1]. *Description des Pays-Bas*, 1609, Amsterdam, Cornille Nicolas.

TRAVERSÉES DES RIVIÈRES. — Les traversées des rivières par les voies romaines se faisaient assez souvent à gué ou en bac; on a, en effet, constaté l'absence de ponts sur le Var, pour la voie Aurélienne; sur la Gironde, pour la route de Saintes à Bordeaux; sur la Dordogne, pour la route de Périgueux à Agen, etc.

Les ponts de bateaux furent d'un grand usage pour le service des armées; des ouvrages de cette nature sont figurés dans les bas-reliefs des colonnes Antonine et Trajane.

Caligula, voulant réaliser un oracle de Trasille, fit jeter un pont de bateaux d'environ 3 kilomètres de longueur sur le golfe de Naples, entre Pouzzoles et Baïes; les bateaux furent accouplés deux à deux et amarrés sur des ancres; la plate-forme ainsi obtenue fut recouverte d'un remblai de terre et pavée de grands carreaux semblables à ceux de la voie Appienne. Ayant ainsi *vaincu la mer*, Caligula célébra son triomphe en grande pompe sur cette route improvisée. « Vaine et ridicule entreprise », dit Bergier, « voire dommageable à beaucoup de ses amis qu'il fit jeter à l'eau après avoir bien bu ».

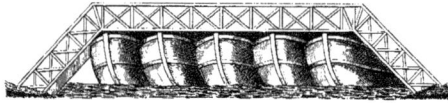

Fig. 7. — PONT DE BATEAUX, d'après un bas-relief de la colonne Antonine.

Les premiers ponts fixes furent construits en charpente, comme, par exemple, le pont *Sublicius*. On trouve dans le Traité d'architecture de Palladio la description et le dessin d'un pont de bois construit à Bassano, sur la Brenta : cet ouvrage, dont Tite-Live a fait mention, comprenait cinq travées ayant chacune 12 mètres et demi de longueur; sa largeur était d'environ 9 mètres; on l'avait muni d'une toiture dont les fermes étaient supportées par de petites colonnes reposant sur le tablier.

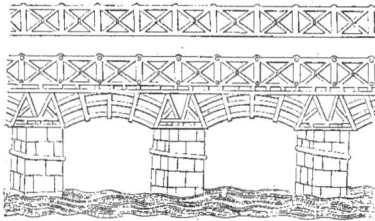

Fig. 8. — PONT DE TRAJAN SUR LE DANUBE, d'après un bas-relief de la colonne Trajane.

Les Romains ont aussi construit des ponts mixtes, avec piles en maçonnerie et superstructure en charpente. Un des bas-reliefs de la colonne Trajane représente le fameux pont du Danube, qui fut construit par l'empereur Trajan à l'époque de sa deuxième campagne contre les Daces (années 105 et 106 de l'ère chrétienne). Les voûtes en charpente sont cintrées (fig. 8) et composées de trois pièces concentriques, réunies par des moises pendantes et s'assemblant avec des doubles chevalets posés sur les piles; les solives du plancher sont supportées par une sablière générale reliée aux chevalets; la main-courante du parapet est soutenue par des potelets verticaux réunis entre eux par des croix de Saint-André. On a retrouvé les ruines de ce pont entre Turn-Severin (Valachie) et Feti-Islam (Servie), en aval des rapides d'Orsova (fig. 10 et 11).

Les arches, au nombre de 21, avaient chacune 120 pieds d'ouverture; la largeur des piles était de 60 pieds. Sur les culées, qui sont restées debout et dont la hauteur s'élevait à 150 pieds, on aperçoit encore les creux destinés à emmortaiser les poutres.

Un escalier conduisait à la chaussée du pont, fermée de chaque côté par une porte monumentale. L'entrée et la sortie étaient défendues par des citadelles.

Ce pont, dont l'architecture est attribuée à Apollodore de Damas, desservait une route stratégique dont on trouve encore des vestiges sur la rive serbe du Danube, entre Kolumbacz et Orsova. Une

Fig. 9. — INSCRIPTION COMMÉMORATIVE PRÈS D'OGRADÉNA.

inscription commémorative [1], retrouvée en face du village d'Ogradéna, constate l'achèvement de cette route sous le troisième consulat de l'empereur Trajan (an 100). C'est vers cette époque qu'on a com-

Fig. 10. — VUE GÉNÉRALE DES RUINES DU PONT DE TRAJAN

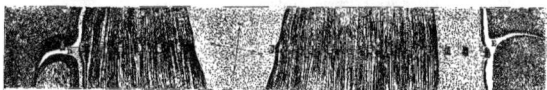

Fig. 11. — PLAN DES RUINES DU PONT DE TRAJAN.

Rive valaque. A, B, culées; — C, île de sable; — D, E, ravins. Rive serbe.

mencé les travaux du pont qui reliait les deux rives de la Dacie et de la Mésie. Suivant Dion Cassius, les piles auraient été fondées sans le secours d'aucun pilotis, sur un terrain peu résistant et très-affouillable, en protégeant seulement leurs bases par des massifs d'enrochements.

Les Romains construisaient enfin des ponts en maçonnerie, mais avec une parcimonie relative. Tandis qu'ils élevaient à profusion les aqueducs, arcs de triomphe, cirques et autres monuments assis

1. Le texte de cette inscription, tiré de la publication de M. Frœhner, LA COLONNE TRAJANE (5 volumes in-folio, Paris, 1872-1875), est :
IMP. CÆSAR DIVI NERVÆ F., NERVA TRAIANUS AUG. GERM.,
PONTIF. MAXIMUS, TRIB. POT. IIII, PATER PATRIÆ, COS III, MONTIS (le nom de la montagne est fruste)
AN[FRACTI]BUS SU[PER]AT[IS] VIAM PAT E FECIT].

sur la terre ferme, ils reculaient évidemment devant la difficulté des fondations en rivière. Lorsqu'ils se trouvaient en présence d'un fond de rocher, ils faisaient des ponts solides et durables; en donnant à leurs piles de larges empatements, au risque de n'obtenir qu'un débouché insuffisant, ils réussissaient à s'établir assez solidement sur des terrains compressibles; mais ils ne savaient se défendre que d'une manière imparfaite contre le danger des affouillements, et c'est ce qui causa la ruine de la plupart de leurs ponts. Les piles, dont l'épaisseur atteignait en moyenne le tiers de l'ouverture, n'étaient pas enracinées assez profondément; les fiches des pieux de fondation ou d'enceinte étaient trop faibles; en un mot, les procédés de dragage et de battage étaient insuffisants.

DISPOSITIONS GÉNÉRALES DES PONTS EN MAÇONNERIE. — Les arches des ponts romains étaient presque toujours en plein cintre; dans les cas exceptionnels où l'on adoptait des courbes surbaissées, la flèche ne descendait pas au-dessous du tiers de l'ouverture; on n'avait jamais recours aux formes ogivales. En général on extradossait les voûtes parallèlement à leur intrados. L'épaisseur à la clef atteignait, en moyenne, le douzième de l'ouverture.

On voit par la figure suivante, empruntée au *Traité d'architecture* de M. Léonce Reynaud, que la règle très-rationnelle qui consiste à diriger les piles normalement aux têtes ne s'imposait pas d'une manière absolue.

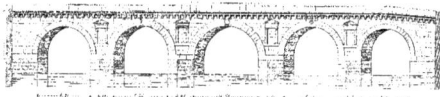

Fig. 12. — Pont de Rimini.

Ce pont, construit sur la Marecchia et attribué à Auguste, était notablement biais. Quatre de ses arches subsistent encore de nos jours. Il y a deux trottoirs et une chaussée centrale de 5 mètres.

Le nombre des arches d'un même pont était généralement impair. On donnait à la voûte médiane une ouverture supérieure à celle des autres voûtes; souvent même les ouvertures décroissaient progressivement depuis le milieu jusqu'aux culées. L'adoption réglementaire du plein cintre ne permettait d'obtenir l'horizontalité de la chaussée qu'à la condition d'établir à des niveaux différents les naissances des arches inégales; on en voit un exemple au pont de l'Argens, qui desservait le port de Fréjus et que le temps nous a conservé[1]. Mais on préférait, en général, adopter un même plan de niveau pour toutes les naissances; la chaussée présentait alors deux pentes régulières depuis le milieu du pont jusqu'aux rives, de manière à former un *dos d'âne*, comme l'indique la figure 13.

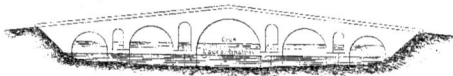

Fig. 13. — Pont avec chaussée en dos d'âne.

Des ouvertures pratiquées dans les tympans permettaient de corriger un peu l'insuffisance du débouché. On rencontre dans le département du Gard les ruines encore éloquentes des ponts romains de Sommières[2] et de Boisseron, pour lesquels on avait adopté ces dispositions.

Par suite de leur grande épaisseur, les piles des ponts romains pouvaient résister, comme de véritables culées, aux poussées des voûtes qu'elles supportaient; la chute d'une arche n'entraînait pas celle

1. Ce pont, construit en briques, est à trois arches; celle du milieu a 6 mètres d'ouverture; les arches de rive n'ont que 3 mètres.
2. Huit arches sur dix-sept sont restées debout.

des arches voisines. On avait soin de protéger les piles par des avant-becs dont la section était le plus souvent triangulaire, quelquefois demi-circulaire.

Les culées, lorsqu'elles ne reposaient pas directement sur le roc, se soudaient à un massif de maçonnerie établi, sur la route d'accès, en prolongement des têtes.

MAÇONNERIE DES VOUTES. — Dans les voûtes, aussi bien que dans les autres maçonneries romaines, les pierres de taille étaient posées à sec, c'est-à-dire sans lits de mortier. Les voussoirs n'étaient pas posés en découpe, comme dans les maçonneries modernes; chaque arche était formée d'arceaux juxtaposés, mais indépendants les uns des autres.

Fig. 14. — Vue de l'aqueduc du Gard.

L'aqueduc du Gard, construit sur le Gardon, affluent du Rhône, pour amener à Nîmes les eaux des fontaines d'Eure et d'Airan, offre un remarquable exemple d'appareil déliaisonné. La hauteur totale de cet ouvrage est d'environ 48 mètres; elle a été obtenue en superposant trois étages d'arcades en plein cintre. Les longueurs sont : 142 mètres pour l'étage inférieur, 242 mètres pour l'étage intermédiaire et 273 mètres pour l'étage supérieur. Toutes les voûtes sont en pierres de taille posées à sec; chacune d'elles est formée de quatre anneaux parallèles et indépendants. Les extrémités de ce bel ouvrage ont été rompues, au commencement du vᵉ siècle, par les barbares qui assiégeaient Nîmes. En 1743 on a exécuté quelques travaux de consolidation et prolongé les piles inférieures pour leur faire supporter un pont, comme l'indique la figure 15.

Les corbeaux saillants que les voûtes de l'aqueduc du Gard présentent à une certaine hauteur au-dessus de leurs naissances étaient destinés à recevoir les cintres. On sait, en effet, que les Romains supprimaient généralement la partie basse du cintrage; quelquefois ils ménageaient, dans ce but, entre les voussoirs inférieurs, une espèce d'assemblage à tenon et mortaise qui s'opposait à leur glissement pendant la construction.

L'absence de découpe apportait une nouvelle simplification dans la disposition du cintre, en ce sens qu'elle rendait inutile l'emploi des couchis. Avec une ferme dans chaque plan de tête et une dans chaque plan de séparation de deux arceaux consécutifs, on satisfaisait à toutes les exigences de la construction de la voûte; chaque voussoir franchissait l'espace compris entre deux fermes successives et s'appuyait sur elles par ses deux extrémités.

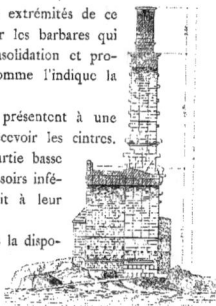

Fig. 15. — Coupe transversale de l'aqueduc du Gard.

Au lieu de juxtaposer les arceaux de l'intrados, on pouvait laisser entre eux un espacement régulier, sauf à remplir ensuite les vides au moyen d'un dallage courbe; les cintres n'étaient alors nécessaires que pour la construction des arcs doubleaux. Ces derniers, qui constituaient le squelette de la voûte, s'accusaient intérieurement par des saillies d'un très-bel effet. On trouve à Nîmes un exemple remarquable de cette disposition dans l'édifice connu sous le nom de *Bains de Diane*. Au viaduc de Narni, sur lequel la route de Rome à Terni traversait la vallée de la Néra, une des voûtes extrêmes, actuellement en ruine, présentait à l'intrados des nervures saillantes; mais les pierres de taille s'enchevêtrent suivant des lois si compliquées (fig. 16) qu'il est difficile de distinguer l'ossature du dallage.

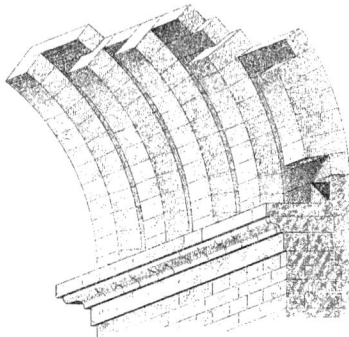

Fig. 16. — Voûte a nervures du Pont de Narni, d'après M. Auguste Choisy.

Les Romains, suivant en cela l'exemple donné par les Grecs, cramponnaient souvent leurs pierres de taille les unes aux autres au moyen d'agrafes en fer ou en bronze, scellées au plomb. Quelquefois

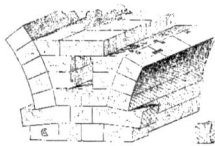

Fig. 17. — Attaches en queues d'aronde du pont de Gallargue.

ils substituaient à ces agrafes des queues-d'aronde en métal, en bois ou en marbre; la figure ci-contre, que nous empruntons à l'ouvrage de M. Choisy, indique le mode d'emploi de ces attaches dans la construction du grand pont d'*Ambrussum*, sur la Vidourle, près de Gallargues (Hérault) [1].

Les procédés auxquels les Romains avaient recours pour établir des voûtes maçonnées en petits matériaux sont très-ingénieux. On commençait par construire, au moyen de briques posées de champ, non-seulement les arcs de tête, mais aussi quelques anneaux intermédiaires; ces arcs, qu'on reliait souvent deux à deux par de grands carreaux de briques, comme l'indique la figure 18, étaient destinés à former l'ossature ou squelette de la voûte. Grâce à cette armature, qui s'incorporait dans la maçonnerie brute, le cintre provisoire en charpente n'avait plus à supporter le poids général de la voûte; il donnait seulement son empreinte aux massifs de blocages. La maçonnerie se construisait ensuite par couches horizontales successives, en posant des moellons bruts sur des lits de mortier, comme s'il s'agissait d'une simple muraille. Supprimez l'ossature par la pensée, il restera un massif de blocage analogue à celui des pieds-droits.

Dans certains cas, pour atténuer la dépense, les armatures se construisaient en briques posées à plat et formant sur la surface du cintre en charpente une sorte de carrelage courbe. « De cette disposition résultait », dit M. Choisy [2], « sur toute l'étendue du cintrage comme une croûte protectrice, une sorte de voûte légère, qu'on n'eût pu décintrer aussitôt après son achèvement sans courir le risque de la voir plier sous son poids, mais qui se roidit à mesure que les massifs s'élèvent, et devient enfin capable de

1. Ce pont, actuellement en ruine, desservait la voie Domitienne; il avait cinq arches. Pour les deux arches de la rive gauche, l'ouverture était de 12 mètres; les trois autres n'avaient que 11 m,30.

2. *L'Art de bâtir chez les Romains*. 1 vol. in-folio avec planches. — Paris; 1873.

soutenir à elle seule toute la partie haute des blocages. » Quelquefois on superposait l'un à l'autre deux carrelages de cette espèce (fig. 19). Des briques isolées posées de champ et plantées dans l'épaisseur du

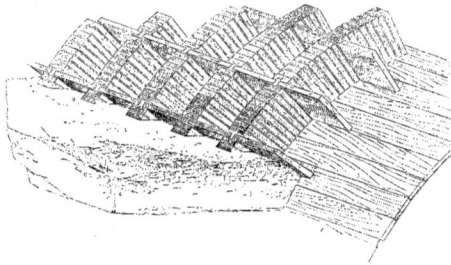

Fig. 18. — TYPE D'UNE ARMATURE A JOINTS CONVERGENTS, d'après M. Auguste Choisy.

second carrelage formaient des lancis en saillie qui s'incorporaient dans le massif de blocage. Le rôle des armatures à plat était évidemment tout provisoire; on dissimulait souvent leurs traces apparentes par l'application d'un enduit.

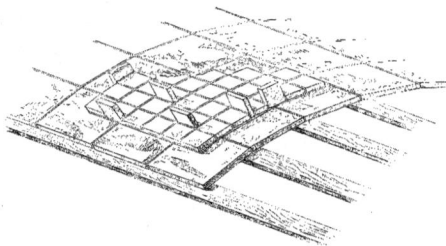

Fig. 19. — ARMATURE D'UN FRAGMENT DE VOUTE DES THERMES DE CARACALLA.

RÉSEAU DES VOIES GALLO-ROMAINES. — Le temps nous a conservé quelques *itinéraires*, notés ou tracés, au moyen desquels on a pu reconstituer assez complétement le réseau des voies gallo-romaines. Tels sont, notamment, l'*Itinéraire d'Antonin*, les *Tables de Peutinger*, l'*Itinéraire Hiérosolymitain* et les *Vases Apollinaires*.

Dans l'état actuel de nos connaissances archéologiques, le réseau gallo-romain se compose des voies indiquées sur la carte que nous avons dressée sous la bienveillante direction de MM. de Barthélemy et Bertrand, membres de la Commission de topographie des Gaules.

Comme l'échelle de cette carte ne permettrait pas d'inscrire sans confusion les noms des villes, gîtes ou étapes, on a donné des numéros d'ordre à ces points de passage afin de pouvoir réunir leurs dénominations dans un tableau spécial. Les voies indiquées présentent ensemble un développement d'au moins 20,000 kilomètres, soit plus de la moitié du réseau actuel de nos Routes Nationales.

On voit que dans la Gaule transalpine, aussi bien que dans les autres régions de leur empire, les Romains ont disposé d'un nombre de bras considérable pour exécuter les routes et les ponts. Les soldats légionnaires ont apporté leur concours à l'exécution de ces grands ouvrages, car on sait qu'il était de principe, à Rome, de ne jamais laisser les troupes s'abandonner à l'inaction. La légion était organisée en vue des travaux publics; elle comprenait des charpentiers, maçons et autres artisans, auxquels on

I.   4

adjoignait au besoin des ouvriers appartenant aux corporations. On requérait l'assistance du menu peuple par l'application du système de la *corvée*. Les possesseurs du sol fournissaient des contributions en nature.

Fig. 20. — CARTE DES VOIES ROMAINES DE LA GAULE
dressée d'après les Documents recueillis par la Commission de topographie des Gaules et publiée avec l'autorisation du Ministre de l'Instruction publique.

LÉGENDE.
- ———— Voies indiquées par les itinéraires et retrouvées.
- – – – – Voies indiquées par les itinéraires et non retrouvées.
- · · · · · Voies antiques (probablement romaines), non indiquées par les itinéraires.

Noms des points de passage des voies gallo-romaines.

1. Lugdunum Batavorum.	30. Colonia Equestris.	59. Alba Helviorum.	88. Camaracum.	117. Alauna.	141. Cottium.
2. Trajectus.	31. Genava.	60. Nemetodis.	89. Nemetacum.	114. Cosedia.	142. Aginnum.
3. Carvone.	32. Aventicum.	61. Batterva.	90. Tarvenna.	115. Legedia.	143. Cossa.
4. Neviomagus.	33. Eburodunum.	62. Narbo.	91. Gesoriacum, postea Bononia.	116. Condate.	144. Dibona.
5. Colonia Trajana.	34. Octodurus.	63. Ad Pyrenæum.		117. Subdinum.	145. Condatomagus.
6. Asciburgium.	35. Lemincum.	64. Summum Pyrenæum.	92. Samarobriva.	118. Combaristum.	146. Tolosa.
7. Colonia Agrippina.	36. Darantasia.	65. Carcaso.	93. Augusta Veromanduorum.	119. Julomagus.	147. Fines.
8. Bonna.	37. Augusta Prætoria.	66. Luteva.		120. Robrica.	148. Vernodie.
9. Confluentes.	38. Eporedia.	67. Segodunum.	94. Augusta Suessonum.	121. Cæsarodunum.	149. Lactora.
10. Mogontiacum.	39. Vercellæ.	68. Augusto Nemetum.	95. Noviomagus.	122. Gabris.	150. Illiberis.
11. Borbitomagus.	40. Cularo.	69. Ariolica.	96. Augustomagus.	123. Darioritum.	151. Elesa.
12. Brocomagus.	41. Valentia.	70. Aquæ Calidæ.	97. Iatinum.	124. Portus Namnetum.	152. Belsino.
13. Argentoratum.	42. Dea Vocontiorum.	71. Aquæ Neri.	98. Lutetia.	125. Sulim.	153. Lugdunum Convenarum.
14. Artaliburnum.	43. Vapincum.	72. Decetia.	99. Metiosedum (Meledam).	126. Limonum.	
15. Augusta Rauracorum.	44. Eburodunum.	73. Nevirnum.		127. Fines.	154. Aquæ Convenæ.
16. Brigantia.	45. Brigamno.	74. Avaricum.	100. Condate.	128. Argantomagus.	155. Summum Pyrenæum.
17. Curia.	46. Segusio.	75. Aballo.	101. St-Valery-en-Caux.	129. Augustoritum.	156. Aspalluga.
18. Arbor Pelix.	47. Augusta Taurinorum.	76. Intaranum.	102. Caracotinum.	130. Acitodunum.	157. Iluro.
19. Augusta Trevvorum.	48. Segusterra.	77. Autessiodurum.	103. Juliobona.	131. Ranramum.	158. Beneharnum.
20. Divodurum.	49. Rei Apollinares.	78. Agedincum.	104. Rotomagus.	132. Aunedonnacum.	159. Oppidum novum.
21. Tullum.	50. Antipolis.	79. Augustobona.	105. Cæsaromagus.	133. Cassinomagus.	160. Summo Pyrenæo.
22. Andematunnum.	51. Forum Julii.	80. Durocatalaunum.	106. Mediolanum Aulerco-rum.	134. Mediolanum Santonum.	161. Carasa.
23. Vesontio.	52. Massilia.	81. Virodunum.			162. Aquæ Tarbellicæ.
24. Augustodunum.	53. Aquæ Sextiæ.	82. Durocortorum.	107. Durocasses.	135. Novioregum.	163. Losa.
25. Cabillonum.	54. Arelate.	83. Mosæ.	108. Autricum.	136. Blavia.	164. Salomago.
26. Matisco.	55. Cabellio.	84. Aduatuca Tongrorum.	109. Genabum.	137. Conterato.	165. Reginea.
27. Lugdunum.	56. Apta Julia.	85. Castellum Menapiorum.	110. Brivioderum.	138. Burdigala.	166. Vorgium.
28. Aquæ Segestæ.	57. Avenio.	86. Turnacum.	111. Neviomagus.	139. Vesunna.	167. Gesocribate.
29. Vienna.	58. Arausio.	87. Bagacum.	112. Augustodurus.	140. Trajectus.	

Les réparations et l'entretien des ponts et des routes étaient assurés par une législation rigoureuse; nul n'était exempt d'y participer. On regardait comme *honorables* les impositions prélevées pour ces travaux. Lorsque les biens et personnes du clergé furent exemptés par les premiers empereurs chrétiens de tous impôts et péages, on apporta à ces priviléges une seule exception, qui concernait la réparation des ponts et des routes; Honorius et Théodose l'ont stipulée dans leurs lois.

Ainsi la création et la conservation des voies de terre ont été pour les Romains un constant objet de sollicitude.

VÉHICULES. — Les véhicules destinés au transport des deniers publics, des armes et des vivres, étaient à deux ou à quatre roues. La charrette, *birota,* portait au maximum deux cents livres de poids pour un attelage de trois mules. Le charriot à quatre roues appelé *rheda* ou *carpentum,* portait jusqu'à deux mille livres, pour un attelage de huit mules en été et de dix en hiver. Un autre charriot, dit *carrus,* ne chargeait que six cents livres.

Les chars servaient aussi au transport des personnes; on les faisait, dans ce cas, traîner par des chevaux. Lorsque Tibère se transporta de Lyon en Allemagne par ordre d'Auguste, à la nouvelle d'une maladie de Germanicus, il fit usage de trois charriots de relais et ne mit, suivant Pline, que vingt-quatre heures à parcourir une distance d'environ 500 kilomètres.

Les bœufs et les ânes, que l'on employait en général comme bêtes de somme, s'attelaient quelquefois à des charrettes chargées de bagages et à une espèce de char appelé *clabulum.*

CHAPITRE II

LE MOYEN AGE ET LES TEMPS MODERNES

Après la chute de la puissance romaine, la barbarie des envahisseurs et la misère des vaincus firent délaisser l'entretien des routes. Le mal s'aggrava encore, sous les rois Francs de la première race, par suite des démembrements du territoire et de l'instabilité des dominations locales. L'histoire mentionne seulement quelques ordonnances destinées à empêcher la ruine totale des voies de terre; on sait, par exemple, qu'une ordonnance de Dagobert interdisait, sous peine d'amende, tout empiétement sur la voie publique.

Charlemagne institua des commissaires impériaux, *Missi Dominici*, chargés de visiter les routes et d'y prescrire les travaux les plus nécessaires; il ordonna, dans son capitulaire de mai 793, de rétablir les ponts et les chaussées, conformément à *l'ancienne coutume* qui était probablement tombée en désuétude. Ses successeurs firent construire quelques ponts par *ban* ou corvée. Mais l'anéantissement graduel du pouvoir central et la fréquence des guerres intestines vinrent raréfier de plus en plus les relations commerciales. Les routes, faute d'entretien, perdirent peu à peu leur viabilité; lorsqu'elles devenaient tout à fait impraticables, il restait la ressource des communications fluviales. C'est par eau que devaient circuler la plupart des produits du sol et d'autres objets de nécessité première dont le commerce ne saurait disparaître dans l'état social même le plus barbare.

La foi chrétienne donna le signal de la réaction contre ce déplorable abandon des voies de terre. Des *marchés* ou *foires* s'organisèrent, en pleine anarchie féodale, à côté des lieux de pèlerinage en renom. L'activité voyageuse, d'abord inspirée par le sentiment religieux, ne tarda pas à être stimulée par l'influence des besoins matériels. Les Croisades développèrent ensuite cette activité dans une sphère plus étendue et rendirent plus nécessaire le rétablissement des communications; aussi vit-on les ordres monastiques, les seigneurs et les villes émancipées se mettre à l'œuvre pour aviser aux travaux les plus urgents.

L'institution des *péages*, dont l'origine dans les Gaules paraît remonter à la domination romaine, fournissait les seules ressources régulières au moyen desquelles on pût pourvoir aux dépenses de construction et d'entretien des ouvrages; encore étaient-elles souvent distraites de leur destination au profit personnel des concessionnaires. Les dons charitables ou inspirés par des motifs pieux apportaient un contingent de quelque importance, car on considérait comme *œuvres méritoires* l'ouverture et l'amélioration des routes, ainsi que l'établissement de ponts sur les rivières.

TRAVAUX DES FRÈRES PONTIFES. — C'est spécialement en vue de ces derniers ouvrages que se formèrent des associations de *Frères Pontifes*, dont la première œuvre remarquable fut l'établissement du pont de Bonpas, sur la Durance, dans l'évêché de Cavaillon.

Ces congrégations furent illustrées par saint Bénézet qui, de simple berger, devint un grand ingénieur. Arrivé à Avignon au moment où l'évêque de cette ville prêchait pour rassurer les fidèles effrayés par une éclipse de soleil, Bénézet éleva la voix dans l'église et dit qu'il venait bâtir un pont. Le peuple l'acclama et chacun voulut contribuer à l'œuvre soit par son argent, soit par son travail, malgré l'opposition incrédule des autorités locales.

Le *pont d'Avignon*, commencé en 1177 et terminé dix ans plus tard, fut établi sur les deux bras du Rhône que sépare l'île de la Bartelasse. Sa longueur était d'environ 900 mètres. Les piles, au nombre de dix-neuf, reposaient presque toutes sur le roc vif. Le temps nous a conservé les quatre arches voisines d'Avignon (fig. 21), dans lesquelles l'ouverture varie de 23 à 35 mètres et la flèche de 7 mètres 27 à 12 mètres 35. La largeur entre les parapets est de 4 mètres 80. Les piles, de 8 mètres d'épaisseur, sont construites en pierres de taille jusqu'au niveau des grandes eaux et en moellons au-dessus de ce niveau. Les tympans sont percés d'arcades. Les voûtes, en pierres de taille, se composent chacune de quatre anneaux juxtaposés reliés entre eux par des crampons en fer. Les massifs sont bien pleins et soigneusement maçonnés. La seconde pile supporte la chapelle dédiée à Saint-Nicolas, dans laquelle on déposa en 1184 la dépouille mortelle de Bénézet et qui devint un lieu de pèlerinage célèbre par ses miracles.

Fig. 21. — RUINES DE L'ANCIEN PONT D'AVIGNON, d'après un dessin à l'aquarelle, de 1816, donné à l'École des ponts et chaussées par M. de Saint-Venant.

Dans le milieu du XIIIᵉ siècle, d'autres bâtisseurs se réunissaient sur les rives du Gardon et construisaient un pont sur cette rivière au pied du prieuré de *Saint-Nicolas de Campagnac*. Ce pont, qui existe encore, possède neuf arches, les unes ogivales, les autres à plein cintre. Les claveaux sont liaisonnés entre eux. Les avant et arrière-becs ont une section triangulaire et s'élèvent jusqu'au niveau de la chaussée, de manière à créer des gares d'évitement.

Vers la même époque (1245), on commença à Lyon, sous l'inspiration et grâce aux libéralités du pape Innocent IV, le grand pont de *la Guillotière*, dont les travaux traînèrent en longueur pendant plus de trois siècles.

En 1265, les habitants de Saint-Saturnin du Port, dirigés par Jean de Thianges, prieur des Clunistes de cette ville, posèrent la première pierre du *pont Saint-Esprit*, sur le Rhône, dont la construction fut achevée en 1307. Une confrérie des deux sexes se forma dès l'origine des travaux pour accélérer l'ouvrage; les frères quêtaient et bâtissaient, tandis que les sœurs aidaient les ouvriers et soignaient les malades. La longueur du pont Saint-Esprit est d'environ 900 mètres, répartis sur un alignement deux fois brisé. Les arches, toutes en plein cintre, ont de 24 à 33 mètres d'ouverture; elles étaient primitivement au nombre de vingt; dans le cours du XVIᵉ siècle, on en a remplacé une par trois petites arcades [1]. Chaque voûte est formée de quatre arceaux en pierre de taille, juxtaposés comme ceux du pont d'Avignon, mais avec cette différence qu'ils sont reliés entre eux, de quatre en quatre assises, par une assise intermédiaire composée de trois pierres seulement. La largeur du pont est de 5 mètres 33 entre les têtes et de 4 mètres 55 entre les parapets. Les avant et arrière-becs ne s'élèvent pas tout à fait jusqu'au niveau des hautes eaux; les tympans sont évidés par des arcades. La figure 22 représente la vue générale de ce pont au XVIIᵉ siècle, d'après une gravure de Merian [2].

1. Deux autres arches ont été détruites, il y a quelques années, et remplacées par une arche en fonte pour faciliter le passage des bateaux.
2. M. Z. Topographiæ Galliæ, oder Beschreibung und Contrafaitung des mæchtigen Kœnigreichs Franckreich. 13 parties in-folio. — Franckfurth am Mayn, bey Caspar Merian, Buchhændlern. M. DC. LXI.

On peut voir encore aujourd'hui sur les voussoirs du pont Saint-Esprit diverses marques de tâche-rons, indiquant que chaque ouvrier signait son ouvrage. « Les uns se contentaient, dit M. Bruguier-Roure[1], de tracer un nombre plus ou moins considérable de traits, de graver une lettre ; les autres creusaient à à la pointe d'un ciseau un compas, une équerre, un marteau. Pas un seul bloc dans cet immense amas

Fig. 22. — PONT SAINT-ESPRIT, d'après une gravure de Merian.

de pierres qui soit privé de la marque distinctive de celui qui l'avait équarri. Malgré les nombreuses réparations exécutées au pied et sur le sommet du pont, ce chapitre d'histoire, écrit avec le maillet et le ciseau, était resté dans son intégrité jusqu'à nos jours. Des travaux récents en ont dispersé les feuillets. Mais si les ingénieurs se sont montrés prodigues de ces matériaux marqués des *tâcherons du pontiste*, ils ont conservé, autant que possible, et nous les en remercions, la croix que la piété de nos aïeux sculpta sur les clefs de voûte de toutes les arches, comme une marque de fabrique qui ne permit jamais de se

Fig. 23 à 29. — CLEFS DE VOUTE DES ARCHES DU PONT SAINT-ESPRIT.

méprendre sur la religion de leurs constructeurs. Ces croix, à peu près semblables pour la forme (fig. 23 à 29), variaient dans leurs ornements. Celle-ci est terminée à ses extrémités par des trèfles, celle-là par des fleurs de lys tronquées. Ici c'est une croix archiépiscopale ; sur l'arche voisine, la croix du Languedoc supportée par un buste d'ange aux ailes déployées. On reconnaît partout le ciseau de l'ouvrier agissant sous l'impulsion de sa foi et livré, pour ainsi dire, à son inspiration propre. Toutes les piles reçurent un nom particulier, tiré de l'état des lieux, d'un souvenir historique, ou emprunté à un personnage considé-rable du pays. On les trouve dans les cahiers des charges des entrepreneurs de réparations et dans les baux à ferme de la pêche ; on les lit aussi, mais défigurés quelquefois, sous la fresque de la *maison du roi*, ancien siége de l'œuvre. »

Le mode de fondation adopté par les constructeurs du pont Saint-Esprit a été soigneusement étudié par M. Thouvenot, ingénieur des ponts et chaussées, qui a bien voulu nous communiquer les résultats de ses recherches. On a commencé par établir dans le Rhône, au moyen d'enrochements, autant d'îlots artificiels que l'on voulait faire de piles. Sur chacun de ces massifs on a échoué un double cours de troncs d'arbres, d'environ 40 centimètres de diamètre et de diverses essences, constituant une plate-forme sur laquelle reposent deux magnifiques assises de pierres de taille de 50 centimètres d'épaisseur chacune. On a enfin établi sur ces libages une nouvelle plate-forme, semblable à la première, qui supporte la maçonnerie de la pile.

1. *Les Constructeurs de ponts au moyen âge*, brochure in-8°. — 1876.

ANCIENS PONTS DE METZ. — Pendant la seconde moitié du xiiie siècle et dans le cours du xive, la République Messine a fait construire le pont *Saint-Georges*, le pont *Thieffroy*, le pont *des Morts*, le *Moyen-Pont* et le pont de *Moulins*. Bien que ces ouvrages aient été restaurés ou reconstruits à diverses époques, M. l'ingénieur Raillard a réussi à déterminer avec précision la nature de l'œuvre première.

Comme dans tous les autres ponts de cette époque, on avait eu soin de donner aux piles des épaisseurs grandement suffisantes pour résister à la poussée des voûtes et remplir, au besoin, le rôle de culées. Les têtes, paramentées en surface gauche, étaient nues, sans cordons vers la base des parapets, et montraient de larges tympans non évidés. Les inégalités que présentaient les ouvertures des arches d'un même pont paraissent inexplicables, « à moins qu'on ne suppose », dit M. Raillard[1], « que l'hôpital de Saint-Nicolas, à qui la cité avait imposé l'obligation de construire tous les ans une arche du Moyen-Pont, du pont des Morts, du Pontiffroy et du pont de Moulins, ait cru devoir proportionner la grandeur de chaque arche à la somme d'argent qu'il pouvait consacrer annuellement à ce travail, ce qui ne serait pas la circonstance la moins curieuse de l'histoire de ces vieux édifices. » Les voûtes, dont l'ouverture ne dépassait pas 16 mètres, étaient en plein cintre ou en arcs de cercle peu surbaissés. Les avant-becs des piles, très-saillants sur les têtes, formaient des demi-cylindres verticaux à section droite ogivale; les arrière-becs présentaient une section triangulaire. La largeur de la chaussée était de 6 à 10 mètres entre les parapets; ceux-ci étaient construits en maçonnerie ordinaire recouverte d'un crépi et surmontée de tablettes en pierres de taille.

Chaque voûte se composait de quatre anneaux en pierres de taille, de 60 centimètres à 1 mètre 15 de largeur, espacés entre eux de 1 mètre 40 à 2 mètres 30, et de massifs intermédiaires de maçonnerie brute recouverts d'un crépi. Les arcs-doubleaux s'accusaient à l'intrados par une saillie de 25 à 30 centimètres sur le parement intermédiaire; ils portaient d'ailleurs, sur chaque face latérale et intérieure, une rainure, de 7 à 16 centimètres de largeur sur 5 à 11 centimètres de profondeur, tracée concentriquement à leur douelle.

Ces observations suffisent pour mettre en relief le système de construction que les architectes des

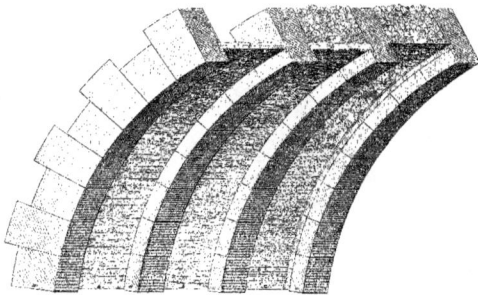

Fig. 30. — STRUCTURE DES VOUTES DES ANCIENS PONTS DE METZ.
a, Pierres de taille. — *b*, Madriers servant de couchis. — *c*, Mortier à gros sable. — *d*, Maçonnerie de blocages.

vieux ponts de Metz avaient adopté (fig. 30). On établissait d'abord les cintres des arcs-doubleaux en les faisant reposer soit sur des chevalets, soit sur des consoles en pierres de taille disposées dans les piles au niveau des naissances; au fur et à mesure de la pose des voussoirs, on glissait dans leurs rainures des madriers jointifs destinés à servir de couchis pour la construction des bandeaux de voûte intermédiaires. Quand les quatre arcs-doubleaux étaient terminés, on recouvrait les couchis d'une couche de mortier à gros sable, de 10 à 15 centimètres d'épaisseur, qui servait de base à la maçonnerie de blocages. On

1. *Les anciens Ponts du moyen âge à Metz*, brochure in-8°. - 1864.

décintrait ensuite les anneaux en pierre de taille, en laissant les couchis en place jusqu'au complet durcissement des mortiers [1].

« Ces dispositions, dit M. Raillard, durent procurer une certaine économie dans les frais de premier établissement ; mais il fallait l'excellente chaux de Metz pour donner aux voûtes ainsi construites une solidité suffisante, et néanmoins ces voûtes ont toujours eu, comme cela devait être, une tendance manifeste à se fendre le long des arcs-doubleaux, qui n'étaient reliés aux bandeaux de blocages que par l'adhérence des mortiers. »

Les anciens ponts de Metz étaient d'ailleurs sinueux en plan comme en élévation ; on n'y voyait pas d'archivoltes régulièrement dessinées ; leurs voûtes, imparfaitement cylindriques, présentaient des douelles irrégulières. En un mot, de nombreux vices de construction trahissaient l'inhabileté des architectes de ces ouvrages.

Avant de passer à un autre sujet, nous dirons quelques mots d'un singulier impôt, qui fut créé pour la construction du Moyen-Pont et reçut le nom d'*impôt des habits des morts*. Depuis longtemps déjà les Messins étaient tenus de léguer, en mourant, une partie de leur mobilier à la ville, pour subvenir aux frais de l'entretien des murailles, lorsqu'en 1222, les magistrats s'attribuèrent le droit de désigner l'objet mobilier et portèrent leur choix sur *le meilleur warnement de robes* que chaque personne aurait le jour de sa mort. Ce tribut fut étendu à la garnison et même aux étrangers qui mouraient dans la ville. Le peuple le subit patiemment, mais il parut très-lourd aux dignitaires du clergé, à l'aristocratie et aux riches bourgeois ; l'hôpital eut à soutenir, pour ce motif, de nombreux procès qu'il gagna toujours.

ANCIENS PONTS DE PARIS. — A Paris, les constructeurs de ponts du moyen âge n'ont pu réussir à édifier aucune œuvre vraiment solide ; on sait que les crues de la Seine étaient fréquentes et dévastatrices. Nous nous bornerons à analyser sommairement les indications de l'histoire.

Dans un acte de 1371, rapporté par Sauval, il est dit qu'un pont de bois existait entre l'île Notre-Dame (aujourd'hui île Saint-Louis) et Saint-Bernard, qu'on y construisit en 1369 une tournelle carrée et qu'il fut planchéié en septembre 1370. Ce pont n'eut certainement qu'une courte durée.

Le *Petit-Pont* fut primitivement construit en pierres, vers 1174, par l'évêque Maurice de Sully. Il fut renversé par l'inondation de 1197, reconstruit, puis détruit de nouveau par la crue de 1206. En 1281 une arche fut emportée ; l'inondation de 1296 acheva la ruine de l'ouvrage. En juin 1395 le roi Charles VI posa la première pierre d'un nouveau pont en maçonnerie, à trois arches, qui fut achevé en 1406 et renversé le 31 janvier 1408 par une débâcle de glaces. Une nouvelle reconstruction fut immédiatement entreprise par la ville et terminée le 10 septembre 1409.

Il existait, au commencement du xivᵉ siècle, une passerelle en bois dite de la *Planche-Mibray*, dont le tablier s'enlevait pendant la nuit et qui desservait les moulins du voisinage appartenant aux religieux de Saint-Magloire. En 1412, le prévôt des marchands et les échevins achetèrent le droit de remplacer cette passerelle par un pont public. Dès l'année suivante, le 31 mai, le roi Charles VI *frappa de la trie* sur le premier pieu, pour inaugurer la construction du *Pont Notre-Dame*. « Ce pont de bois », dit le chroniqueur Gaguin, « contenoit dix-huit pas en largeur et estoit soutenu sur dix-sept rangées de pilotis, chacune rangée ayant trente pilliers ; l'espoisseur de chacun de ses pilliers estoit un peu plus d'un pied, et avoient en hauteur quarante deux pieds. Ceux qui passoient par dessus ce pont, pour ne point voir d'un costé ny de l'autre la rivière, croyoient marcher sur la terre ferme, et sembloient estre au milieu d'une rue de marchands, car il y avoit si grand nombre de toutes sortes de marchandises, de marchands et d'ouvriers sur ce pont, et au reste la proportion des maisons estoit tellement juste et égale en beauté, et excellence des ouvrages d'icelle, qu'on pouvoit dire avec vérité que ce pont méritoit avoir le premier lieu entre les plus rares ouvrages de France [2]. »

Un ouvrage en maçonnerie qui reçut le nom de *Petit-Pont-Neuf* fut établi de 1378 à 1387, sur le bras gauche de la Seine, par les soins de Hugues Aubriot. Emporté par la débâcle de 1408, en même temps que le Petit-Pont, il fut reconstruit aux frais de la ville et reçut, à partir de 1524, le nom de *Pont Saint-Michel*.

---

1. On pouvait aussi, au lieu de poser les couchis jointivement, les espacer entre eux, sauf à fermer les vides au moyen de petits madriers cloués sur ces couchis. Ce système fut mis en pratique au pont de *Moulins*, situé en face du village de ce nom, à 6 kilomètres en amont de Metz, sur l'ancien lit de la Moselle.

2. *De gestis Francorum*, Paris, 1522.

En 1141, le roi Louis VII ordonna aux changeurs de Paris de s'installer sur le *Grand-Pont*, qui reçut plus tard, pour ce motif, le nom de *Pont-au-Change*. L'inondation de 1281 amena la rupture des deux arches; celle de 1296 fut plus désastreuse encore. Les registres du Parlement indiquent que ce pont fut encore rompu et réparé en 1375. Le 1er février 1408, lendemain de la débâcle des glaces dont nous avons déjà parlé, une partie des boutiques de changeurs construites sur le Grand-Pont s'écroulèrent.

PONTS EN OGIVE. — L'ogive, qui doit probablement son origine à une simple modification du plein cintre avec lequel on la trouve souvent associée, a été employée avec succès pour les voûtes de plusieurs ponts en maçonnerie dans l'Ouest et le Midi de la France.

Le *Pont Saint-Étienne*, à Limoges, construit au XIIIe siècle, présente huit arches ogivales de 11 à 12 mètres d'ouverture. Ses piles, solidement assises sur le rocher qui forme dans cette région le fond du lit de la Vienne, ont près de 6 mètres d'épaisseur. Les éperons montent jusqu'au niveau de la chaussée, de manière à créer des gares d'évitement d'autant plus utiles que la largeur de la voie entre parapets n'est que d'environ 4 mètres. Les avant-becs, très-saillants, présentent une section droite ogivale; les arrière-becs, qui ne donnent aux gares d'aval qu'une reculée de 1m,30, ont une section rectangulaire. Le milieu du tablier est notablement plus élevé que ses extrémités.

Un autre pont de Limoges, le *Pont Saint–Martial*, qui a été bâti sur des ruines romaines, présente des dispositions analogues. Les grands blocs de granit provenant de la construction antique ont été en partie utilisés par les ingénieurs du moyen âge; les autres pierres de taille sont de même nature, mais de dimensions beaucoup plus faibles.

On trouve d'autres ponts avec arches ogivales à *Aixe* et à *Saint-Junien*, sur la Vienne, ainsi qu'à *Montmorillon*, sur la Gartempe.

Le *Pont de Saintes*, qu'on a malheureusement détruit en 1846 pour lui substituer un éphémère pont suspendu, était remarquable à plus d'un titre. Les arches reconstruites vers l'an 1200, sur des piles romaines, par l'écolâtre Isembert, auquel Jean sans Terre confia plus tard la construction du pont de Londres, étaient en tiers-point; la chaussée ne présentait en son milieu qu'un faible relèvement. Nous indiquons (fig. 31), d'après M. Viollet-le-Duc[1], l'aspect probable

Fig. 31. — Pont de Saintes.

du pont de Saintes vers la fin du XVIe siècle. Une première porte se présentait du côté du faubourg des Dames, situé sur la rive droite de la Charente; on passait ensuite sous l'arc de triomphe romain à deux ouvertures élevé en l'honneur de Germanicus; plus loin, on traversait une tour à section ovale; on franchissait enfin la porte de la ville, flanquée de tourelles. Le pont était construit en charpente entre la porte du faubourg des Dames et l'arc de Germanicus, ainsi qu'entre la grosse tour et la porte de la ville; grâce à cette disposition, il était facile d'intercepter, au besoin, les communications. Le parapet du pont en pierre et la balustrade supérieure de l'arc romain avaient été crénelés. M. Viollet-le-Duc fait observer que la construction des ouvrages de défense n'a pas dû être antérieure à la fin du XIVe siècle.

Le *Pont de Montauban*, commencé en 1291 et terminé vers 1335, présente une longueur totale de 205 mètres entre les culées et se compose de sept arches ogivales ayant, en moyenne, 22 mètres d'ouverture. Il est à remarquer que la chaussée présente une horizontalité parfaite. Chacune des extrémités

---

1. *Dictionnaire raisonné de l'architecture française*, du XIe au XVIe siècle, tome VII. Paris, 1864.

est défendue par une tour carrée ; une tour triangulaire s'élève en outre, vers le milieu du pont, sur l'arrière-bec d'une pile. Les éperons sont triangulaires en aval comme en amont et s'arrêtent à la hauteur des naissances des voûtes. L'épaisseur des piles est d'environ 8^m,50. De longues ouvertures en ogive exhaussée, percées dans les tympans, ménagent un débouché sérieux lors des grandes crues. Ce bel ouvrage

Fig. 32. — PONT DE MONTAUBAN. — Élévation. — Échelle de 0^m,0012 par mètre.

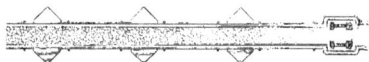

Fig. 33. — PONT DE MONTAUBAN. — Plan. — Échelle de 0^m,0012 par mètre.

est entièrement construit en briques de 0^m,40 de longueur, 0^m,28 de largeur et 0^m,05 d'épaisseur. L'élévation et le plan représentés par les figures 32 et 33 ont été dressés par M. Olivier, architecte du département du Tarn-et-Garonne[1].

Le pont de *Valentré* ou de *la Calendre*, à Cahors, est peut-être le plus pittoresque et le plus remarqué des ponts en ogive du moyen âge. Sa construction remonte aux premières années du XIVe siècle. Il se compose de six arches principales en tiers-point, d'environ 22 mètres d'ouverture ; les éperons, triangulaires en aval et en amont, arrivent jusqu'au niveau du tablier et donnent naissance à des gares flanquantes ; trois tours s'élèvent respectivement sur les deux piles extrêmes et sur la pile centrale. « Les avant-becs », dit M. Viollet-le-Duc, « sont percés (fig. 34), parallèlement au tablier, à la hauteur de la naissance des arches, de passages au-dessous desquels on voit trois trous destinés à poser des sapines en travers, et un petit plancher formant passerelle. Les cintres des arches étaient eux-mêmes posés dans des trous de scellement restés apparents. Ainsi le service des maçons se faisait par cette passerelle à travers les avant-becs. Sur cette passerelle les matériaux étaient bardés, enlevés par des grues mobiles et posés sans nécessiter aucun échafaudage[2]. »

Fig. 34. — PONT DE VALENTRÉ, d'après M. Viollet-le-Duc.

ARCHES A GRANDE PORTÉE. — Vers la fin du moyen âge, on a entrepris des arches isolées qui présentaient des ouvertures considérables.

Le *Pont de Céret*, établi sur le Tech en 1336, pour desservir la route de Perpignan à Pratz-de-

1. Ces dessins sont faits d'après les *Annales archéologiques de 1856*, éditées par Victor Didron, à Paris.
2. *Dictionnaire raisonné de l'architecture française*.

Mouillon, se compose (fig. 35) d'une seule arche en plein cintre de 45 mètres de diamètre. La voûte est en pierre de taille de bas appareil; le reste de la construction est en briques. La largeur entre les têtes n'est que de 3ᵐ,90. Les reins et les levées ont été évidés au moyen de grandes arcades de 7 à 8 mètres d'ouverture.

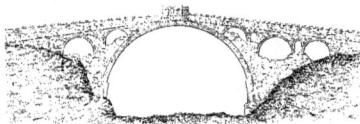

Fig. 35. — Pont de Céret.

En 1404, on a construit dans le voisinage de Sisteron, avec le produit des indulgences accordées par un pape, le *Pont de Castellane,* sur le Verdon, dont l'arche unique forme un arc de cercle de 35 mètres d'ouverture, surbaissé au quart. Les fondations des culées reposent sur le roc. La largeur entre les têtes est de 2 mètres seulement.

Le *Pont de Vieille-Brioude,* construit sur l'Allier en 1454 par Grenier et Estone, était une œuvre plus hardie encore, car il avait 55 mètres d'ouverture sur 21ᵐ,44 de flèche. Les retombées s'opéraient à des hauteurs légèrement inégales sur deux rochers plus élevés que le niveau de l'étiage. La voûte, dont l'épaisseur totale était de 2ᵐ,27, se composait de deux rangs de voussoirs, l'un en pierres volcaniques, l'autre en grès très-dur, que l'on avait superposés l'un à l'autre sans pratiquer entre eux presque aucune liaison. La largeur entre les têtes était de 4ᵐ,90. Les tympans étaient construits en *opus incertum.* On

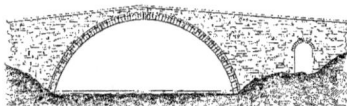

Fig. 36. — Pont de Vieille-Brioude.

accédait au milieu du pont par des rampes de 0ᵐ,08. Nous reproduisons (fig. 36) le dessin publié dans les œuvres de Gauthey[1].

CONSIDÉRATIONS GÉNÉRALES. — En résumé, les œuvres sérieuses du moyen âge en matière de ponts n'ont commencé à se produire que dans la seconde moitié du XIIᵉ siècle. Les ouvrages antérieurs à cette époque ont été certainement peu nombreux et ont disparu depuis bien longtemps; ils sont à peine mentionnés dans quelques capitulaires et chroniques. L'art de la fabrication des mortiers était d'ailleurs tombé en pleine décadence; on unissait un peu de chaux mal cuite avec beaucoup de sable, ce qui produisait un composé sans consistance. Vers la fin du XIIᵉ siècle les mortiers s'améliorent; un siècle plus tard ils sont excellents et comparables à ceux des Romains.

Comme on avait perdu le secret des bétons hydrauliques, les constructeurs de ponts se trouvaient dépourvus d'une précieuse ressource pour les fondations en rivière.

Au pont d'Avignon, on s'est contenté d'amonceler des blocs dans le lit du Rhône, de manière à former des ilots artificiels sur lesquels on a établi en basses eaux les maçonneries des piles; ces blocs devaient être aussi gros que possible, afin que le courant ne les entraînât pas, aussi la légende de Saint-Bénézet leur a-t-elle attribué des dimensions telles qu'il fallait un miracle pour les transporter. Ce procédé de *fondations par enrochements* est d'une simplicité presque naïve, mais ses inconvénients sont graves;

[1]. Paris, Didot, 1809-1813, 3 vol. in-4°. — On a souvent attribué au pont de Vieille-Brioude une origine gallo-romaine; le père Montfaucon n'a pas manqué de commettre cette erreur dans son *Antiquité expliquée.*

ces massifs de blocs sans liaisons forment nécessairement des empatements énormes qui mettent obstacle à l'écoulement des eaux ; on n'a d'ailleurs pu obtenir qu'une disposition d'îlots peu régulière, de là la principale cause des inégalités des arches et des sinuosités de l'axe du pont.

Au pont Saint-Esprit les fondations sont plus savantes. Après avoir sensiblement obtenu au moyen d'enrochements l'horizontalité du fond du fleuve dans l'emplacement de chaque pile, on a construit un premier radeau de bois supportant deux assises de pierres de taille superposées et on l'a doucement fait descendre jusqu'au fond de l'eau ; un second radeau sur lequel on avait maçonné la base de la pile a été ensuite descendu sur le premier. C'est à peu près le mode de fondation que les Romains avaient employé au port d'Ostie, au temps de l'empereur Claude.

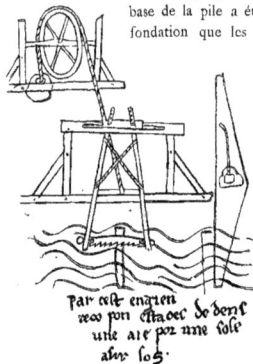

Fig. 37. — Scie a recéper.
Fac-simile d'un croquis du xiii° siècle.

Le croquis que nous représentons en fac-simile (fig. 37) provient d'un album manuscrit de 1250, qui a pour auteur Villard de Honnecourt et appartient aujourd'hui à notre Bibliothèque Nationale. Ce dessin représente une *scie à recéper*, engin dont l'invention est, par conséquent, loin d'être moderne comme on le croit en général. La légende *par cest engien recopon estaces dedens une aie por une sole asir sos*, en patois cambraisien du temps, signifie littéralement : *par cet engin on recèpe les pieux dans l'eau pour asseoir une plate-forme sur eux.* Il n'est donc pas douteux que l'on connaissait au moyen âge les fondations sur pilotis, mais il ne paraît pas qu'on en ait fait un grand usage.

M. l'ingénieur Raillard, auquel on doit, comme nous l'avons vu précédemment, une savante étude des anciens ponts de Metz, a été conduit à penser que, pour les fondations de ces ouvrages, on a employé « le coûteux et périlleux procédé d'une maçonnerie élevée à sec, dans une enceinte plus ou moins bien épuisée, sur le gravier du fond du lit et à une profondeur insuffisante ». C'est surtout par leurs bases que ces ponts périclitaient, vers la fin du xvi° siècle, époque à laquelle de nombreuses visites ont révélé l'existence d'affouillements accompagnés d'affaissements des piles.

On peut, en somme, tenir pour certain que la question des fondations en rivière était généralement mal résolue par les constructeurs du moyen âge. Là se trouvait le point faible de leur science, et c'est probablement à leur grand désir de s'y soustraire qu'est due la hardiesse dont quelques-uns d'entre eux ont fait preuve en donnant d'énormes ouvertures à des arches isolées.

Dans les ponts à plusieurs arches on voit toujours les piles présenter assez d'épaisseur pour remplir au besoin le rôle de culées en résistant aux poussées horizontales. On a, sous ce rapport, fidèlement conservé la tradition romaine et l'on y trouvait un double avantage. D'une part, en effet, cette disposition permettait de morceler l'exécution en construisant les voûtes l'une après l'autre, faculté précieuse à une époque où les ressources en argent et en main-d'œuvre étaient souvent insuffisantes pour permettre un travail rapide ; si, d'autre part, il arrivait qu'une arche fût détruite en temps de guerre, sa suppression n'entraînait pas nécessairement la chute des autres arches. Il est vrai que ces piles culées avaient, par contre, l'inconvénient d'obstruer le lit de la rivière et d'occasionner des remous destructeurs ; on tâchait d'amoindrir ce dernier effet en donnant aux avant-becs une section droite triangulaire ou ogivale qui leur permettait de couper doucement le courant et de diviser les glaçons en cas de débâcle.

Lorsque les éperons s'arrêtaient à la hauteur des naissances des voûtes, on avait presque toujours soin de pratiquer, dans les tympans, de larges ouvertures destinées à faciliter l'écoulement des eaux pendant les crues. Dans bien des cas on trouvait préférable d'élever les éperons jusqu'au tablier, de manière à créer des gares d'évitement très-utiles sur les ponts d'une faible largeur.

Les arches sont généralement en plein cintre ou en tiers-point ; les formes surbaissées n'ont été que rarement admises et, dans ce cas, le rapport de la flèche à l'ouverture est de 1/4 au moins. En général le tablier du pont forme un dos d'âne, son milieu étant plus élevé que ses extrémités.

Pour la construction des voûtes en pierres de taille on a souvent juxtaposé, suivant la méthode romaine, des arceaux indépendants les uns des autres. M. Viollet-le-Duc a signalé, notamment dans le

Poitou, l'existence d'arches d'une ouverture médiocre qui sont construites au moyen d'arcs-doubleaux séparés par des intervalles recouverts d'un épais dallage; les tympans au-dessus de ces arcs sont en moellon ou en pierre tendre. Les voûtes des anciens ponts de Metz possédaient aussi, comme nous l'avons vu, des arcs-doubleaux en pierre de taille. La tradition romaine, qui consistait à extradosser les voûtes parallèlement à l'intrados, a été conservée dans la plupart des ponts du moyen âge; mais les pierres de taille n'ont pas été posées à sec. Le mortier des lits et des joints est fait avec du sable très-pur et très-fin; il ne contient pas de gravier, comme celui des blocages. L'absence de chapes au-dessus des voûtes permettait malheureusement aux eaux pluviales, qui s'infiltrent toujours à travers les chaussées, de produire à la longue des altérations plus ou moins graves, surtout dans les voussoirs intermédiaires qui ne sont pas aussi facilement séchés par l'air que ceux des têtes.

Au passage de la plupart des ponts, on percevait des péages affectés à leur entretien ainsi qu'à la protection matérielle des voyageurs. « Ceci explique, dit M. Viollet-le-Duc, comment tous les ponts du moyen âge sont munis de postes qui permettaient d'abord de percevoir le péage, puis de maintenir la police sur leur parcours et dans les environs. Beaucoup de ces tours et chatelets qui munissent les issues des ponts, et quelquefois leur milieu, sont donc de véritables corps de garde et bureaux de péage. Cependant le plus habituellement il faut voir dans ces logis de véritables défenses, si, par exemple, les ponts donnent accès dans des bourgs ou villes défendues [1]. » On ne devait, en principe, établir des forte-resses sur les ponts qu'avec l'autorisation de leurs fondateurs; mais, dans la pratique cette règle était souvent violée; elle le fut, par exemple, à Avignon lorsque Philippe le Bel fit jeter en 1307 les fondations de la tour de Villeneuve qui ferme l'issue du pont sur la rive droite.

La faible largeur de la chaussée, la raideur des rampes d'accès, les ouvrages stratégiques, tout contri-buait à rendre les ponts du moyen âge insuffisants pour une circulation active. Si, dans l'intérieur des villes populeuses, on donnait aux ponts une plus grande largeur entre les têtes, c'était presque toujours en vue de les border de maisons sur toute leur longueur; c'est ce qu'on fit à la Rochelle, pour le *Pont Saint-Sauveur* (fig. 38), dont la construction était attribuée à Isembert[2]. A Paris, les dangers auxquels les ponts se trouvaient exposés lors des crues de la Seine n'empêchaient pas d'établir sur leurs tabliers de véritables rues.

Fig. 38. — Ancien Pont de Saint-Sauveur a La Rochelle,
d'après un dessin du xviiie siècle, publié dans les *Archives historiques de la Saintonge et de l'Aunis* (1874).

En prévision de la nécessité d'intercepter en temps de guerre les communications, beaucoup de ponts en pierre possédaient soit des portions de tabliers en charpente faciles à enlever, soit des ponts-levis *(torneïs)*, soit des ponts roulant sur des longrines *(postis)*. Souvent pour s'affranchir de la grosse dépense qu'aurait exigée la construction de voûtes en maçonnerie, on posait simplement un tablier de bois sur des piles en pierre; on avait adopté cette disposition pour un pont sur la Loire, à Nantes, dont nous trouvons le dessin (fig. 39) dans la *Topographie des Gaules*. On a aussi construit au moyen âge un nombre considérable de ponts en charpente; un croquis de Villard de Honnecourt indique le moyen de faire un pont avec des bois de 20 pieds seulement de longueur; les charpentiers du xiiie siècle se préoccupaient donc, comme leurs devanciers romains, d'employer, autant que possible, des bois très-courts, afin d'éviter

1. *Dictionnaire raisonné de l'Architecture française, du xie au xvie siècle*, tome VII.
2. Ce pont a été détruit au xviiie siècle et remplacé par un pont en bois.

les difficultés de transport et de levage. On établissait enfin des ponts de bateaux, soit à poste fixe, soit provisoirement pour le passage des armées.

On se rendait grandement compte, au moyen âge, de l'utilité des ponts et des difficultés que

Fig. 39. — Pont sur la Loire a Nantes, d'après C. Merian.

présentait alors la construction de ces ouvrages. Ce sentiment s'est révélé sous diverses formes dans les récits légendaires qui circulaient relativement aux faits et gestes des pontifes, dans le respect religieux qui s'attachait à leurs œuvres, dans le soin souvent pris par les villes de faire figurer leurs ponts dans leurs armoiries, etc. Le récit merveilleux de la construction du pont d'Avignon est encore aujourd'hui très-populaire; le pont Saint-Esprit a été pendant longtemps un monument presque sacré dont la traversée restait interdite aux lourds fardeaux et ne devait, en tout cas, se faire qu'avec de très-grandes précautions; la ville de Saintes a conservé dans ses armes (fig. 40) un pont à trois arches, allusion évidente à l'œuvre d'Isembert.

Les chutes de ponts étaient très-fréquentes au moyen âge; Paris n'en pouvait pas revendiquer le triste monopole. En 1219, une crue de l'Isère emporte le pont de Grenoble; en 1281, la haute Seine devient si violente aux environs de Troyes qu'elle renverse et brise la plupart des ponts; en 1309, une inondation de la Loire détruit les ponts à Tours et dans d'autres localités. En général on ne reculait pas devant la reconstruction totale ou partielle d'un pont détruit ou ruiné; la figure 41, fac-simile d'un dessin de Merian, montre, par exemple, qu'il avait restauré l'ancien pont de Tours; quelquefois cependant on renonçait à la réparation du désastre, et l'on se contentait d'établir un bac pour suppléer au pont.

Fig. 40. — Armes de la ville de Saintes.

Fig. 41. — Ancien Pont de Tours, d'après C. Merian.

ROUTES DU MOYEN AGE.

ROUTES DU MOYEN AGE. — Les routes principales, au moyen âge, portaient le nom de grands chemins ou chemins royaux; leur largeur variait de 18 à 60 pieds, suivant les coutumes des provinces. Ces chemins et, à plus forte raison, ceux d'ordre inférieur étaient en général tracés et maintenus par la circulation seule, sans main-d'œuvre, sur le sol naturel. Tous les voyages rapides se faisaient à cheval; les chariots ne servaient que pour la messagerie et le transport des denrées. Le premier carrosse à coffre suspendu qu'on ait vu en France servit en 1405 à la reine Isabeau de Bavière, lors de son entrée à Paris.

Les rues de Paris ont été pavées pour la première fois en 1184, sous le règne de Philippe-Auguste. Au XIIIe siècle la police de ces rues était confiée à un magistrat spécial appelé *Voyer de Paris*. Au temps de Charles VI, la ville est encore « orde et pleine de boue »; ses pavés sont « moult empirés et tellement deschus en ruine et endommagés, que en plusieurs lieux l'on ne peut bonnement aller à cheval ni à charroi sans très-grands périls et inconvénients ». Les lettres patentes du 1ᵉʳ mars 1388, qui signalaient ce mauvais état de la voirie parisienne, chargeaient spécialement le prévôt de Paris, Jehan de Folleville, d'y remédier sérieusement et de faire aussi réparer tous les chemins ressortissant à la prévôté, en requérant dans ce but le concours matériel des populations. Il est vraisemblable que l'exécution de cet ordre royal devint impossible en présence des guerres civiles et de l'invasion anglaise.

Dans la vallée de la Loire, la nécessité de se défendre contre l'invasion désastreuse des eaux du fleuve, pendant les crues, donna naissance à la construction des digues connues sous le nom de *turcies et levées*, qui furent établies de manière à remplir en même temps l'office de grands chemins. L'origine de ces digues remonte au moins au ixᵉ siècle; il est certain que Louis le Débonnaire et son fils Pépin, roi d'Aquitaine, en ont fait construire quelques-unes. En 1150, la Loire subit une crue extraordinaire à la suite de laquelle elle abandonna son ancien lit et fixa son cours dans une direction nouvelle; pour prévenir le retour de pareils désastres, Henri II, roi d'Angleterre et comte d'Anjou, fit construire une levée d'environ 30 milles de longueur, à laquelle il fit travailler des troupes conjointement avec les habitants de la contrée; dans la charte que ce roi rendit à cet effet, d'importants priviléges furent octroyés à tous ceux qui fixeraient leur domicile sur les levées et se chargeraient de veiller à leur entretien. Sous Philippe le Bel, Charles de Valois et sa femme Marguerite d'Anjou reprirent les travaux de la levée, soit pour lui donner plus d'étendue, soit pour la consolider. « Cependant, dit M. Maurice Champion, il est à présumer qu'elle n'offrait pas alors en tout temps un chemin praticable pour les voyageurs à cheval, puisqu'en 1296 Guillaume Lemaire, nommé à l'évêché d'Angers, fut obligé de passer par Beaufort et Brion, pour aller d'Angers à Tours faire confirmer son élection[1]. » En 1423, Charles VII institua deux notables bourgeois préposés à l'entretien des turcies de la Loire dans toute l'étendue de l'Orléanais.

Si incomplète et défectueuse que fût, pendant le régime purement féodal, l'organisation des grands fiefs, elle avait du moins son autonomie, sous la réserve purement honorifique de la suzeraineté du roi. Chaque seigneur gouvernait son fief, comme le roi son propre domaine. Mais à mesure que l'autorité royale s'infiltra à travers les éléments de ce régime, la confusion des juridictions produisit une véritable anarchie administrative. Les attributions de voirie se partagèrent entre les *prévôts*, agents des seigneurs, et les magistrats établis par le roi; de là d'innombrables conflits. Parfois les délégués du pouvoir central, chargés de réprimer les abus, firent usage de leur mandat pour commettre des exactions personnelles; des faits de ce genre sont signalés dans les ordonnances royales des 26 juillet 1358 et 25 mai 1413. On conçoit qu'un tel concours de circonstances dut être singulièrement défavorable à la viabilité des routes et à la sécurité des voyageurs. Cependant on vit apparaître, dès le xiiᵉ siècle, un service de transports confié à des messagers commissionnés par l'Université de Paris et munis de certains priviléges.

COMMENCEMENT DE L'ÉPOQUE MODERNE. — Louis XI ordonna la continuation et l'amélioration des levées de la Loire; deux lettres patentes d'août et septembre 1482 portent exemption d'impôts en faveur des riverains lésés par les grandes inondations de l'année précédente, à la condition qu'ils répareront et entretiendront les digues. On sait que ce monarque institua les postes en France par l'édit de Dourlens (19 juin 1464) et les étendit sur toutes les voies auxquelles l'habitude avait conservé le nom de grands chemins. Les courriers ne portaient d'abord que des ordres royaux; on les autorisa ensuite à transmettre de ville en ville les dépêches privées; il devint d'ailleurs loisible aux particuliers de courir eux-mêmes avec les chevaux de poste, en payant 10 sols par cheval pour une traite de 4 lieues.

A la fin du xvᵉ siècle, une nouvelle reconstruction du *Petit-Pont* sur la Seine, à Paris, devint nécessaire; la direction en fut confiée à l'ingénieur italien Giocondo, dit Joconde, moine jacobin. Le 25 octobre 1499, à neuf heures du matin, le pont *Notre-Dame* s'écroula subitement, entraînant dans sa chute les soixante-cinq maisons qu'il supportait; cette catastrophe donna lieu à un procès à la suite duquel les échevins et le prévôt des marchands furent emprisonnés. On s'occupa immédiatement d'édifier un nouveau pont dont la première pierre fut posée le 28 mars 1500 par Guillaume de Poitiers,

---

[1]. *Les Inondations en France*, tome II, page 209. — Paris, 1859.

gouverneur de Paris, et qui paraît avoir été terminé en 1507. Cet ouvrage d'art, œuvre du frère Joconde[1], a été regardé comme un des plus beaux de l'époque; il avait six arches (fig. 42) et supportait soixante-huit maisons en pierres de taille et en briques; Sauval rapporte que les pilotis employés pour les fon-

Fig. 42. — Ancien Pont Notre-Dame, *fac-simile d'une gravure de Perelle.*

dations du pont « avaient été passés par le feu, sur des chevalets, avant que d'être mis en œuvre ». Les dépenses de cette reconstruction du pont Notre-Dame se sont élevées à 250,380 livres 4 sols 4 deniers, d'après un premier document, et à 1,166,624 livres, d'après un autre; il est vraisemblable que le premier chiffre n'est relatif qu'au pont proprement dit, tandis que le second comprend en outre les travaux accessoires tels que la construction des maisons et l'exhaussement des rues voisines. On attribue à Sannazar, poète italien mort en 1530, le distique suivant :

Jocondus geminum imposuit tibi, Sequana, pontem;
Hunc tu, jure, potes dicere *Pontificem.*

A partir du XVI⁰ siècle, la police et l'entretien des routes devinrent une des grandes préoccupations du pouvoir central; l'autorité royale coalisa dans ce but ses agents de tout ordre. L'ordonnance du 30 octobre 1508 (Louis XII) ajouta aux attributions fort anciennes des *Trésoriers de France* celle de visiter tous chemins, chaussées, ponts, pavés, ports et passages du royaume, pour en constater l'état et y faire exécuter par qui de droit les réparations indispensables. L'édit de septembre 1535 (François 1er) autorisa les baillis, sénéchaux et autres juges à donner à bail et au rabais, en cas d'inexécution par les seigneurs péagers, les travaux reconnus nécessaires et à faire remplir les conditions du bail, nonobstant toute opposition, jusqu'au complet achèvement des ouvrages.

M. Vignon, auteur des *Études historiques sur l'administration des voies publiques en France*[2], pense qu'au XVIe siècle il n'existait aucun tracé légal ni aucune nomenclature officielle des grands chemins. Le premier spécimen connu des publications destinées à renseigner les voyageurs sur les itinéraires à suivre est la *Guide des Chemins de France*, qui fut éditée pour la première fois en 1551 par Charles Estienne. La seconde et la troisième édition de cette Guide, publiées l'une en 1552 et l'autre en 1553, se trouvent à la Bibliothèque nationale. L'auteur déclare l'avoir composée « par passe tems, à la requeste de ses amis » et prie le lecteur d'excuser l'orthographe des noms des localités, « attendu que de divers auteurs, comme messagiers, marchands et pellerins, desquels luy a esté forcé s'aider, ne peult sortir que grande diversité, qui se pourra corriger à mesure que les advertissements viendront ». Cette nomenclature très-détaillée des routes du XVIe siècle nous a permis de dresser la carte ci-contre (fig. 43), sur laquelle nous avons scrupuleusement rapporté les tracés décrits par Charles Estienne en conservant l'orthographe géographique de la Guide.

Ces routes, qui forment un vaste réseau, ne présentaient certainement qu'une viabilité médiocre; la plus grande partie de leurs parcours s'opérait simplement sur le sol naturel, sans empierrement ni pavage. « Ces grands chemins, dit M. Vignon, étaient, à la vérité, jalonnés de loin en loin, par certains points obligés, comme les villes, puis quelques chaussées dans les passages difficiles, puis les bacs ou les ponts pour la traversée des rivières; mais dans l'intervalle, en rase campagne, le grand chemin devait souvent être abandonné pour un autre, soit par erreur, soit par choix quand il était devenu impraticable. »

1. D'après Sauval, la surintendance de l'entreprise des travaux de reconstruction du pont Notre-Dame aurait été confiée à Didier de Felin, maître des œuvres de maçonnerie de la ville; le frère Joconde n'aurait eu que la conduite des pierres, pour laquelle il recevait *huit vingt livres de gages.*
2. Paris, 1862, 3 volumes in-8°.

Le texte de la Guide indique, par exemple, pour le chemin de Senlis à Noyon qu'il existe à Ville-
neufve « un passage fascheux en temps de fange, auquel temps le fault laisser à gauche » ; il est dit un peu
plus loin « passe le long des haies de Risbecourt et le laisse à main dextre et te botte pour le mauvais
chemin en yver ». Ces citations, auxquelles nous pourrions en ajouter beaucoup d'autres analogues,
montrent combien la viabilité des routes de cette époque laissait à désirer.

Sous le règne de Henri II, l'édit de janvier 1551 fit faire un grand pas vers la centralisation administrative par la création des *Généralités ;* ces circonscriptions financières, primitivement établies pour
régulariser le recouvrement des impôts, devinrent bientôt le siège d'agents révocables du pouvoir royal,

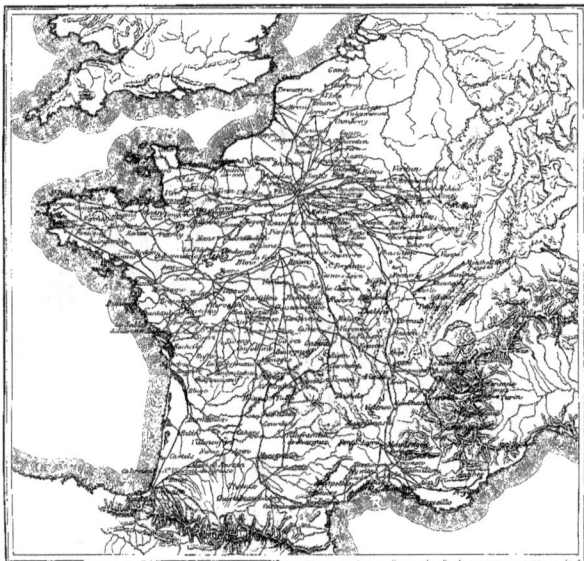

Fig. 43. — CARTE DES ROUTES EN 1550, d'après les indications contenues dans la *Guide des Chemins de France*.

auxquels on conféra des attributions variées et importantes. La sollicitude de Henri II pour les grandes
routes s'est manifestée dans ses lettres patentes du 15 janvier 1552, par lesquelles il ordonnait aux riverains
des chemins royaux de border ces chemins de plantations d'arbres. D'autres lettres patentes, datées du
15 février 1556, prescrivent la continuation du pavage de la route de Paris à Orléans, entre Toury et
Artenay, sur environ quatre lieues de longueur; sur la largeur totale de 8 toises 1/2, que devait présenter
la route, on pavait 2 toises 1/2 seulement; la ville d'Orléans, le bourg de Toury et généralement tous les
intéressés contribuaient à la dépense, à laquelle on consacrait en outre les produits d'une taxe sur le sel,
imposée aux contrées environnantes.

PONTS DE LA RENAISSANCE. — Vers la fin du règne de François Ier, on a construit à
Tournon (Ardèche), sur le Doux, affluent du Rhône, un pont composé d'une seule arche en arc de
cercle de 47m,80 d'ouverture. Ce pont a été fondé sur le roc. Les voussoirs de tête sont en pierre
de taille, le corps de la voûte est en quartiers de grès tendre smillés; le reste des maçonneries est en
moellons.

Le pont Saint-Michel, à Paris, emporté en 1547, par une débâcle de la Seine, ainsi que les dix-sept maisons qu'il supportait, fut reconstruit en bois sous le règne de Henri II; cet ouvrage en charpente est indiqué par la figure 44, que nous empruntons à un vieux plan de Paris, dressé vers 1552.

C'est encore sous le règne de Henri II qu'on a construit l'élégant pont de Chenonceau, destiné à relier le château de ce nom à la rive gauche du Cher. Les fondations du château avaient été commencées en 1514 par Thomas Boyer, sur l'emplacement d'un ancien moulin, dans le lit même du Cher, du côté de la rive droite; c'est ce qui explique la forme du plan, composé de deux larges massifs séparés par une arche intermédiaire munie d'avant-becs. Diane de Poitiers fit ensuite construire en 1556, par Philibert de Lorme, le pont en pierre de taille dont nous reproduisons le dessin (fig. 45), d'après Androuet du Cerceau. Les voûtes sont en plein cintre : celle qui est la plus voisine du château n'a que 3^m,45 d'ouverture; les autres

Fig. 44. — Ancien Pont Saint-Michel, construit en bois, d'après un plan de Paris dressé par Olivier Truschet et Germain Hoyau, vers 1552.

Fig. 45. — Le Pont de Chenonceau, en 1560. Fac-similé d'un dessin d'Androuet du Cerceau.

ont respectivement 7^m,20, 8^m,50, 9^m,20 et 10 mètres. Peu d'années après l'achèvement de ce pont, Catherine de Médicis l'a fait recouvrir d'une élégante galerie à deux étages, percée de fenêtres qui correspondent aux cinq arches.

Le pont de Châtellerault, sur la Vienne, commencé en 1560, n'a pu être terminé qu'en 1609 par les soins de Sully. Ses arches, au nombre de neuf, ont toutes une même ouverture de 9^m,80, mais la flèche va en augmentant depuis les arches de rive jusqu'à l'arche centrale; cette dernière est presque en plein cintre, les autres sont surbaissées et offrent un profil intradossal en anse de panier. Toute la maçonnerie est en pierre de taille; les piles reposent directement sur le rocher.

L'ancien pont de Mantes, dont nous empruntons le dessin (fig. 46) à la *Topographie des Gaules*, était remarquable par la sinuosité de son tracé. Il est dit dans un arrêt du Bureau de la ville de Paris, en date du 17 avril 1601, que « les ponts de Mantes et de Chastellerault ont été faits par imposition sur tout le royaume ». Une lettre de Sully, adressée le 5 décembre 1606 aux trésoriers de Rouen, concernant les impôts à percevoir pour l'année suivante, indique que 15,000 livres seront consacrées aux ponts de Mantes et de Saint-Cloud.

La première pierre du Pont-Neuf, sur la Seine, à Paris, a été posée le 31 mai 1578 par le roi Henri III. Ce pont a été construit d'après les dessins d'Androuet du Cerceau; dès la première année, les quatre piles du côté des Augustins furent élevées jusqu'au-dessus de l'étiage. La dépense, qui était d'environ 85 livres par toise, se soldait au moyen d'une *crue* ou augmentation d'un sol par livre

1. *Les plus excellens Bastimens de France*, par Jacques Androuet du Cerceau, architecte. - - À Paris, 1576 — 79. 2 tomes en 1 volume grand in-folio.

imposée aux généralités de Paris, Bourgogne, Champagne, Normandie, Picardie et autres qui fréquentaient la rivière de Seine. La direction du travail avait été confiée par le roi à des personnes « de qualité requise et affectionnées à son service et au public ». Les travaux, momentanément interrompus par les troubles de

Fig. 46. — ANCIEN PONT DE MANTES, d'après Gaspard Mérian.

la Ligue, furent repris en 1598, sous le règne de Henri IV; leur direction fut confiée à l'architecte Guillaume Marchand; ils ont été terminés en 1604. Pour faire face aux dépenses de l'achèvement du Pont-Neuf, la ville de Paris avait augmenté de 5 sols un droit de 10 sols par muids, précédemment institué

Fig. 47. — LE PONT-NEUF, en 1615, d'après Mathieu Mérian.

en vue de réparer les fontaines. La figure 47 représente l'aspect du Pont-Neuf en 1615, d'après le plan de Mathieu Mérian; la pompe de la Samaritaine, établie sur la seconde arche du côté de la rive droite du fleuve, avait été bâtie en 1607. Pour construire ce pont, on a incorporé à la cité deux petites îles qui portaient respectivement les noms d'*île aux Treilles* et d'*île de Bucy* ou *du Passeur aux vaches*.

Le grand pont de Toulouse, sur la Garonne, commencé sous François Ier, en 1542, n'a pu être terminé qu'en 1632. Il se compose de sept arches en anse de panier, dont la principale a 39 mètres d'ouverture. Des ouvertures circulaires ont été pratiquées au-dessus des piles.

LE GRAND VOYER DE FRANCE. — Lorsque Henri IV et Sully entreprirent la réforme de l'administration financière de la France, les bureaux des Trésoriers se trouvaient investis, entre autres pouvoirs, de la gestion des voies publiques, dont ils s'acquittaient avec une déplorable négligence. D'un autre côté, la police de la voirie dans les villes était confiée à des officiers locaux, qui se dérobaient à toute direction supérieure et centrale.

La suppression des bureaux des Trésoriers (ordonnance du 20 octobre 1598) et la création de la charge de *Grand Voyer de France* eurent pour but de substituer l'ordre à l'anarchie. D'après le règlement du 13 janvier 1605, les attributions du Grand Voyer consistaient à prendre connaissance de tous les deniers levés pour travaux publics, en vertu de commissions royales, et de visiter (en personne ou par ses délégués) tous les travaux faits ou à faire, afin de toiser et recevoir les premiers et de dresser les devis des autres. L'édit de septembre 1607 attribuait, en outre, au Grand Voyer et à ses commis la juridiction contentieuse des voies publiques ainsi que le droit de prononcer des amendes.

Malheureusement, après l'assassinat de Henri IV, l'affaiblissement du pouvoir royal et les troubles intérieurs du royaume vinrent interrompre les progrès engendrés par cette organisation. En août 1621, Louis XIII restitua aux Trésoriers généraux leurs anciennes attributions en matière de voirie; l'édit de février 1626 supprima la charge de Grand Voyer. La gestion des travaux publics se trouva ainsi décentralisée.

Bientôt les grands chemins, chaussées, ponts et passages, abandonnés sans entretien, tombèrent en ruine et furent exposés à d'incessantes usurpations. Des plaintes s'élevèrent de toute part et décidèrent le roi à rétablir, en 1645, l'office de Grand Voyer; mais, par un motif fiscal, il en investit trois personnes, qui devaient l'exercer à tour de rôle, d'année en année. Ce défaut d'unité fut une cause d'impuissance; l'institution disparut, d'ailleurs, pendant les troubles de la Fronde.

ADMINISTRATION DE COLBERT. — L'avènement de Colbert au contrôle général des finances, en 1661, vint enfin donner au développement et à l'amélioration des voies publiques tous les soins que réclamait cet important service. Laissant aux Trésoriers de France la partie financière et la juridiction contentieuse des ponts et chaussées, Colbert leur retira la partie administrative et technique, pour la confier à des *Commissaires départis dans les Généralités*, délégués par le contrôleur général et responsables envers lui.

Une grande enquête sur les péages, prescrite par arrêt du conseil du 17 novembre 1661, servit de base à un règlement efficace contre les abus, promulgué par une déclaration royale du 31 janvier 1663.

Des allocations annuelles, prélevées sur le trésor royal, furent régulièrement affectées, par *états des ponts et chaussées*, aux travaux publics. La part contributive des villes dans les dépenses occasionnées par la construction et la réparation des grands chemins fut généralement imputée sur leurs octrois.

Comme ces diverses ressources ne suffisaient pas pour répondre aux besoins les plus urgents, l'application du système militaire ou féodal de la *corvée* apparut à la plupart des intendants comme indispensable. Colbert n'accueillit ce moyen qu'avec défiance et réserve; il ne permit d'y recourir que dans les localités où les exigences militaires dominaient les usages civils. On lit, en effet, dans une lettre du 13 août 1683, adressée à l'intendant de Soissons : « À l'égard du pouvoir que vous me demandez de faire travailler aux chemins des frontières par corvées, je dois vous dire que le roi ne donne jamais de pouvoir général en cette qualité; mais lorsque vous proposerez quelque chemin particulier à accommoder, en ce cas Sa Majesté pourra donner le pouvoir d'y faire travailler par corvée. »

La correspondance de Colbert témoigne de sa sollicitude pour les voies de communication, de sa connaissance approfondie des questions relatives aux travaux et du minutieux contrôle qu'il exerçait sur la gestion de chaque intendant. Souvent le roi lui-même envoyait, par l'intermédiaire de son contrôleur général, des ordres précis.

On trouve aussi dans les lettres de Colbert des instructions remarquables concernant les adjudications, qui devaient se faire au rabais, en séance publique, par la criée des offres pendant la durée de trois feux successivement allumés. Ainsi faites dans les provinces, les adjudications restaient provisoires jusqu'à ce qu'elles eussent reçu l'approbation du Conseil du roi.

Enfin c'est sous l'inspiration de Colbert, par le règlement du 15 septembre 1661, que Louis XIV créa véritablement la comptabilité française. On a heureusement conservé quelques registres de la comptabilité des ponts et chaussées, relatifs aux dix-huit années écoulées depuis 1683 jusqu'à 1700, qui font ressortir, en moyenne, à la somme de 771,200 livres, soit 1,550,000 francs de notre monnaie actuelle, les dépenses annuellement consacrées à ce service. La moitié environ de cette somme provenait du trésor royal.

PONTS DU XVII° SIÈCLE. — Plusieurs grands ponts ont été construits au xvii° siècle.

En 1632, le sieur Barbier, contrôleur général, fit construire, un peu en amont de l'emplacement du Pont-Royal actuel, un ouvrage en charpente qui s'appela successivement *pont Barbier, pont Sainte-Anne* et *pont des Tuileries*. Ce pont fut détruit par un incendie, en 1656, en même temps qu'une machine hydraulique élévatoire qui avait été établie dans son voisinage par l'ingénieur Joly. Le sieur Laurent Tonti se fit autoriser, par lettres patentes de décembre 1656, à reconstruire ce pont au moyen des produits d'une loterie : on devait émettre, à cet effet, 50,000 billets de deux louis d'or chacun, mais il est probable que ce projet n'eut pas de suite, car l'ouvrage fut reconstruit en bois, comme l'indique la figure 48, et

Fig. 48. — Vue du Pont-Rouge, d'après une gravure d'Israël Sylvestre.

reçut le nom de *Pont-Rouge*. La grande crue du 20 février 1684 emporta ce pont; le roi résolut alors de le reconstruire en maçonnerie, au moyen de ses propres deniers. La première pierre a été posée, le 25 octobre 1685, par le prévôt des marchands; les travaux, exécutés par l'entrepreneur Gabriel, sous la direction du

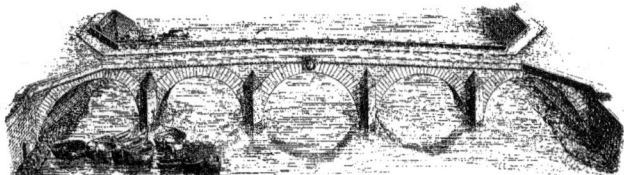

Fig. 49. — Le Pont-Royal des Tuileries, d'après une gravure de Pérelle.

frère Romain, ont été terminés en juin 1689. La dépense totale s'est élevée à environ 743,000 livres, soit 1,400,000 francs de notre monnaie. Ce pont, que nous représentons (fig. 49) d'après une gravure de Pérelle, existe encore aujourd'hui.

Fig. 50. — Ancien Pont Saint-Michel, d'après une gravure de Pérelle.

Le *Pont Saint-Michel*, qu'on avait reconstruit en bois à la suite de la débâcle de 1547, fut emporté de nouveau le 30 janvier 1616. Des habitants de Paris offrirent alors de le reconstruire en pierre, moyennant qu'on les autorisât à y bâtir trente-deux maisons dont ils pourraient jouir pendant soixante ans, à la seule condition de payer une redevance annuelle d'un écu d'or. Cette offre ayant été acceptée, les travaux furent activement poussés et l'on construisit l'ouvrage représenté par la figure 50. Ce pont avait 25^m,10 de largeur entre les têtes.

Le *pont au Change* fut incendié en 1621 ; les changeurs obtinrent, par édit de mai 1639, enregistré le 22 août de la même année, l'autorisation de le reconstruire en pierre et d'y bâtir des maisons, moyennant « 100 sols de cens et de rente portant lots, ventes, saisies et amendes, quand le cas y écherra, selon la coutume de la prévôté et vicomté de Paris ». Le roi, de son côté, prenait à sa charge les indemnités à payer aux maisons circonvoisines, à raison de l'exhaussement des arcades, et accordait aux changeurs une subvention de 350,000 livres. Les travaux commencés en 1639 furent terminés en 1641.

On a en outre construit à Paris, pendant le xviie siècle, les ponts en bois de *la Cité* et de *Grammont*, ainsi que les ponts en maçonnerie de *la Tournelle* et *Marie*.

Le nombre des grands ponts qui ont été construits, reconstruits ou restaurés pendant le même siècle dans les autres parties de la France est considérable.

Nous trouvons dans la *Topographie des Gaules* le dessin d'un pont en charpente (fig. 51), qui existait

Fig. 51. — Pont de la Charité-sur-Loire, d'après C. Merian.

en 1655 à la Charité-sur-Loire et qui fut, une vingtaine d'années plus tard, emporté par une crue de ce fleuve. Il est souvent question dans les lettres de Colbert du pont de Moulins, sur l'Allier ; en 1679 on s'occupait de reconstruire ce pont dont les travaux avaient été adjugés au prix de 84,000 livres ; il paraît avoir été terminé en 1681, mais une crue subite l'emporta, au moins en partie, en décembre 1684. On sait, d'autre part, que Colbert a fait réparer les ponts de Nevers, d'Orléans, de Blois et de Tours ; on encrechait les piles et les culées, on consolidait les avant-becs, etc. Des travaux du même genre s'exécutaient à la même époque aux ponts de Corbeil, Melun, Sens, Joigny et autres, de la Généralité de Paris.

Gautier, dans son *Traité des ponts*, décrit comme il suit le système de fondations auquel Blondel a eu recours, en 1665, pour une reconstruction partielle du pont de Saintes :

« L'ancien pont avoit été renversé, parce qu'il avoit été fondé sur de la glaise qu'on avoit pilotée, en sorte que Blondel trouva que le regonflement du terrain, ayant fait remonter les pilots, avoit jetté bas le pont. Les pilots par le renflement de la glaise sortoient de plus d'un pied au-dessus du niveau des autres. Les sondes allaient dans cette glaise jusqu'à 60 pieds de profondeur, faites d'un gros tarier dont les bras étoient de fer, de la longueur de 3 pieds chacun, et qui s'emboitoient l'un à l'autre avec de bonnes clavettes. Après avoir fait creuser à 7 pieds au-dessous du fond de l'eau tout l'ouvrage contre-gardé et entouré d'un bon batardeau, mis les excavations de la fouille de niveau, il fit poser une grille de bois de chêne sur toute la fondation de 12 à 14 pouces de gros, tant plain que vuide, et quarrément sur la longueur et largeur sur tout le bâtiment en platée, occupant non-seulement l'endroit des piles, mais encore le radier, ou le vuide des arches. Les chambres de la grille remplies de bons quartiers de pierre de taille, le dessus couvert de madriers de 5 à 6 pouces d'épais, bien chevillés sur toute la grille. Ensuite sur cette charpente, on a bâti une fondation de maçonnerie de 5 pieds d'épaisseur. Le tout de niveau, avec bonnes pierres de tailles pour parement bien cramponnées. C'est sur cette platée de 5 pieds d'épais qu'on a élevé les piles, qui pour la première année furent seulement montées à la hauteur des impostes, afin qu'elles pussent pendant l'hiver faire bonne prise. »

Nous empruntons au même ouvrage (édition de 1720) le passage suivant, dans lequel l'auteur critique l'esprit d'innovation de ses contemporains au sujet de la forme des voûtes.

« Nous ne voyons pas que les Anciens ayent fait beaucoup de ponts où les arches soient fort surbaissées. Lorsque les arches, dans un même pont, ont été plus grandes les unes que les autres, et leurs clefs cependant d'une même hauteur, ils ne les ont ainsi mises de niveau qu'en établissant la naissance des plus grandes arches dans les piles au-dessous de celles des plus petites à proportion de leur grandeur. Ils ont fait ainsi les ponts toujours à plein cintre, et plutôt que de les surbaisser par des ellipses, ils ont mieux aimé se servir d'une portion d'un plus grand arc, comme j'ay remarqué au pont du Gard. Les Gots qui ont succédé au bon goût de l'architecture romaine, ont fait des ponts en plusieurs endroits de la France, avec des arches gothiques, c'est-à-dire à tiers-point, comme certainement prétendant par là faire moins de poussée, soit dans les bâtiments publics, comme dans les ponts que nous voyons en plusieurs endroits, soit dans les particuliers, de même que dans les églises que nous voyons bâties de leur temps. Ces arches gothiques élèvent trop la voye dans les ponts. Les modernes au contraire, par un changement et une nouveauté ordinaire à tous les siècles, ont fait des arches en ellipses, afin de diminuer la rampe des ponts, et en faciliter la montée aux voitures. Viendra enfin quelque autre temps où l'on verra encore des changements dans les choses, auxquelles on fera prendre quelque autre figure particulière qui sera à la mode des hommes d'alors, et qui leur plaira. On commence d'admirer les arceaux surbaissés, encore davantage les platebandes; enfin, tout ce qui est le plus composé, où l'on force davantage la nature, où il y a le plus de travail et où l'art surprend le plus, c'est ce qui est aujourd'huy le plus à la mode. »

« De ces trois manières d'arches, on peut dire que celle qui est à tiers-point, ou gothique, est capable de porter un plus grand fardeau que celle qui est à plein-cintre; et celle-cy beaucoup plus que la surbaissée ou celle qui est en ellipse; la première est la plus élevée, la seconde l'est moins, et la dernière est la plus rampante et la plus basse. Les unes et les autres augmentent ou diminuent leurs poussées à proportion de leurs dispositions; et par conséquent on les employe différemment par rapport à leurs usages. »

Le décintrement des voûtes était considéré à cette époque comme une opération difficile et assez dangereuse. Aussi Gautier insistait-il beaucoup sur les précautions à prendre. Voici ce qu'il a dit, à ce sujet, dans son *Traité des Ponts* :

« La manière de décintrer un pont doit faire encore toute l'occupation de celui qui a conduit l'ouvrage jusques là. C'est ici que l'on peut appliquer avec raison le proverbe du sage; qu'en tout ce qu'il fait il doit prendre garde à la fin à laquelle il destine la chose. C'est ici où il reconnaît bien des fautes qu'il n'avait pas prévues. Les cintres ne se démontent qu'en les relachant, et on ne peut les relacher qu'en désacôttant peu à peu ce qui les supporte, qui sont comme les calles et les coins de bois dont on s'est servi pour les assurer dans le commencement. On relâche peu à peu ces accôtements dans les cintres, afin que la maçonnerie qui pèse dessus prenne également partout son affaissement, en se relâchant partout à proportion de toute l'étendue de l'arche. On laisse même le cintre en place quelque temps sous œuvre, pour voir si l'arche travaille et fait effort sous le fais, et suit le cintre. On y fait même des repaires à l'endroit des clefs qu'on vérifie de temps en temps. Quand enfin on voit que les voussoirs ont fait tous leurs efforts sous la charge, on désacôte entièrement tout l'ouvrage, et on en retire les dosses; ensuite les courbes, les potelets d'appui, les décharges, les licrnes, les poinçons, les arbalestriers, les entraits, et les échafaudages dont on s'était servi pour cela. On arrache aisément les pieux qui se trouvent engagés au milieu de l'arche, qu'on a fait servir pour supporter les échafaudages. On les perce à la tête. On passe un morceau de câble par le trou qui tient au bout d'un levier par le moyen duquel on tourne le pieu, qui le déracine du trou où on l'avait planté; pour lors on le soulève de dessus l'eau avec une pince entre deux bateaux, ou par le moyen des entraits des cintres qu'on fait subsister encore à cet effet, s'il est de besoin jusqu'à la fin; d'autres se servent d'une chèvre avec son tour, qui avec une corde passée à la poulie, isse le pieu en haut, tandis que d'autres le battent avec une large solive en l'ébranlant par les côtés. Quand, par un malheur extrême, lorsqu'on décintre, l'arche suit le désacôtement de la charpente, et qu'on reconnaît qu'infailliblement tout l'ouvrage écroulerait sans l'assemblage des cintres qui le maintient, du moins on a la satisfaction de démonter toute l'arche sans rien perdre des matériaux que la façon, pour la reprendre de nouveau à mieux faire selon la réforme qu'on aura jugé à propos d'établir d'une autre manière à l'ouvrage, soit en meilleure chaux, soit en voussoirs de plus longue portée et d'une coupe plus juste, etc. C'est ici une précaution que je rapporte, que peu suivent, et dont on se trouve très-mal quelquefois, quand pour avoir décintré tout à coup une grande arche qui n'a point fait encore de prise, on la voit travailler à tout moment par des éclats dans les voussoirs, qui enfin ne pouvant plus supporter la charge de l'ouvrage, s'éfondre dans la rivière où tous les matériaux périssent, et ferment bien souvent le passage à la navigation. J'ai vu arriver de pareils malheurs à des ponts considérables, qu'on aurait pu éviter si l'on eût suivi ces maximes. »

LES ROUTES AU XVIIe SIÈCLE. — Comme il était nécessaire d'assurer avant tout le passage des rivières, l'amélioration des routes était encore, au xviie siècle, reléguée au second plan.

Lorsqu'il s'agissait d'ouvrir des voies nouvelles ou d'exécuter quelques pavages, circonstances dans lesquelles on devait recourir à des ouvriers spéciaux, on consacrait à ces travaux une partie des fonds des ponts et chaussées. On sait, par exemple, que les routes de Champagne en Alsace, à travers les Trois-Évêchés, firent l'objet d'allocations importantes appliquées à tous les travaux qui ne pouvaient pas être exécutés par corvées. En Artois, en Flandre, en Bretagne, en Languedoc et en Provence, les fonds destinés à la construction des routes étaient à la charge des États.

Les travaux faciles d'entretien ou d'amélioration, tels que le remplissage des creux et effondris avec des cailloux et des fascines, les élargissements, l'aplanissement du terrain, l'ouverture de fossés ou de rigoles, incombaient à la charge des propriétaires riverains et des communautés des villages voisins. Il en était ainsi, par exemple, pour les chemins royaux de Normandie, car ces prescriptions sont rapportées dans l'arrêt du Conseil du 18 juillet 1670 : « se réservant Sa Majesté d'entretenir les ponts et chaussées et le pavé desdits chemins. » Un arrêt du Parlement du 26 octobre 1622 ordonnait qu'il fût procédé dans le Perche à la réparation des chemins, de la même manière que pour les chemins royaux « par où passe la marée qui vient de la mer en cette ville de Paris, pour la réfection et la réparation desquels l'élu de mer, qui en a la commission, fait assembler les habitants des villages situés aux environs desdits chemins pour faire lesdites réparations aux frais et dépens de la communauté dont les procureurs, syndics et marguilliers de chacune paroisse sont responsables. » Dans la Généralité de Tours on avait procédé, en vertu d'un arrêt du 29 mars 1681, à l'élargissement de tous les chemins, de manière à leur donner 24 pieds entre fossés. Dans les grandes villes, les chaussées étaient à la charge des maires et échevins.

On comprend, d'après ce qui précède, que l'état des grands chemins à la fin du xviie siècle n'était de nature à permettre ni une marche rapide des voitures publiques, ni des chargements considérables pour les voitures de roulage. L'édit de 1623, portant privilège pour les voitures publiques (qui ne marchaient que pendant le jour), ne leur imposait qu'un parcours journalier de huit lieues en hiver et de neuf lieues en été. Le roi lui-même ne voyageait pas plus rapidement. Pour se rendre de Paris à Châlons, il devait coucher à Dammartin, à Villers-Cotterets, à Soissons, à Fismes et à Reims; en 1681, pour se rendre de Nevers à Bourbon, le roi couchait le premier jour à Saint-Pierre-le-Moutier et le second jour à Moulins.

On trouve dans le *Traité de la construction des chemins*, de Gautier (édition de 1721), des indications intéressantes sur la façon dont on établissait les chaussées vers la fin du xviie siècle.

La moitié de gauche de la figure 52 représente la coupe d'une chaussée établie en plaine sur un

Fig. 52. — PROFILS DE CHAUSSÉES.

terrain de bonne consistance; la terre provenant de l'ouverture du fossé et de la fouille pour la murette a été portée en remblai sur le terrain naturel; la pente transversale est de 4 à 6 pouces par toise. La coupe indiquée à droite de la même figure est celle d'une chaussée établie également en plaine, mais sur un terrain peu consistant; dans ce cas, on donnait au remblai une surface horizontale et on le recouvrait d'une couche de gros gravier mélangé de terre; cette couche avait une épaisseur de 4 à 6 pouces au milieu de la chaussée et s'amincissait de plus en plus en approchant du bord de la route.

Quelquefois aussi on établissait, par-dessus le remblai provenant de l'ouverture du fossé et de la fouille de la murette, une première couche de moellons et de cailloux, qui avait une épaisseur d'un pied à un pied et demi au milieu de la chaussée et diminuait progressivement jusqu'au couronnement du mur; au-dessus de cette couche, on en établissait une de gravier : ces dispositions sont indiquées à gauche de la figure 53.

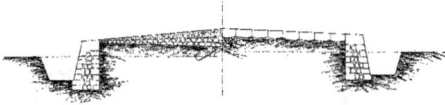

Fig. 53. — Autres profils de Chaussées.

La moitié de droite de cette même figure représente un pavage composé « de moellons choisis et smillés, couchés de plat. » Gautier fait remarquer que ce genre de pavage a l'inconvénient d'être un peu glissant, mais que, d'autre part, si l'on pave en moellons bruts, ces matériaux s'écornent aisément et ne font, par suite, que peu d'usage.

On obtenait un meilleur résultat en pavant (fig. 54 et 55) avec des cailloux « plantés de pointe,

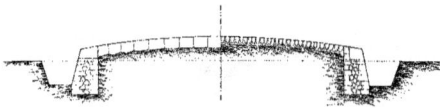

Fig. 54. — Profil d'un pavage mixte.

frappés à refus de marteau et tous leurs joints garnis de sable ». Pour consolider ce cailloutage, on établissait, soit en écharpe, soit normalement à l'axe du chemin, des traverses formées de gros cailloux

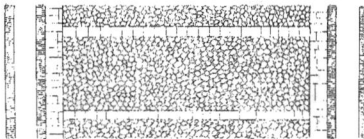

Fig. 55. — Plan d'un pavage mixte.

ou de dalles posées de champ. Ces traverses, dont l'espacement était de 2 toises au plus, avaient l'avantage de limiter les dégradations du cailloutage.

Gautier regardait les pavés de grès comme les meilleurs de tous.

Voici, d'après quelques documents du temps, un aperçu des prix relatifs aux chaussées des grandes routes vers la fin du XVIIe siècle. A Paris, on payait de 5 à 11 sols par toise carrée et par an pour l'entretien du pavé. Trois baux d'entretien, passés les 2 avril et 10 mai 1680 pour divers chemins de la Généralité de Paris, lesquels avaient ensemble une longueur totale de 61,275 toises courantes, dont 38,235 de pavé, avaient été adjugés, moyennant 19,800 livres par année, soit 6 sols 8 deniers par toise; ce qui équivaut à 150 francs par kilomètre. En 1681, Colbert trouvait trop élevé le prix de 11 livres par toise courante pour exécuter des chaussées pavées entre Moulins et Bourbon. En 1684, on a adjugé des travaux de pavage, sur le chemin de Nevers à Moulins, à raison de 11 livres par toise courante.

Malgré les imperfections manifestes de l'état des voies de terre à la fin du XVIIe siècle, il n'est pas rare de trouver l'éloge des chemins de France dans les écrits de cette époque. C'est qu'en effet un progrès considérable avait été réalisé par la centralisation du service des routes, service qui avait définitivement pris place dans l'administration française et qu'on avait appelé à participer aux dépenses ordinaires de l'État.

Si le corps des ponts et chaussées n'existait pas encore, on prenait soin, du moins, de confier la surveillance et la direction des travaux à des hommes spéciaux et capables. Colbert avait d'ailleurs régularisé les formes des adjudications au rabais et posé les principes essentiels au moyen desquels on assurait la rigoureuse exécution des marchés. Toutes ces améliorations ne devaient pas tarder à porter leurs fruits.

XVIIIe SIÈCLE. — Il était en effet réservé au xviiie siècle de doter le royaume de ces grandes routes, alignées en longues avenues, qui faisaient à cette époque l'admiration des étrangers et qui, aujourd'hui encore, attirent notre attention, bien que leur tracé soit souvent défectueux.

L'arrêt du 26 mai 1705 prescrivit que les routes devraient à l'avenir être tracées en ligne aussi droite que possible à travers les terres des particuliers; on posa un principe sommaire d'expropriation en mettant à la charge des riverains qui gagnaient du terrain les dédommagements dus à ceux qui en perdaient. Les autres prescriptions relatives à la largeur des routes, à leurs fossés et à leurs plantations furent complétées par l'arrêt du 3 mai 1720, aux termes duquel la largeur entre fossés devait être de 60 pieds pour les grands chemins et de 36 pieds pour les routes destinées aux coches, carrosses, messagers, voituriers et rouliers, d'une ville à une autre. Les riverains étaient tenus de planter ces chemins d'arbres espacés de 30 pieds, à une toise au moins du bord extérieur du fossé.

Fig. 56. — Élévation du pont de Moulins.

L'organisation du corps des ponts et chaussées, vainement tentée en 1713, mais réalisée par l'arrêt du Conseil du 1er février 1716, mit en relief des administrateurs et des ingénieurs de mérite; elle contribua largement au développement des travaux publics ainsi qu'aux progrès techniques. En 1721, l'administration même des ponts et chaussées fut confiée, sous la direction du contrôleur général Dubois, à un intendant spécial, qui fut M. d'Ormesson.

Fig. 57. — Plan du pont de Moulins.

Les fonds consacrés aux ponts et chaussées continuèrent à être augmentés du produit d'impositions tant ordinaires qu'extraordinaires. Comme néanmoins l'insuffisance de ces fonds devenait chaque jour plus manifeste, surtout après la banqueroute qui suivit la chute de Law, l'idée de l'établissement systématique de la corvée apparut à beaucoup d'esprits comme le seul moyen efficace pour activer l'exécution des

travaux. Les succès obtenus en Alsace, où elle était établie depuis longtemps et où elle était dirigée, en dernier lieu, par l'ingénieur de Régemorte, en firent décider l'application à la Généralité de Metz (1727), puis en Champagne (1729). En 1730, l'avénement d'Orry au contrôle général des finances lui permit de favoriser l'extension de cette mesure, dont il était très-partisan. En 1736, l'application de la corvée était à peu près générale; elle fut réglementée l'année suivante par un Mémoire anonyme sorti des presses de l'imprimerie royale, puis le 13 juin 1738 par une Instruction du contrôleur général.

Grâce à la sollicitude dont elles furent l'objet, les voies de terre prirent au xviiie siècle une physionomie nouvelle. On ne se borna plus, comme dans les siècles précédents, à assurer le passage des rivières et des mauvais endroits; une route ne fut considérée comme terminée qu'autant qu'elle était pourvue, sur toute sa longueur, d'une chaussée, d'accotements et de fossés; on construisit et perfectionna ainsi plus de 6,000 lieues. Le service des postes, auquel on attachait une grande importance, relevait d'un *Grand Maître et Surintendant général des courriers, postes et relais de France;* il était réglementé par des ordonnances royales, parmi lesquelles nous mentionnerons celle du 23 avril, faisant défense à toutes personnes, quelle que soit leur qualité, « de frapper ou de souffrir que leurs domestiques frappent aucuns postillons; ni de fouetter et faire fouetter les chevaux attelés à leurs voitures, de forcer et maltraiter aucuns chevaux et en général de commettre aucunes violences dans les postes. » L'arrêt du Conseil du 6 février 1776 rapporta celui de 1720, qui avait fixé à 60 pieds la largeur des grands chemins; on se réservait d'exiger de plus grandes dimensions à travers les forêts et aux abords des grandes villes, sauf à autoriser des dimensions moindres lorsque les circonstances le permettraient. On distinguait quatre classes de routes, auxquelles on attribuait respectivement les largeurs de 42, 36, 30 et 24 pieds, soit environ 14, 12, 10 et 8 mètres. A cette époque, les ingénieurs donnaient à l'empierrement une épaisseur totale de 40 centimètres comprenant trois couches distinctes, savoir : une première couche de 24 centimètres en forme de pavage renversé, une seconde couche de 8 centimètres en pierrailles posées et arrangées à la pince et une troisième couche de 8 centimètres en gravier ou pierres cassées.

Les chaussées pavées, dont la largeur variait de 4 à 6 mètres, s'étendaient sur plus de 4,000 kilomètres; elles étaient limitées de chaque côté par de fortes bordures qui servaient pour ainsi dire de culées afin d'assurer le maintien du bombement.

On peut évaluer à 40,000 kilomètres la longueur totale des grandes routes vers la fin du xviiie siècle. Ces routes étaient généralement munies de fossés de 2 mètres d'ouverture en couronne; des plantations d'arbres forestiers, espacés régulièrement, bordaient ces routes, à 3 mètres de ces fossés; des bornes milliaires indiquaient les distances relativement à un point de départ situé au centre de la Cité, au pied de la cathédrale de Paris, et marqué par une pierre triangulaire posée en 1768 par le chapitre de Notre-Dame.

On a construit, au xviiie siècle, un grand nombre de ponts qui, malgré les progrès accomplis, depuis cette époque, dans l'art de l'ingénieur, méritent encore aujourd'hui d'attirer l'attention. Nous citerons, par exemple :

Le *Pont de Blois*, construit en 1720 par Pitrou, sur les dessins de Gabriel, architecte du roi. Ce pont est disposé en dos d'âne ; il présente dans les deux sens une pente longitudinale de 0ᵐ,049 par mètre à partir de son sommet, lequel est surmonté d'une élégante pyramide. Les arches sont au nombre de onze, toutes en anse de panier, mais avec des ouvertures décroissantes : celle du milieu a 26ᵐ,20. On a fondé les piles et les culées sur un banc de rocher très-solide.

Le *Pont des Têtes*, construit en 1732 pour la route de Besançon aux Têtes, sur un ravin d'une grande profondeur. Il est composé d'une seule arche, presque en plein cintre, de 38 mètres d'ouverture, et a été construit par l'ingénieur militaire Henriana.

Le *Pont de Moulins*, sur l'Allier (fig. 56 et 57), construit en 1756 par de Régemorte. Treize arches égales, en anse de panier, de 17ᵐ,50 d'ouverture ; 13 mètres de largeur entre les têtes. Pour obtenir des fondations solides sur l'épaisse couche de sable fin qu'on rencontrait au fond de la rivière, on a établi un radier général de 30 mètres de longueur sur 1ᵐ,80 d'épaisseur, défendu en aval et en amont par des files de pieux jointifs. La maçonnerie de ce radier a été faite par épuisement, méthode coûteuse mais sûre.

Le *Pont de Saumur* (fig. 58), construit de 1756 à 1764 sur le bras de la rive gauche de la Loire. Douze arches en anse de panier, de 19ᵐ,50 d'ouverture, surbaissées au tiers. Les piles ont été fondées sur pilotis au moyen de caissons foncés, qui ont été descendus à des profondeurs variant de 2ᵐ,50 à 5 mètres au-dessous de l'étiage. Les ingénieurs Voglie et de Cessart, qui dirigeaient ces travaux, ont imaginé, d'après les conseils de Perronet, une remarquable scie à recéper. Chaque caisson se composait d'un fond plat très-solide, destiné à reposer directement sur les pieux préalablement arasés de niveau et entouré de côtés verticaux faciles à enlever après l'achèvement des maçonneries.

Le *Pont de Mantes*, construit de 1757 à 1765 par Hupeau et Perronet. Trois arches surbaissées ; celle du milieu a 11ᵐ,36 de flèche pour 39 mètres d'ouverture. Les deux autres ont chacune 10ᵐ,55 pour 35ᵐ,10. Les travaux de ce pont avaient été adjugés en 1756 pour 62,000 livres.

Le *Pont de Tours*, construit de 1765 à 1777. Quinze arches égales, de 24ᵐ,36 d'ouverture, en anse de panier à onze centres, surbaissées au tiers. Neuf piles et les deux culées ont été fondées par épuisement sur pilotis, grillages et plates-formes ; les cinq autres piles ont été fondées au moyen de caissons foncés. De graves accidents sont survenus pendant l'exécution des travaux et après l'achèvement de ce pont [1].

Le *pont de Neuilly*, sur la Seine (fig. 59), œuvre magistrale de Perronet, construit de 1768 à 1773. Il se compose de cinq arches égales, de 39 mètres d'ouverture, en anse de panier surbaissée au quart, dont les naissances sont placées au niveau des basses eaux. Les piles sont fondées sur des pieux enfoncés à 6m,30 en contre-bas de l'étiage, et surmontées d'une plate-forme dérasée à 2m,30 au-dessous de ce niveau. Les voûtes, dont la courbe intérieure est une anse de panier à onze cintres d'un tracé particulier imaginé par Perronet, se raccordent avec les têtes par des cornes de vache d'un heureux effet.

Ces voûtes furent construites sur des cintres flexibles formés d'une série de polygones réguliers reposant les uns sur les autres, afin de rendre plus régulière la déformation résultant du tassement des maçonneries. Pendant la construction, 7 ou 8 arbalétriers de chaque ferme se fendirent dans toute leur longueur; d'autres plièrent et partout leurs extrémités pénétrèrent de 4 à 5 millimètres dans les faces des moises. Le tassement des reins et le soulèvement au sommet étaient tellement considérables, qu'on dut charger successivement le sommet des cintres de 122,416 et 455,000 kilogrammes. Au moment où il ne restait plus que 7 cours de voussoirs à poser, le tassement général du cintre croissait de 7 à 8 centimètres par vingt-quatre heures : il eût été beaucoup plus considérable sans la grande célérité qu'on mit à la pose et la précaution de placer des étrésillons de bois entre les cours de voussoirs opposés.

Le décintrement de ce grand ouvrage fut fait en grande pompe, le 22 septembre 1772, devant la cour et les ministres. Les voûtes s'affaissèrent de 0m,30; le tassement total sur cintres avait été de 0m,61; soit pour l'abaissement total 0m,91.

Les travaux de ce pont et de ses abords ont nécessité une dépense de 3,500,000 livres.

L'exécution du pont de Neuilly, l'un des plus beaux monuments en ce genre que compte notre pays, marque une époque mémorable dans l'histoire de l'art des constructions. De nouvelles méthodes scientifiques et professionnelles sont trouvées et appliquées; de nouvelles formes artistiques se produisent; une véritable école d'art est constituée, qui imprimera son cachet bien reconnaissable sur les ouvrages dus aux ingénieurs français : son règne durera jusqu'à l'avènement des constructeurs de chemins de fer qui, tout en profitant des travaux du siècle précédent, ont dû briser des moules trop étroits, donner aux travaux une célérité inconnue, accorder au métal une part considérable et croissante et faire parler à la pierre même un langage nouveau.

Les difficultés et les dangers dont fut accompagnée l'exécution du pont de Neuilly donnent une idée de la hardiesse et de la fermeté d'esprit de ces initiateurs, parmi lesquels le nom de Perronet est resté le plus glorieux. L'emploi des cintres flexibles pour les grandes arches ne donna pas les résultats espérés; quelques années après, le Conseil des ponts et chaussées exprimait formellement sa préférence pour les cintres fixes.

Les énormes tassements sur cintre et pendant le décintrement étaient prévus et un surhaussement notable était donné en conséquence aux cintres. L'incertitude était grande toutefois, et l'on comprend que l'art de la construction des ponts fit un pas décisif quand Vicat enseigna aux ingénieurs les propriétés des mortiers et donna les moyens d'en régler avec sécurité le foisonnement et le durcissement.

Perronet construisit, de 1774 à 1785, sur l'Oise, à Pont-Sainte-Maxence, un pont de trois arches égales en arc de cercle (fig. 60), très-surbaissées, ayant 2m,02 de flèche pour 23m,40 d'ouverture; chaque pile est formée de quatre colonnes assemblées deux à deux. Ce pont a coûté 1,526,000 livres. Il est remarquable par ses formes, alors nouvelles, et par sa hardiesse : ce profil en arcs de cercle surbaissés remplit des conditions importantes relatives au débouché des eaux et à la navigation, et s'est trouvé ainsi susceptible de nombreuses applications.

Le pont Louis XVI, aujourd'hui pont de la Concorde, projeté et construit à Paris par Perronet, en exécution d'un édit de septembre 1786, fut commencé le 11 août 1787, terminé en 1792 : l'adjudicataire, le sieur François Prévost, avait fait un rabais de 607,000 francs sur une mise à prix de 3,600,000 francs. On employa dans cette construction une partie des pierres provenant de la démolition de la Bastille.

Le pont de Gignac, sur l'Hérault, construit de 1777 à 1793, est à trois arches, dont la plus

---

1. M. Félix Lucas, appelé à remplir d'importantes fonctions en Algérie, n'ayant pu achever le texte relatif aux Routes et Ponts, l'éditeur a obtenu le concours de M. Victor Fournié, Ingénieur en chef des Ponts et Chaussées, pour la rédaction des pages qui suivent.

grande, celle du milieu, surbaissée au tiers, présente 47^m,26 d'ouverture. La largeur entre les têtes est de 9 mètres pour l'arche centrale, et de 15^m,50 pour les arches latérales. Pour compenser cette différence, on a coupé en biseau les bandeaux des voûtes extrêmes, de manière à conserver une forme rectangulaire symétrique à la section droite des piles à leur naissance.

Pendant que l'art des constructions faisait des progrès rapides, l'ordre s'établissait dans l'administration des ponts et chaussées. A partir de 1782, les États-du-Roi des ponts et chaussées donnent des budgets vraiment exacts. Un mémoire présenté à cette époque par Chaumont de la Millière et approuvé par le ministre des finances Joly de Fleury, en même temps qu'il mettait fin aux fictions des précédents états, faisait connaître que le Trésor royal se trouvait alors débiteur de plus de 15 millions de livres envers la caisse du trésorier général des ponts et chaussées.

Dans les dernières années qui ont précédé la Révolution française, il était attribué par le Conseil 6 millions de livres pour les travaux dans les pays de généralités, qui formaient un peu plus des deux tiers de la France. Cette somme constituait le fonds ordinaire des ponts et chaussées. La corvée venait s'ajouter à ce crédit pour l'exécution des travaux : sa valeur représentative à cette époque est estimée à 13 millions de livres. Dans les pays d'états, la Bourgogne, la Bretagne, le Languedoc, la Provence, le Roussillon, le Béarn et la Navarre, qui pourvoyaient à leurs dépenses, ainsi que dans l'Alsace et la Corse, qui avaient une administration distincte pour les routes et ponts, la dépense pour les ponts et chaussées s'élevait annuellement à 7,000,000 de livres environ.

C'est donc à 26 millions de livres qu'on évalue les dépenses annuelles des routes et ponts.

L'impôt de la corvée, dont le produit est estimé plus haut 13 millions de livres, assis sur une seule classe de la nation, la plus malheureuse et la plus surchargée de contributions, était vraiment écrasant pour elle. Un édit de février 1776 supprima la corvée sans trouver un moyen pratique de la remplacer par un mode plus équitable de contributions. Elle fut rétablie, en conséquence, au bout de très-peu de temps et ne disparut définitivement qu'en 1786, pour faire place à un système de prestations en nature, libérables en argent, système antérieurement en vigueur dans plusieurs provinces, et auquel se rattache le grand nom de Turgot. Nous verrons le système des prestations, réorganisé et approprié à notre nouveau régime égalitaire, donner naissance à peu d'années à notre beau réseau vicinal. L'heure n'avait pas encore sonné de faciliter les communications agricoles : c'est aux grandes routes que s'appliquait la corvée et la prestation qui la remplaça en 1786.

La grandeur de l'œuvre accomplie au xviiie siècle par la création du réseau des routes royales frappait les contemporains. L'organisation des services réguliers de voitures publiques à grande vitesse accroissait considérablement les facilités de circulation et transformait les habitudes de voyages à lentes et longues chevauchées, reste du moyen âge.

Il existe au musée du Louvre un témoignage de l'intérêt qu'excitaient ces beaux ouvrages; c'est un tableau de 1774, grande toile de Joseph Vernet, représentant les travaux d'une route et d'un pont. Deux ingénieurs à cheval visitent les chantiers, accompagnés d'un employé également monté auquel est confié le portefeuille des projets. Un piqueur, la toise à la main, donne des explications. A droite l'exploitation d'une carrière ou un déblai, au fond le pont en construction, avec grues, cintres ..; à gauche la borne milliaire. — Dans le lointain une ville et un paysage mouvementé.

On ne rendrait pas un compte fidèle du concours d'efforts qui ont produit les grands résultats signalés, si l'on n'indiquait le rôle important qu'a rempli l'Académie des sciences de Paris. Nous ne citerons qu'un exemple : l'invention et le perfectionnement des instruments destinés au nivellement de précision.

Melchisédec Thévenot (né à Paris vers 1620) recevait chez lui l'assemblée de savants qui s'était d'abord tenue chez le P. Mersenne et qui devint l'Académie des sciences : « Il s'est fait, dit-il, quelques nouvelles découvertes dans l'assemblée pour l'avancement des arts, qui s'est tenue chez M. Thévenot, qui peuvent être d'un grand usage pour les bâtiments, pour la conduite des eaux et pour la navigation. » Il publia dans le *Journal des Savants*, au N° du 15 novembre 1666, sous ce titre : « Machine nouvelle pour la conduite des eaux, pour les bâtiments, pour la navigation et pour la plupart des autres arts », la première description du niveau à bulle d'air. Dès 1674 Robert Hooke en signala le haut degré de précision, mais il était réservé à Chézy, un siècle plus tard, de surmonter les difficultés de construction et d'application[1].

1. Voir, pour plus de développements, le *Traité du nivellement* de M. Bresson de Champ.

La lunette astronomique, décrite pour la première fois par Kepler dans sa Dioptrique en 1612, mais exécutée seulement vers le milieu du XVIIe siècle par Scheiner, vint fournir l'organe qui, uni au niveau proprement dit, devait former le futur *niveau d'ingénieur*.

Cependant l'ancien niveau des Grecs et des Romains, appelé *chorobates*, qui, long de 20 pieds, fonctionnait à la fois comme niveau d'eau et comme niveau à perpendicule pour déterminer une horizontale sur deux jalons placés à ses extrémités, était modifié successivement. Le R. P. Riccioli, en 1661, décrit le niveau d'eau à fioles, à peu près tel que nous le connaissons. Mariotte, La Hire, cherchèrent à donner une précision supérieure à cet instrument.

De grands nivellements ordonnés par Louis XIV pour l'établissement de divers conduits d'eau excitèrent une grande émulation parmi les savants. Pierre-Paul Riquet, l'auteur du canal des deux mers, ayant affirmé la possibilité d'amener à Versailles une partie des eaux de la Loire, l'abbé Picard fut chargé de vérifier cette possibilité par un grand nivellement joignant Versailles à la Seine puis remontant la Seine et le Loing, et y réussit complétement. Picard étudia en outre, pour l'alimentation de Versailles, un canal qui aurait capté une partie des eaux de l'Eure : canal de 25 lieues de long, toujours en souterrain, n'ayant d'une extrémité à l'autre que 81 pieds de différence de niveau, soit environ un mètre par lieue.

Picard avait imaginé et employa avec grand succès à ces études un instrument qui consistait dans

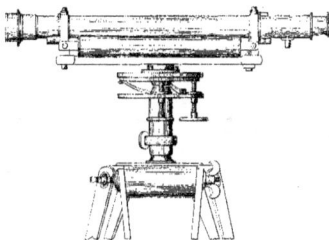

Fig. 61. — NIVEAU DE PICARD.   Fig. 62. — NIVEAU D'ÉGAULT.

une boîte d'environ 1m,25 de longueur, renfermant un perpendicule, assemblée à angle droit sur le tube d'une lunette munie d'un réticule (fig. 61).

C'est ainsi, et entre les mains des mêmes hommes, que de l'astronomie naquit la géodésie, et de cette dernière l'art du nivellement. Huyghens et Rœmer inventèrent également d'autres niveaux à lunette et à perpendicule, dont l'usage n'a pas prévalu.

Le niveau de Picard reçut au XVIIIe siècle des améliorations sensibles, et en dernier lieu l'illustre Gribeauval donna à l'instrument la faculté de pivoter et le régla par un coin mobile entre deux plateaux supportés par un trépied. L'instrument ainsi perfectionné fut seul adopté pour les travaux des écoles d'artillerie et du génie.

Il existait déjà à cette époque des niveaux à bulle d'air et à pinnules ou à lunettes. Mais l'imperfection du cylindre en verre renfermant la bulle ne permettait pas d'en tirer convenablement parti : de Chézy, ingénieur en chef des ponts et chaussées, imagina de donner au tube une légère courbure pour faciliter l'action de la pesanteur. Il fit construire d'après ce principe un tube d'une sensibilité telle que (lorsque le thermomètre de Réaumur marquait 16° au-dessus de zéro) la bulle s'écartait exactement d'une ligne pour une seconde d'inclinaison. Alors put être construit un excellent instrument, qui rend encore des services sous le nom de niveau de pente de Chézy.

Presque en même temps, l'ingénieur en chef Égault construisit le niveau à bulle d'air et à lunettes qui est encore aujourd'hui le plus employé (fig. 62).

Ainsi le jeune corps des ponts et chaussées avait en peu d'années façonné ses armes. Ces détails sur les niveaux ne paraîtront pas déplacés ici, car ces instruments jouent un rôle essentiel dans les études et les travaux des voies de communication de toute nature, et pour ne pas y revenir nous dirons qu'au xixᵉ siècle, Lenoir et d'autres artistes plus modernes en ont perfectionné la construction ; plusieurs ingénieurs ont fait du nivellement une étude spéciale ; le nivellement général de la France, opéré dans ces dernières années, à l'aide du niveau à lunette et à bulle d'air, sous la direction de M. Bourdaloue et le contrôle de M. Breton de Champ, a atteint un degré inouï d'exactitude et fait le plus grand honneur aux hommes qui ont conçu et conduit cette grande opération.

Nous voici parvenus à 1789. La distinction entre les pays de généralités et les pays d'états s'efface. Le territoire français est partagé en départements, et la première pensée de l'Assemblée constituante en matière de travaux publics est une pensée de décentralisation. Le décret du 22 décembre 1789, qui remet à la charge des départements l'entretien et la confection des routes, est avec plus de hardiesse l'avant-coureur du décret tant célébré du 16 décembre 1811 qui leur remet les routes nationales de 3ᵉ classe en les qualifiant de routes départementales, et de la loi de 1871 qui a donné aux Conseils généraux de départements toute autorité sur les routes départementales, même au point de vue du personnel chargé de les entretenir et de les construire. Mais au moment où tout était à organiser à nouveau, où les autorités départementales elles-mêmes étaient à constituer, l'abandon des routes par l'État était prématuré. Les pouvoirs publics le reconnurent promptement. Dans la séance du 4 novembre 1790, quelques députés ayant proposé de laisser les directoires des départements libres de choisir les personnes auxquelles il conviendrait de confier l'exécution des travaux publics, Mirabeau combattit cette proposition et le maintien du corps fut voté, ainsi que la fusion dans ce corps du personnel d'ingénieurs créé par les pays d'états. Une loi du 19 janvier 1791 organisa énergiquement le service des ponts et chaussées. Il vaut la peine d'en extraire les dispositions principales.

TITRE PREMIER.

« ART. 1ᵉʳ. — Il y aura une administration centrale des ponts et chaussées.

« ART. 2. — Il y aura un premier ingénieur, garde des plans, projets et modèles, huit inspecteurs généraux, un premier commis et le nombre de commis nécessaire.

« ART. 3. — L'assemblée des ponts et chaussées sera formée du premier ingénieur, des huit inspecteurs généraux, des ingénieurs en chef, inspecteurs de département et ingénieurs qui seront à Paris ; les ingénieurs n'auront que voix consultative.

« ART. 4. — Cette assemblée sera chargée de l'examen de tous les projets généraux de routes dans les différents départements, ainsi que de ceux d'ouvrages d'art en dépendant, de ceux de canaux, de navigation, construction, entretien et réparation des ports de commerce.

« ART. 5. — Cette assemblée, durant les sessions du Corps législatif, se tiendra sous les yeux du comité de l'Assemblée nationale, chargé des ponts et chaussées, lorsqu'il le jugera convenable.

« ART. 7. — Chacun des huit inspecteurs généraux sera attaché à un certain nombre de départements ; ils seront tenus tous les ans de visiter, d'inspecter les travaux qui s'y feront, de soumettre le résultat de leur examen aux directoires de départements, et d'en rendre un compte général à l'assemblée des ponts et chaussées.

« ART. 11. — Le premier ingénieur sera pris parmi les inspecteurs généraux, et nommé par le roi.

« ART. 12. — Les inspecteurs généraux seront pris parmi les ingénieurs en chef de département, et nommés au scrutin par le premier ingénieur et les inspecteurs généraux.

TITRE II.

« ART. 4. — Les appointements des ingénieurs en chef et des inspecteurs seront payés par le Trésor public ; ceux des ingénieurs par les départements.

« ART. 5. — Les ingénieurs en chef, inspecteurs et ingénieurs seront nommés par l'administration des ponts et chaussées. Les ingénieurs qui se trouvaient attachés aux ci-devant pays d'États concourront pour les places avec les ingénieurs des ponts et chaussées, chacun dans leur grade correspondant.

TITRE III.

« ART. 1ᵉʳ. — Il y aura une école gratuite et nationale des ponts et chaussées.

« ART. 2. — Cette école sera dirigée par le premier ingénieur ; sous lui, sera un inspecteur.

« ART. 3. — Il y aura un enseignement permanent. Les places de professeurs continueront d'être remplies par des élèves qui, après des concours et des examens, lesquels seront déterminés par un règlement particulier, seront jugés les plus dignes de cet emploi.

« Art. 4. — Soixante élèves seront admis dans cette école : vingt dans la première classe, vingt dans la deuxième, vingt dans la troisième.

« Art. 5. — Les élèves seront choisis dans les quatre-vingt-trois départements parmi les sujets qui, au jugement de l'ingénieur et de deux commissaires des directoires, auront concouru sur différents objets élémentaires, lesquels seront indiqués dans un règlement particulier.

« Art. 6. — Les ouvrages des différents concurrents seront tous adressés par l'ingénieur en chef auquel correspondra chaque département, à l'administration centrale, à une époque déterminée ; et, sur l'avis de l'assemblée des ponts et chaussées, les places vacantes seront données à ceux qui en seront jugés les plus dignes. »

Le 18 août de la même année, une loi, complétant la précédente, plaça l'administration centrale des ponts et chaussées « dans la main et sous la responsabilité du ministre de l'intérieur », à qui elle attribua la présidence de l'assemblée des ponts et chaussées.

Par l'article 3, « pour la formation actuelle de l'assemblée des ponts et chaussées, le roi nommera cinq inspecteurs généraux, pris parmi ceux qui étaient en activité dans le grade d'inspecteur général des anciens ponts et chaussées des ci-devant pays d'élection, et trois parmi les ingénieurs principaux des ci-devant pays d'états.

Par l'article 5, « il y aura un ingénieur en chef par département, et autant d'ingénieurs ordinaires qu'en demanderont les départements.

« Art. 6. — Les appointements de l'ingénieur en chef seront de 4,000 livres, dont 2,400 livres seront à la charge du département, et le surplus sera payé par le Trésor national.

« Art. 7. — Les appointements des ingénieurs ordinaires seront de 2,400 livres, et payés par les départements seuls. »

Enfin, par cette même loi, un juste hommage, glorieux pour le grand ingénieur qui en fut l'objet et pour l'assemblée qui le vota, est rendu aux services de Perronet[1] en ces termes :

« Art. 10. — En considération des services importants que J.-R. Perronet a rendus pendant plus de cinquante-quatre ans d'activité en divers grades, et dans l'établissement et dans la direction de l'école, il jouira de 22,600 livres de traitement. »

Ces lois de 1791 créent l'administration des ponts et chaussées telle qu'elle existe maintenant, sauf le mode de recrutement des ingénieurs qui furent pris à l'école polytechnique après sa fondation en 1794. Avec cette organisation nous entrons dans l'époque contemporaine.

Il est intéressant de remarquer que ces lois nouvelles, en instituant à nouveau l'école nationale des ponts et chaussées de Paris, supprimaient par leur silence les écoles des ponts et chaussées des ci-devant provinces de Bretagne et de Languedoc, qui avaient rendu de grands services. Les ouvrages de ces pays d'états étaient très-loin de porter un cachet d'infériorité ; ces provinces étaient justement fières des travaux d'utilité publique dont elles avaient eu l'initiative et su conserver la direction. Les réclamations furent donc très-vives. Une loi du 1ᵉʳ juillet 1792, sans leur donner satisfaction, admit du moins en qualité d'élèves à la nouvelle école de Paris tous les élèves des écoles de Bretagne et de Languedoc.

Rappelons, avant de dépasser cette époque de transformation, que l'histoire des travaux publics des pays d'états n'est pas encore écrite. L'ouvrage si intéressant de M. l'ingénieur en chef Vignon n'a pu porter une lumière complète que sur les pays d'élection ou de généralités. C'est dans les archives des anciennes provinces qu'il faudrait se livrer à de sérieuses investigations pour obtenir un tableau d'ensemble de nos anciens travaux et des institutions qui s'y rattachaient.

Quant aux chemins vicinaux, dont nous avons sous les yeux le grand et heureux développement, on n'en trouverait pas de trace notable dans les documents de l'ancien régime.

La loi du 6 octobre 1791 imposa aux communes la construction à leurs frais des chemins nécessaires à la circulation de district à district, la dépense devant être supportée dans chaque commune au marc le franc de la propriété foncière.

Un décret du 4 thermidor an X essaya l'application de prestations aux chemins vicinaux. Mais ces germes ne se développeront qu'au sein de la paix, par la loi du 24 juillet 1824 que nous rappellerons plus loin. A l'époque de la Révolution française le principe seul est posé en matière de chemins vicinaux.

1. Perronet mourut le 27 février 1794, à l'âge de 86 ans. Le titre de premier Ingénieur ne fut plus conféré après lui. Il était membre de l'Académie des sciences de Paris depuis 1765 ; membre également de la Société royale de Londres. Ses Œuvres ont été publiées avec luxe à l'Imprimerie royale en 1782 ; elles ont été réimprimées en 1788.

CHAPITRE III

ÉPOQUE CONTEMPORAINE

Nous ferons dans ce chapitre, comme dans les précédents, de nombreux emprunts à la savante notice publiée par M. l'ingénieur en chef Nicolas en tête du grand ouvrage officiel intitulé : « Documents statistiques sur les routes et ponts. » On y trouverait plus de détails que nous n'en pouvons donner sur la période de réorganisation générale où les lois et décrets se pressaient, multipliés et urgents comme les besoins.

C'est en 1797 que put être expérimenté un système régulier pour la réparation et l'entretien des routes et ponts.

La taxe d'entretien des routes, perçue sur les attelages qui les fréquentent, avait donné en Bavière, en Brabant et ailleurs, d'excellents résultats. Elle fait aujourd'hui la règle en Angleterre et dans beaucoup d'autres pays. On y eut recours en France. La loi du 24 fructidor an V (10 septembre 1797) décide qu'il sera perçu sur toutes les grandes routes de la République une taxe d'entretien dont le produit sera spécialement et uniquement affecté aux dépenses de leur entretien, réparation et confection, ainsi qu'à celles de leur administration.

Les routes, au lieu d'être divisées par rapport à leur largeur comme dans l'édit de 1776, le furent d'après leur direction.

Celles qui, partant de Paris, se terminaient aux frontières formaient la première classe; elles étaient au nombre de 28, ayant ensemble un développement de 15,000 kilomètres.

La 2ᵉ classe comprend les routes qui établissaient des communications d'une frontière à une autre sans passer par Paris, ou qui reliaient deux villes importantes du territoire; elles étaient au nombre de 97, ayant ensemble une longueur d'environ 17,000 kilomètres.

Dans la troisième classe étaient un nombre considérable de routes établissant des communications entre les principales villes d'un même département ou de deux départements voisins; leur longueur totale était environ de 20,000 kilomètres.

La loi du 7 germinal an VIII diminua le tarif des droits à percevoir. Il fut fixé, pour chaque distance de 5 kilomètres, à 5 centimes par cheval chargé à dos ou conduit en laisse; à 10 centimes par cheval monté de son cavalier ou attelé à une voiture de transport; à 15 centimes par cheval attelé à une voiture suspendue.

Cette taxe d'entretien produisit dans la première année de son application graduelle, c'est-à-dire :

$$\begin{array}{ll} \text{En l'an VI.} \dots\dots\dots\dots\dots\dots & 3,317,043 \\ \text{En l'an VII.} \dots\dots\dots\dots\dots\dots & 14,946,914 \\ \text{En l'an VIII.} \dots\dots\dots\dots\dots & 14,659,648 \end{array}$$

soit, pour l'ensemble des trois premières années, 32,923,605 francs, somme un peu inférieure à celle de 33,440,792 francs, dépensée dans la même période, tant pour l'entretien que pour les frais de perception et d'établissement de barrières.

Cette taxe fut perçue jusqu'au 22 septembre 1806. Elle s'acclimatait difficilement en France, où le cultivateur, tant pressuré naguère par les fermiers des impôts, demeurait convaincu que la plus grande partie des recettes des barrières des routes demeurait aux mains des fermiers de la taxe d'entretien.

La loi du budget de 1806 remplaça cette taxe par un impôt sur le sol qui devait être exclusivement affecté aux routes, mais qui, à raison des événements et de son chiffre élevé, fut en partie détourné de son emploi.

Du reste, le gouvernement n'avait pas attendu cette époque pour remédier, en partie du moins, à l'insuffisance des fonds provenant de la taxe; 12 millions furent accordés pour l'exercice de l'an IX, non compris 548,782 francs alloués pour la nouvelle route du Simplon. L'exercice de l'an X fut doté de 10 millions de francs. A raison du mauvais état des routes de première classe, ces ressources supplémentaires n'avaient permis de s'occuper que de 62 routes. Le gouvernement demanda pour l'an XI une allocation de 15 millions, destinée à 27 routes de première classe et à 159 de seconde. Ces allocations portaient à 25 ou 30 millions le fonds des routes et ponts. Le concours des localités vint, en outre, en aide aux efforts du gouvernement.

A partir de l'an VIII, l'ascendant des armes françaises amène des annexions de territoires au delà des Alpes et du Rhin. De nouveaux problèmes se posent pour les ingénieurs : il s'agit, avant tout, de percer les Alpes de grandes routes stratégiques, et rien n'est épargné pour mener promptement à leur achèvement les grandes voies :

Du Mont Cenis, évaluation	16,000,000[1]
Du Simplon	9,200,000
De la Corniche	15,500,000
Du Mont Genèvre	5,400,000
De Cézannes à Fenestrelles	1,800,000
Du Lautaret	3,500,000

Les ressources financières étaient restreintes; la corvée n'était plus à la disposition des ingénieurs; l'exécution des grandes voies projetées était considérée comme urgente.

Il fallait donc étudier très-minutieusement le sol, de façon à réduire les mouvements de terre et la portée des ouvrages d'art. Plus de ces grandes avenues alignées à perte de vue, de ces voies d'une largeur excessive.

Le nivellement de précision, qui avait paru d'abord spécial aux études hydrauliques, fut appliqué avec méthode et succès aux études faites en vue du tracé des routes. Gauthey, par exemple, avait employé dans ses études de canaux un niveau à bulle d'air adapté à l'alidade d'une boussole, et un niveau de pente en pays de montagnes. Il ne fixait le choix d'un tracé qu'après avoir nivelé et comparé les différents passages possibles. De même, Sganzin, sous-ingénieur à partir d'avril 1775, chargé d'étudier des tracés de routes dans les régions montueuses des provinces de Rouergue et de Quercy, levait le plan de toute la zone où pouvait passer la route à établir, et faisait le nivellement de la ligne essayée à l'aide du niveau d'Égault, en donnant quatre coups à chaque visée. Il employait le niveau de pente en pays de montagnes. Il vérifiait ses nivellements en les refaisant à grands coups, et se contentait d'une approximation de 20 à 30 centimètres pour une étude d'une moyenne longueur. Les cotes de nivellement étaient inscrites sur le plan, mais, en outre, on y joignait des profils en long et en travers.

L'emploi des courbes de niveau était alors généralement réservé à l'étude des questions de défilement résolues par le génie militaire.

On admettait comme limite des rampes normales 0^m,055 par mètre; 0^m,07 par mètre était un maximum exceptionnel. Cependant, dans les routes des Alpes, on a accepté des déclivités s'élevant jusqu'à 0^m,08 par mètre. De nos jours, des considérations d'économie ont conduit à admettre, pour des routes internationales au travers des hautes montagnes, la rampe de 0,07, déjà adoptée comme limite supérieure il y a cent ans.

En 1802, un mémoire présenté à la première classe de l'Institut par Dupuis de Torcy et Brisson, intitulé « Mémoire sur l'art de projeter les canaux à points de partage », révélait des lois physiques qui sont d'un puissant secours pour faciliter les études préliminaires de tracés de voies de communication dans un pays dont on possède une carte passable, à plus forte raison dans un pays comme la France, doté de l'œuvre monumentale des Cassini.

Brisson revenait sur cet important sujet dans son beau mémoire de 1827, intitulé « Essai d'un système général de navigation intérieure », approuvé par l'Académie des sciences sur le rapport de MM. de Prony, Lacroix et Charles Dupin. Voici comment Brisson lui-même formule ces lois auxquelles son nom est resté attaché :

« La ligne de faîte qui sépare les versants de deux bassins contigus est une courbe qui, rapportée à un plan horizontal, présente des sinuosités ou des arcs alternativement convexes et concaves, et, par conséquent, des points de plus grande et de moindre hauteur. Lorsqu'on doit faire franchir un faîte à un canal, c'est ordinairement par un des points de moindre hauteur qu'il convient de passer. Si deux cours d'eau ou deux thalwegs, dirigés en des sens opposés, étant prolongés, viennent se rattacher au même point d'un faîte intermédiaire, ce point est en général un de ceux de plus grande ou de moindre hauteur. Si divers cours d'eau s'éloignent de ce point dans plusieurs directions divergentes, on peut en conclure qu'il est un de ceux de plus grande hauteur. Si, au contraire, divers cours d'eau coulent de part et d'autre du faîte à peu près parallèlement entre eux, pour venir se jeter et se réunir dans les deux thalwegs qui partent d'un même point du faîte dans des directions opposées, ce dernier point est un de ceux de moindre hauteur; il doit d'autant plus convenir à un point de partage de canal que les formes du terrain, considéré dans un cercle d'un plus grand rayon, satisfont plus complétement aux conditions que nous venons d'indiquer. Ainsi, c'est aux points où des cours d'eau appartenant à des bassins différents, après avoir coulé parallèlement entre eux, prennent des directions divergentes, qu'il convient en général d'assigner la position des biefs de partage des canaux. »

Ces règles s'appliquent au tracé des routes aussi bien qu'à celui des canaux. C'est seulement en ces dernières années que l'emploi de longs souterrains pour faire franchir les faîtes par les chemins de fer de premier ordre a donné place à de nouvelles considérations topographiques qui se substituent alors à la recherche des cols de moindre altitude. Mais, en matière de routes de terre, la dépense des grands tunnels était et demeure inadmissible.

La pensée qui présida à l'exécution de la route du Simplon fut toute militaire. On en trouve une première expression dans une lettre adressée de Milan au Directoire exécutif, le 25 floréal an V, par le général Bonaparte; et ce fut le premier Consul qui, aussitôt après la victoire de Marengo, ordonna l'exécution de cette route.

Les ingénieurs des ponts et chaussées Lescot et Duchesne, partis de Paris pour l'armée de réserve, avec le brevet d'ingénieurs en chef et l'assimilation au grade de chef de bataillon du génie militaire, prirent part à cette campagne mémorable; au commencement de l'hiver suivant (novembre 1800), ils furent chargés par le ministre de la guerre du projet et des travaux de la route du Simplon. Le général Turreau commandait la division territoriale de Domo d'Ossola, dans les limites de laquelle devait s'ouvrir la route projetée de Domo d'Ossola à Brigg. Ce général imprima l'activité nécessaire, soit en frappant les réquisitions d'ouvriers, soit en mettant la main-d'œuvre militaire à la disposition des ingénieurs en chef. Mais ceux-ci dirigeaient librement leur service sous leur responsabilité personnelle. Ils arrêtaient la comptabilité, qui était visée par un commissaire des guerres attaché à la division, et adressée tous les mois au général commandant en chef le génie à l'armée d'Italie.

On saisit là un exemple intéressant de l'emploi du génie civil aux armées.

M. Duchesne arrive à Domo d'Ossola un mercredi; le général Turreau, qui était pressé d'annoncer au ministre l'ouverture des travaux, déclare à cet ingénieur en chef qu'il a requis 500 ouvriers pour le lundi suivant. « Les hommes de l'art », écrivait plus tard M. Duchesne, « se feront aisément une idée de mon anxiété à cette nouvelle. Et lorsque, le lendemain, j'eus parcouru le terrible terrain que j'avais à rendre praticable, qui était couvert de dix pieds de neige, il fallut m'armer de quelque courage pour ne pas être abattu. A défaut de temps, j'apportai à mes premières reconnaissances toute l'attention dont j'étais capable : je n'avais pas le temps d'hésiter; il fallait prendre un parti. J'en pris un hardi que les suites justifient. Je ne pouvais pas arrêter mon projet en aussi peu de temps pour toute la ligne; mais je pouvais rigoureusement établir une première direction avec assez de sûreté pour ne pas craindre que la suite ne s'y pût raccorder....:.

« L'établissement du premier atelier (3 nivôse an IX) me donna le temps d'étudier mon terrain pied à pied; je trouvais à chaque pas d'immenses difficultés; j'arrêtai successivement la direction générale, et chaque fois que j'avais trouvé un point de passage obligé, je projetais brièvement les parties intermédiaires sur lesquelles j'établissais successivement, aussi, des ouvriers. Nous rivalisions tous de zèle et d'activité, chacun apportait du sien dans nos petits conseils du soir..... Au nombre de ces parties arrêtées par moi se trouve la galerie de Crévola. Je n'en puis revendiquer l'exécution, qui n'a eu lieu qu'après mon départ; mais cet important travail a été tracé et commencé sous ma direction; et là, comme à celle que M. Céard appelle la Grande Galerie, les difficultés du tracé et de l'attache des mineurs aux deux issues, et pour se procurer des jours sur les flancs, n'étaient pas faciles à surmonter. Elles le furent pourtant, et le travail marcha suivant l'impulsion que je lui avais donnée.

« ... A mesure que le temps nous le permettait, nous faisions régulièrement des parties de plans et de nivellement. J'ai fait quelquefois des reconnaissances militaires, et j'ai alors, comme tant d'autres, mesuré les longueurs au pas et les angles à l'œil; mais je ne me serais jamais avisé d'appliquer cette méthode à de grands travaux, et sur un terrain tel que celui du Simplon... »

Le service de M. Duchesne comprenait la section de Domo d'Ossola à Algaby; il était secondé par M. Cournon, qui lui succéda plus tard comme ingénieur en chef, et M. Latombe; et par MM. Coïc et Baduel, élèves-ingénieurs.

Le service de M. Lescot comprenait la section d'Algaby à Brigg : dans cette partie se trouve le passage du Col. M. Carre-Wagniat, ingénieur ordinaire, bientôt remplacé par M. Plainchant, MM. Cordier et Polonceau, élèves-ingénieurs, secondaient l'ingénieur en chef. De ce côté l'on parvint à terminer, dans le cours de l'hiver de 1800 à 1801, toutes les opérations nécessaires pour la rédaction du projet général, et les travaux commencèrent le 5 germinal an IX.

M. Céard, ingénieur en chef des ponts et chaussées à Genève, fut chargé dans ce même hiver de l'inspection de ce grand travail. Il arriva au Simplon le 1er germinal an IX, explora le terrain, et fit apporter aux projets en cours des modifications importantes. M. Lescot mourut des suites de fatigues au cours de l'année 1801. Le projet remanié fut présenté par M. Céard et approuvé par un arrêté des consuls du 19 messidor an IX. Ce même arrêté remit à l'Administration civile l'ensemble du service. En mars 1803 on chargea d'habiles ingénieurs italiens de la continuation des travaux sur territoire italien. C'est alors que MM. Latombe et Coïc passèrent au Mont-Cenis, et M. Baduel au service de la belle route de la rive gauche du lac de Genève, d'Evian à Sion. — M. Houdouart succéda en 1802 à M. Lescot.

La route de Brigg (Glitz) à Domo d'Ossola a 63 kilomètres de longueur. Elle part du hameau de Glitz (altitude 709 mètres), franchit la Saltine au pont de 100 pieds de hauteur, passe par un point commandé, arrive au fond de la vallée du Ganther, et de là s'élève au col à 2,005 mètres d'altitude. De ce sommet, où l'on a bâti un hospice, on descend au village du Simplon à 1479 mètres d'altitude, puis à Algaby.

Au delà d'Algaby la route parcourt le fond d'une vallée très-profonde, très-étroite et remplie d'accidents. — Il fallut près d'Algaby ouvrir le passage dans le rocher. — La route se prolonge ensuite par des escarpements et franchit deux fois la Dovéria, torrent encaissé et furieux, pour arriver à la galerie de Gondo, ouverte en plein rocher sur 222 mètres de long, 8 mètres de large et autant de haut, tracée en ligne sinueuse pour faciliter la défense militaire. C'est le seul passage; il n'y a d'espace libre aux abords que la cataracte de la Dovéria qui se précipite dans un gouffre très-profond. Cette galerie est éclairée par deux ouvertures latérales, qui ont eu en outre l'avantage de permettre l'attaque du rocher sur un plus grand nombre de points. — Il a fallu pendant 15 mois 6 ateliers de 20 hommes et une grande quantité de poudre. Aux abords et du côté bas, la route est en escarpe. On a suspendu les mineurs sur le flanc du rocher à pic pour établir les échafauds permettant de faire l'escarpe de la plate-forme. La galerie se termine à chaque extrémité par un pont facile à faire sauter en cas de guerre. — Après la galerie de Gondo on arrive à une chute où la gorge semble fermée et dont on est sorti par un tourniquet inévitable et impérieusement commandé par la nature.

La route se poursuit ensuite sur 2 lieues sans trop de difficulté pour atteindre le torrent de la Chérasca sur lequel on jeta un pont en charpente qui fut bientôt enlevé et qu'on dut rétablir. La route suit ensuite la rivière à quelque distance de Varzo, puis à Crévola traverse par une belle galerie éclairée en son milieu un rocher de granit. Elle traverse la Dovéria au moyen d'un pont de deux arches ayant pour culées le rocher lui-même et une pile en pierre de taille de 70 pieds. — Ce pont qu'on avait voulu modifier en exécution fut emporté et refait sur le projet de M. Céard. — On franchit ensuite le torrent de la Bougnane à l'aide d'un grand pont en bois pour déboucher à Domo d'Ossola à 306 mètres d'altitude.

Le passage a été livré le 11 vendémiaire an XIV, après six ans de travail pendant lesquels cinq mille ouvriers étaient employés cinq mois d'été.

M. l'inspecteur divisionnaire Céard fournit en même temps le projet de la belle route de Genève à Brigg par Thonon, Evian et la vallée du Haut-Rhône. Entre Evian et le Bouveret, cette route, établie de niveau à 10 mètres au-dessus du lac Léman, dans les flancs des rochers escarpés de Meillerie, forme une terrasse d'où la vue découvre Lausanne, Vevey, Montreux et tous les riches coteaux du canton de Vaud; aspect d'une nature plus sévère mais non moins admirable que ceux du lac Majeur.

Ce magnifique ensemble, reliant Genève à Milan, fut exécuté avec une remarquable rapidité, dans des conditions d'économie qui font le plus grand honneur aux auteurs de ces travaux. « Ne négligez rien », écrivait, le 19 messidor an XI, à M. Céard, M. Crétet, conseiller d'État, chargé de l'administration des ponts et chaussées, « pour *accélérer* l'exécution, *économique* autant que possible, de la grande entreprise dont vous êtes chargé; redoublez, s'il se peut, de zèle et d'efforts au moment où le Gouvernement continue des sacrifices que les circonstances rendent très-difficiles. »

La nature du sol rencontré, jointe à la nécessité de l'économie, conduisirent les ingénieurs à construire la chaussée sans lit inférieur de grosses pierres, mais bien avec une couche unique de pierres cassées de médiocre épaisseur; en un mot, à faire la chaussée suivant le type auquel l'ingénieur anglais Mac-Adam a depuis donné son nom. Nous reviendrons plus loin sur ce point spécial.

La route du Simplon est tout entière hors du territoire français; seule la route annexe de Genève à Brigg est comprise pour partie dans notre département de la Haute-Savoie.

La route de France en Italie par le Mont-Cenis est, au contraire, sur le territoire actuel de la France dans la partie située à l'ouest du faîte. La section la plus difficile, de Lans-le-Bourg à Suse, fut exécutée, sur une longueur de 37,081^m,55, par les ingénieurs des ponts et chaussées, de 1803 à 1814. Le projet est dû à M. Dausse, ingénieur en chef de l'Isère, qui conserva ce service sous son inspection, en qualité d'inspecteur divisionnaire, jusqu'à la fin des travaux. Les ingénieurs en chef furent successivement MM. Deschamps, Sevestre et Derrien : ce dernier, envoyé comme élève en 1803, termina les travaux comme ingénieur en chef. Les ingénieurs ordinaires furent MM. Latombe et Coïc.

On travailla généralement cinq mois par an, du 15 mai au 15 octobre. Les travaux de la route furent adjugés le 16 juin 1806; ceux des grands bâtiments le 8 août 1808. Dans le courant de 1814 les travaux étaient presque complétement terminés. Il avait été dépensé, savoir :

6.080.000 francs		pour les indemnités de terrain, la construction de la route, des ponts, galeries, parapets, et pour l'entretien de la route.
1.210.000	«	pour la construction de divers bâtiments.
170.000	«	pour refuges et balises.
7.460.000 francs.		

En 1802 le gouvernement français résolut d'ouvrir une communication entre la Maurienne et le Piémont. Le passage ne pouvait s'effectuer que par deux cols, ceux du grand et du petit Mont-Cenis. Mais ce dernier étant complétement impraticable pendant l'hiver à cause de l'impétuosité des vents et des amoncellements de neige, on se décida pour le grand col du Mont-Cenis. A travers ce col existait l'ancien chemin du Mont-Cenis, la plus fréquentée, sinon la plus ancienne des voies entre la France et l'Italie.

Un chemin rapide et très-tortueux, partant de Lans-le-Bourg, gagnait la Ramasse, suivait le fond d'une vallée en passant sous les couloirs de grandes avalanches, rencontrait, auprès d'un lac, l'hôpital où un prêtre recevait les voyageurs égarés, et à l'extrémité du plateau arrivait au hameau de la Grand'Croix, sur la frontière de la Savoie et du Piémont; on descendait ensuite par un grand nombre de rampes en zigzag, courtes et rapides, jusqu'au village de la Ferrière en suivant la pente de la Cenise; enfin un chemin encore plus rapide conduisait de la Ferrière à la Novalaise au pied de la montagne. Le commerce se faisait à travers le Mont-Cenis à dos de mulet; les voitures étaient démontées à Lans-le-Bourg et à la Novalaise. — Dans chacun de ces pays résidait un directeur nommé par le roi de Sardaigne, ayant pour mission de fournir aux voyageurs, suivant un tarif approuvé, les hommes et les bêtes nécessaires.

Le voyageur venant en France pendant la moitié de l'année descendait de la Ramasse à Lans-le-Bourg sur un traîneau rudimentaire, assis sur une petite chaise, ayant sur les pieds le conducteur qui, en appuyant du pied sur les brancards, dirigeait ce léger véhicule qu'on laissait glisser sans modérer sa vitesse. Le trajet se faisait en 7 minutes. Aujourd'hui on franchit cet espace par une route d'environ 10 kilomètres sur laquelle glissent en hiver des traîneaux plus confortables et moins rapides. Cependant le premier mode de locomotion est encore usité dans le pays.

La nouvelle route peut être considérée comme une rectification de l'ancienne. Elle unit la vallée de l'Arcq, dans la Maurienne, à celle de la Doire-Ripaire, en Piémont, en passant par la vallée de la Cenise.

La route est placée à flanc de montagne sur la gauche de l'Arcq. Un pont en charpente d'une seule travée de 20 mètres d'ouverture communique avec Lans-le-Bourg, situé sur la rive droite, à 1,141^m,86 au-dessus du niveau de la mer. La route en face du pont forme une place circulaire terminée par un mur de soutènement dans le milieu duquel est une niche renfermant une nappe d'eau qui tombe et s'écoule sous la place. La route, à travers les prairies, les bois de sapins et de mélèzes, grimpe par six rampes en lacets, séparées par des paliers, avec une pente moyenne de 0,0675 après être passée auprès de Lans-le-Villard et la Ramasse, jusqu'au sommet du col, à l'altitude de 2,100^m,50. La route a été tracée de manière à éviter les grands vents. Dans les rampes du versant de la Savoie l'air est généralement doux, on ne sent le vent très-impétueux qui vient du Piémont et porte le nom de *la Lombarde* qu'aux abords des paliers vers Ramasse. Le vent venant de la Savoie, qu'on appelle *la Vanoise*, se fait surtout sentir au hameau de la Grand'Croix, à l'extrémité du plateau. La route atteint son point culminant à 1,300 mètres de la Ramasse; plus loin elle suit la gorge des monts qui conduit au Mont-Cenis, se tenant à 50 mètres de la base des montagnes.

Aux Tavernettes commence le plateau du Mont-Cenis, à 45 mètres au-dessus du lac et des marais qui l'environnent; à 800 mètres de là la route se continue en remblai par deux belles lignes droites raccordées par deux courbes de grand rayon jusqu'au hameau de la Grand'Croix. Elle passe aux abords du lac (qui a 2,000 mètres sur 1,000 et renferme d'excellentes truites) et franchit le torrent de la Rouche sur un pont en charpentes de cinq travées de 6 mètres d'ouverture et ayant 10 mètres de large, et devant l'hospice qui a été établi sur le plateau à l'altitude 1,943^m,55.

Cette partie de la route n'a que des pentes très-douces qui sur plus de 3 kilomètres ne sont que de 0,013; mais à la Grand'Croix commence la pente vers le Piémont. On arrive ensuite à la plaine Saint-Nicolas qui est presque entourée de rochers à pic d'environ 300 mètres de hauteur. On a établi d'abord la route dans ces rochers en encorbellement et sur 47 mètres de longueur en pleine galerie. Pendant les travaux on s'assura que cette partie était traversée par des avalanches, et qu'en outre, le rocher dans lequel on avait ouvert les encorbellements n'avait aucune solidité. On continua cependant, mais dans la nuit du 31 août 1811 une masse de 4,000 mètres tomba sur la chaussée et barra le passage. On abandonna ce passage pour traverser plus bas la plaine Saint-Nicolas. Le parcours fut augmenté de 800 mètres, mais il est plus sûr et plus rapide. Par le nouveau tracé on descend dans la plaine par quatre rampes ouvertes dans le rocher et soutenues par des murs exposés au soleil, de façon qu'il y reste peu de neige; on évite aussi les avalanches. Le tracé rencontrant quatre fois la Cenise, on l'a détournée et on a franchi le ravin abandonné par des murs en pierres sèches dans lesquels on a ménagé des aqueducs. Les lacets que forme cette partie de la route sont d'un effet très-agréable surtout pour le voyageur d'Italie en France. C'est sur ces rampes encore inachevées que passèrent en 1814, à la suite de la Convention de Turin, le matériel d'artillerie et les gros bagages de l'armée.

On arrive au hameau de Bart par de beaux alignements et de belles pentes en se tenant sur la droite de la Cenise, en traversant sur 70 mètres un granit très-dur, et descendant avec une pente de 0,07. La route se développe dans un terrain mêlé de rochers. Un mur d'épaulement de 3 mètres a été construit sur 200 mètres de longueur pour retenir les éboulis de la combe de Clanet. La route se continue de Bart au Mollaret avec la même inclinaison, et de là au hameau de Saint-Martin avec une pente un peu plus forte, 0,082.

Du plateau de Saint-Martin à l'extrémité de la combe de Giaglione, la route est ouverte dans le rocher, sur le bord d'un précipice. On l'a protégée par un parapet en maçonnerie.

Au delà de Saint-Martin la route passe sous l'avalanche de Venans, qui tombe souvent deux fois par an. Elle couvre la chaussée sur 70 mètres; mais son origine étant très-éloignée, elle fait entendre plus d'un quart d'heure avant sa chute un grand bruit semblable au roulement lointain du tonnerre, qui avertit le voyageur assez à temps pour qu'il puisse s'éloigner même au pas. Cependant, pour plus de sûreté on a creusé dans un rocher très-dur une galerie demi-circulaire de plus de 100 mètres de long qui rend la route constamment praticable.

La route descend ensuite par des pentes de 0,07 à 0,08, traverse le glacis du fort de la Brunette et arrive à Suse après avoir franchi par un pont de 7 mètres de hauteur l'ancien chemin.

La route part de l'altitude de 1,411^m,86 à Lans-le-Bourg, s'élève au point culminant à 2,100^m,50 pour descendre jusqu'à Suse à la cote 515,91.

Le froid le plus intense se fait sentir au-dessus de Lans-le-Bourg, à 531^m,59 au-dessous du col qui est à peu près dans la direction du vent la Lombarde. Pendant trois mois de l'hiver cette partie, qui est sous l'ombre d'un pic, ne reçoit pas le soleil.

Le gouvernement français s'intéressait beaucoup à cette route. Par décrets des 11 floréal an XIII et 27 décembre 1807, il décida qu'il serait établi des maisons de refuge servant d'asile aux voyageurs et de logement aux cantonniers; — que le plateau du Mont-Cenis était érigé en commune s'étendant jusque sur les pentes de Savoie et de Piémont; — que ceux qui y séjourneraient six mois d'hiver seraient exemptés de contribution partout où ils auraient des propriétés; — qu'on élèverait une église paroissiale; — qu'on bâtirait une maison pour deux brigades de gendarmerie et une caserne pour 1,200 hommes dont 600 pourraient coucher dans des lits et 600 sur la paille; — que la paroisse du Mont-Cenis serait desservie par des religieux chargés de donner asile et d'entretenir un chirurgien.

On adopta pour les refuges la forme d'un carré parfait de 8 mètres de côté ayant une diagonale normale à la route, placée sur le bord extérieur et souvent sur le précipice. En outre, on plaça des balises de distance en distance pour repérer la route. Tous les bâtiments du plateau ont été alignés le long de la route, hospice, église, caserne, etc., et leur façade a été tournée vers le midi, exposition la plus saine dans les Alpes. Les vents sont si violents qu'il est impossible d'employer l'ardoise ou la tuile pour couvrir les bâtiments; on a employé à cet effet des tables de schiste de 0^m,03 d'épaisseur, ayant quelquefois jusqu'à un mètre de surface. Mais cette couverture, très-lourde, force à augmenter le poids des charpentes, et n'est pas absolument imperméable à la neige.

Une taxe de circulation fut établie par décret du 20 janvier 1811, et perçue à partir du 1er mars de la même année. Elle produisit, dans les deux premières années, 328,174 francs.

La route a partout 10 mètres de largeur *minima*, dont 6 mètres de chaussée. Elle est toujours belle dans la partie la moins élevée. Dans la partie supérieure, elle éprouve des détériorations dues au séjour des neiges et surtout à la grande quantité des eaux qui en proviennent.

L'écoulement des eaux est assuré par des rigoles profondes du côté des montagnes et par 145 aqueducs. Dans les parties en terre, ces rigoles sont pavées et revêtues en pierres sèches; dans le rocher, elles conservent les mêmes dimensions, mais sont limitées du côté de l'accotement par un mur de soutènement.

A 1 mètre de la bordure intérieure de la chaussée, vers les rigoles, on a placé, de 3 mètres en 3 mètres, des bornes en pierre brute qui dessinent parfaitement les courbes et alignements et forment chasse-roues.

Dans l'été, on peut monter de Suse au Col en quatre heures, et même à cheval en trois heures.

CLASSEMENT ET DÉVELOPPEMENT DES ROUTES NATIONALES ET DÉPARTEMENTALES

L'accroissement de la longueur des routes surchargeait le budget d'entretien de dépenses de plus en plus lourdes. L'attention du gouvernement se porta sur cette situation; on pensa qu'il convenait d'intéresser efficacement les départements au bon entretien des routes existantes et au complément du réseau.

Tel fut l'objet du décret du 16 décembre 1811, qui substitua, à la division des routes en trois classes établie lors de l'application de la taxe d'entretien, un classement nouveau en routes impériales, qui comprenaient les deux premières classes, et en routes départementales, parmi lesquelles étaient rangées les routes connues alors sous le nom de troisième classe.

Les routes impériales, maintenues sous cette nouvelle dénomination, étaient elles-mêmes subdivisées en trois classes. Quant aux routes départementales, il était sursis à leur classement jusqu'à ce que les conseils généraux eussent donné leur avis. Cet avis fut donné dans la session de 1812, et le classement déterminé par le décret du 7 janvier 1813.

Aux termes du décret de 1811, les dépenses de construction, reconstruction et entretien des routes devaient être à la charge du Trésor pour les routes impériales de 1re et 2e classe; à la charge du Trésor et des départements traversés pour les routes impériales de 3e classe; enfin, à la charge des départements, arrondissements et communes traversés pour les routes départementales.

En fait, les arrondissements et les communes n'ont pas contribué aux dépenses des routes départementales. Il est assez intéressant de constater actuellement dans plusieurs départements une tendance à revenir au principe posé en 1811, tendance à laquelle ils ne peuvent donner satisfaction dans l'état actuel de nos lois qu'en déclassant les routes départementales pour les introduire dans le réseau vicinal. Le décret de 1811 aurait permis, si son texte avait été respecté par la législation ultérieure, de faire intervenir les subventions communales selon les besoins.

Le décret déterminait en outre :

Les conditions de classement, d'exécution et d'entretien des routes départementales;

Les dispositions à suivre pour l'entretien des routes et la surveillance de cet entretien, pour leur plantation, enfin pour la répression des délits de grande voirie.

Les plus importantes de ces dernières prescriptions étaient celles qui déterminaient le mode d'entretien et partageaient en deux adjudications la fourniture et l'emploi des matériaux, lesquels, antérieurement, étaient l'objet d'une entreprise unique.

Des modèles de devis furent adressés, le 9 mai 1812, aux préfets, afin que, dans toute l'étendue de l'Empire, il fût procédé d'une manière uniforme à l'adjudication des baux.

Cette manière de procéder était évidemment un progrès, mais elle avait encore l'inconvénient de donner à l'entreprise un travail qui ne saurait être convenablement exécuté que par voie de régie.

Du reste, les cantonniers stationnaires, à gages, ne tardèrent pas à remplacer les cantonniers adjudicataires, et, dans la circulaire du 11 juin 1816, le directeur général Molé, en envoyant un règlement imprimé pour les cantonniers à gages, constate que cette substitution était déjà accomplie dans beaucoup de départements.

La longueur des routes nationales classées était, au 31 décembre 1814, de 33,162 kilomètres, répartis en 183 routes. Dès ce moment, le réseau était fixé pour la plus grande partie : il ne devait s'accroître par la suite que d'un dixième. En effet, en 1860, immédiatement avant l'annexion de la Savoie et de Nice, il y avait 200 routes nationales classées, d'une longueur totale de 36,203 kilomètres.

Mais l'exécution n'alla pas aussi vite que le classement, et, comme le montre le tableau ci-dessous, les dix-sept années de 1831 à 1847 virent exécuter beaucoup plus de kilomètres de routes nationales que les quarante-quatre années de 1800 à 1830, et de 1848 à 1860 [la comparaison s'appliquant au territoire qui a été celui de la France entre 1815 et 1860, Corse comprise]. Nous indiquons en même temps le développement progressif des routes départementales.

INDICATION DES PÉRIODES	DÉVELOPPEMENT DES ROUTES NATIONALES			DÉVELOPPEMENT DES ROUTES DÉPARTEMENTALES		
	CLASSÉES À LA FIN de la PÉRIODE	EXÉCUTÉES PENDANT la PÉRIODE	OUVERTES À LA FIN de la PÉRIODE	CLASSÉES À LA FIN de la PÉRIODE	EXÉCUTÉES PENDANT la PÉRIODE	OUVERTES À LA FIN de la PÉRIODE
Antérieurement au xixe siècle. . . .	"	25,554 km	25,554 km	"	17,213 km	17,213 km
De 1800 à 1814. .	33,162 km	1,194	26,748	25,155 km	1,380	18,593
De 1814 à 1830. .	34,276	1,634	28,382	31,644	4,927	23,520
De 1831 à 1847. .	35,952	5,787	34,169	43,689	16,553	40,073
De 1848 à 1860. .	36,203	1,688	35,857	47,225	5,223	45,296

La largeur moyenne des routes nationales est beaucoup moindre qu'on ne le croit généralement. Il n'est pas exact que l'État laisse inutilisée une fraction notable du territoire en conservant aux routes nationales une largeur exagérée. D'après les documents statistiques élaborés par M. Nicolas, la largeur moyenne des routes nationales en couronne est de 12 mètres, y compris le fond et les talus des fossés, de 16 mètres; la largeur moyenne de la chaussée est de 6 mètres. Il n'y a aucune réduction à faire subir à un tel profil transversal; et, fût-il possible pour certaines routes exceptionnellement larges de réduire la largeur existante sans dommage pour la circulation, les excédants ne pourraient être revendus qu'aux riverains; il faudrait refaire les fossés sur toute la longueur de la route, combler les fossés existants, refaire des aqueducs d'accès aux chemins ou aux propriétés, détruire les plantations, et, pour mettre en valeur le terrain détaché de la route, lequel se trouve plus ou moins empierré, il faudrait un défoncement énergique. Cette énumération suffit pour faire voir que l'idée de tirer un parti économique des excédants des routes en les cédant aux riverains n'a pas une grande portée pratique.

D'ailleurs, il n'est pas exact que ces excédants de largeur soient inutiles à la circulation. Ils la rendent beaucoup plus commode, et aux jours de foires et de marchés, où la circulation devient très-active dans la zone d'approvisionnement et de vente du lieu où se tient la réunion, les routes sont occupées sur toute leur largeur.

Les routes nationales sont empierrées, avec ou sans fondation, sur la plus grande partie de leur longueur. On peut évaluer à 2,600 kilomètres seulement la longueur des sections pavées. L'épaisseur normale de la couche de pierres cassées est de 15 à 20 centimètres.

Le prix de revient kilométrique moyen des routes nationales a fort peu varié; malgré l'augmentation des prix de la main-d'œuvre, il est demeuré compris entre 28,000 et 30,000 francs.

La largeur moyenne des routes départementales est de 8m,50 en couronne, 12m,10 compris fond et talus des fossés; la largeur moyenne de la chaussée est de 4m,60.

Le prix de revient kilométrique moyen des routes départementales est d'environ 18,600 francs.

Les routes nationales et départementales ne sont pas les seules dont l'État ait poursuivi ou provoqué l'exécution.

En premier lieu, nous devons mentionner les routes stratégiques de l'ouest. Une notice, insérée aux Annales des ponts et chaussées en 1870 par M. l'inspecteur général Charié-Marsaines, résume clairement les conditions de cette entreprise; nous extrairons de cette notice les passages suivants :

Le 27 juin 1833 fut promulguée une loi prescrivant « l'établissement, dans les départements de l'ouest, d'un système de routes dites stratégiques, et distinctes des routes royales, départementales et communales. Un crédit de 12 millions était affecté à l'exécution de ces routes, dont les frais d'entretien devaient être supportés concurremment par les communes, les départements et le trésor, suivant des proportions arrêtées par des règlements d'administration publique, rendus après avoir entendu les conseils municipaux et les conseils généraux des départements.

« L'exposé des motifs portait que les routes établies par le premier Empire, quoique en petit nombre et inachevées, avaient été fort utiles en 1832 pour la répression des mouvements qui s'étaient produits, mais qu'on avait reconnu leur insuffisance, et que le projet avait pour but de les compléter en rendant le pays plus accessible à la force publique, s'il était nécessaire de l'employer, mais surtout de répandre, dans une région trop souvent agitée, le triple bienfait de la paix, de la civilisation et de la richesse...... La plupart des députés des départements traversés réclamaient la prompte exécution de ces routes comme vivement désirée par les populations, et comme constituant une conquête pacifique au profit de l'ordre et de la liberté.

« A peine la loi fut-elle promulguée, que le gouvernement s'occupa d'en assurer l'exécution, et, dès le 17 juillet, un arrêté du ministre du commerce et des travaux publics organisait le service spécial des routes stratégiques. Le 17 novembre suivant, une ordonnance royale fixait le nombre et la dénomination de ces routes, ainsi que leurs principaux points de passage. Leur nombre s'élevait à trente-huit, et le réseau formé par elles embrassait huit départements, savoir : la Vendée, les Deux-Sèvres, la Loire-Inférieure, Maine-et-Loire, la Mayenne, Ille-et-Vilaine, la Sarthe et la Charente-Inférieure. »

Le développement de ces routes atteignit 1,468 kilomètres, dont la dépense s'établit comme suit :

Travaux.	9,919,666f,81
Indemnités de terrains et de dommages. . . .	3,426,644,84
Frais d'entretien provisoire.	51,186,62
Frais de direction, salaires, etc.	567,176,55
Total.	13,964,674f,82

« Commencés à la fin de 1833, les travaux de ces routes furent complétement terminés en 1839, c'est-à-dire que leur exécution avait duré six ans. Pendant ce laps de temps, une loi en date du 1er avril 1837, modificative de celle du 27 juin 1833, était venue décider que les frais d'entretien des routes stratégiques seraient répartis entre l'État et les départements dans la proportion de deux tiers pour l'État, et d'un tiers pour les départements.

« Lorsqu'on parcourt les routes dont il s'agit, on n'y trouve rien de frappant, rien qui attire particulièrement l'attention, aucun ouvrage d'art remarquable, point de grands remblais, de tranchées profondes ; dans bien des endroits même, le tracé laisse à désirer au point de vue, soit du rayon des courbes, soit du roideur des pentes. On voit que les ingénieurs se sont astreints aux règles de la plus stricte économie : on a même, pour plusieurs parties de ces routes, emprunté d'anciens chemins vicinaux. Mais aussi un grand résultat a été atteint, avec une dépense relativement faible : 1,468 kilomètres de routes ont pu être établis pour une somme de 13.964.674 fr. 82, ce qui fait revenir le kilomètre à un peu moins de 9,513 francs, c'est-à-dire à un prix plus faible que celui auquel reviennent les routes nationales, et même les routes départementales, dans un grand nombre de localités.

« Un décret du 10 juillet 1862, rendu après accord établi avec tous les départements intéressés, décida la suppression des routes stratégiques en tant que réseau particulier, et leur incorporation aux routes nationales et départementales des départements traversés.

« Ainsi s'est terminée cette grande opération des routes stratégiques, qui a justifié complétement, on peut le dire, les prévisions du gouvernement qui l'avait entreprise, car elle a produit les résultats les plus satisfaisants, tant sous le rapport politique, que pour la prospérité des contrées traversées.

« Ainsi, au premier point de vue, non-seulement une guerre civile analogue à celle des temps passés serait aujourd'hui complétement impossible dans la Vendée, à raison de la facilité qu'auraient les troupes régulières de s'y mouvoir en tous sens, mais encore l'esprit des populations est entièrement changé; elles comprennent le bienfait des institutions nouvelles que la France s'est données, et, quoique toujours attachées à leurs vieilles croyances religieuses, le goût du bien-être, ainsi que la préoccupation des améliorations agricoles et commerciales, tiennent aujourd'hui assez de place dans leur existence pour les rendre inaccessibles à toute tentative de soulèvement au nom des anciennes institutions ou des anciennes races.

« D'un autre côté, au point de vue de la prospérité matérielle, tout le pays s'est grandement amélioré par les progrès de l'agriculture, notamment de l'élevage des bestiaux, et en même temps que l'aisance des populations augmentait, leur densité augmentait également et d'une manière plus rapide que dans le reste de la France. »

La construction des routes stratégiques de l'ouest donna lieu à des expériences sur la question de l'emploi des troupes dans l'exécution des travaux publics, « depuis longtemps controversée par les ingénieurs et les économistes. Des essais à cet égard avaient été faits sous Louis XIV à Dunkerque et à l'aqueduc de Maintenon; sous Louis XV, au canal de la Lys à l'Aa, et nulle part les résultats n'avaient été satisfaisants, ni sous le rapport de l'économie, ni sous celui de la bonne exécution des travaux. Néanmoins, la question était encore à l'étude; les avantages de l'emploi des troupes aux travaux publics avaient été préconisés, soit dans des ouvrages spéciaux, soit à la tribune législative, et l'on blâmait le gouvernement de ne pas adopter une mesure indiquée depuis longtemps par l'opinion publique. L'administration considéra la construction des routes stratégiques de l'ouest comme une occasion favorable pour occuper la troupe à des travaux qui, par leur but, se rattachaient à des opérations militaires, et, combattu à cet égard dans le sein de la Chambre des pairs, le ministre des travaux publics d'alors, M. Thiers, déclara que le gouvernement avait jugé nécessaire de faire une dernière et grande expérience qui mît tout le monde en état de se faire une opinion arrêtée sur cette question depuis si longtemps débattue. Cette expérience était loin d'être sans difficultés, car, d'une part, il fallait régler les rapports entre la troupe et les ingénieurs chargés de diriger les travaux, de manière à ménager toutes les susceptibilités et à prévenir autant que possible toutes les collisions; il fallait, en outre, éviter que la présence des soldats ne fût une charge pour les habitants du pays déjà privés, par l'emploi de la main-d'œuvre militaire, d'un salaire sur lequel ils avaient dû naturellement compter; enfin il fallait tâcher de régler les choses de manière à ce que le nouveau mode d'exécution des travaux n'entraînât pas d'accroissement dans les dépenses.

« Une commission, composée d'officiers généraux et d'inspecteurs des ponts et chaussées, fut chargée de préparer un projet de règlement destiné à résoudre ces difficultés, et ce projet fut approuvé par les ministres de la guerre et de l'intérieur, les 15 juillet et 8 août 1834.

« Il a été rendu compte, dans les *Annales des ponts et chaussées* (premier volume de 1840, mémoire de M. Collignon), des résultats de ces expériences en ce qui concerne le département de la Mayenne; ils ont confirmé entièrement ceux des expériences antérieures. La conclusion à laquelle ils conduisent, c'est qu'il n'est pas possible d'appliquer, dans un but d'économie, une portion quelconque de l'armée aux travaux publics; que tout au plus pourrait-elle, dans des circonstances extraordinaires, pourvoir sur un point déterminé du territoire à l'insuffisance des ouvriers du pays. »

Les documents statistiques de M. Nicolas indiquent comme largeur moyenne des routes stratégiques, savoir : en couronne, 8^m,90; fond et talus des fossés compris, 12^m,90; comme largeur de la chaussée empierrée, 4^m,20. Mais ils indiquent une dépense d'établissement de 17,773,439 francs au lieu de 14 millions environ indiqués ci-dessus, d'après M. Charié-Marsaines : d'où résulterait un prix moyen kilométrique de 12,790 francs.

ROUTES SECONDAIRES.

A partir de 1852, le gouvernement a pris l'initiative de routes secondaires sur quelques points spéciaux du territoire où il espérait provoquer un développement rapide de la richesse publique.

Un décret-loi du 28 mars 1852 classa sous le titre peu exact de routes forestières de la Corse un réseau de 497 kilomètres de chemins publics à construire s'embranchant sur les routes nationales. Ce réseau n'est pas encore terminé.

Les routes thermales des Pyrénées et de Vichy, destinées à augmenter les attraits des stations balnéaires, ont assurément atteint leur but; peut-être rencontre-t-on sur certains points des difficultés pour assurer l'entretien et les réparations de ces routes hâtivement et économiquement construites.

Les routes agricoles des Landes, de la Brenne, des Dombes, exécutées par l'État dans un but très-louable de mise en valeur agricole et d'assainissement de ces régions, ont dû être, après leur construction, mises à la charge des départements; malgré l'incontestable accroissement de richesse qu'elles ont produit, cette charge d'entretien a pu, dans certains cas, devenir écrasante pour les finances du département : exemple, entre mille, de la nécessité d'une marche lentement progressive et patiente en tout ce qui intéresse l'agriculture.

Un décret du 25 août 1867 a ordonné l'exécution de trois routes dites Salicoles destinées à faciliter l'accès des marais salants de l'ouest et à favoriser ainsi la transformation d'une contrée ruinée par la concurrence victorieuse des sels du midi et de l'est.

Ce sont des opérations de détail dont le programme est à peu près épuisé maintenant et sur lesquelles nous n'avons pas à insister ici.

CONSTRUCTION ET ENTRETIEN DES CHAUSSÉES EMPIERRÉES.

A mesure que la période de paix extérieure, en se prolongeant, permettait le progrès rapide du commerce et de l'agriculture, et par suite une circulation de plus en plus active sur les routes existantes, les chaussées irrégulièrement entretenues se dégradaient et le roulage devenait fort pénible.

Vers 1820 les succès obtenus en Angleterre dans la construction et l'entretien des chaussées empierrées par l'ingénieur anglais Mac-Adam attirèrent vivement l'attention en France. Plusieurs ingénieurs, Polonceau entre autres, s'étonnèrent qu'on fit autant de bruit en l'honneur d'un système déjà employé en France et qui avait fait ses preuves, notamment sur la route du Simplon. L'impulsion vigoureuse donnée par Mac-Adam fut néanmoins fort utile pour le triomphe de principes nouveaux qui ont permis de réaliser dans la construction des chaussées de grandes économies et d'obtenir un entretien très-satisfaisant.

Avant le siècle actuel, les travaux de réparation des chaussées effectués par corvées, à des époques déterminées de l'année, avaient une grande analogie avec ce que nous voyons encore exécuter sur la plus grande partie des chemins vicinaux ordinaires. On répandait sur les chaussées la plus grande quantité possible de matériaux qu'on abandonnait à l'action des voitures et des intempéries, jusqu'au moment de recommencer la même opération. Trésaguet, ingénieur en chef de la généralité de Limoges, combattit cette méthode : Il en coûte peu, disait-il, pour réparer une route journellement, et à mesure que les dégradations commencent à se former, pour arrêter, par exemple, les progrès d'une ravine ou d'une ornière dès sa naissance ; cette marche maintient d'ailleurs dans toutes les saisons les routes dans le meilleur état. Trésaguet appliqua effectivement avec succès le système de la réparation continue par un personnel permanent, qui était soldé par des entrepreneurs d'entretien. La province du Languedoc adopta la même méthode. Mais ces excellents exemples restèrent isolés jusque vers 1830, époque à laquelle l'augmentation rapide de la circulation obligea de toutes parts les ingénieurs à rechercher et appliquer les meilleures méthodes d'entretien des routes empierrées.

M. Berthault-Ducreux se signala dans l'accomplissement de cette tâche, si ingrate en apparence, mais si importante. Dès 1834, il posa les préceptes suivants :

Une chaussée bien polie, sans aspérités, reçoit de la circulation le minimum de dommage et lui cause le minimum de fatigue. Dès que le poli cesse et que les aspérités paraissent, il y a accroissement de souffrance, et pour la chaussée et pour le roulage. Le bon sens nous dit donc qu'il faut réparer aussitôt, qu'il faut faire, comme la bonne ménagère, *un point à temps.*

A cet effet, il faut avoir constamment et en tout temps, sur les routes, un nombre suffisant d'ouvriers.

Des ouvriers, quelque nombreux qu'ils soient, ne peuvent seuls réparer le mal; il faut de la pierre disponible, et cela en tout temps, car en tout temps il peut y avoir dégradation.

Ces préceptes, mis en pratique par leur auteur sur des routes très-fatiguées, lui donnèrent d'excellents résultats.

Après de nombreux travaux de MM. Bardonnaut, Vignon, Boisvillette, Dumas, Dupuit, Dugué, et de beaucoup d'autres ingénieurs, une circulaire ministérielle, rédigée en 1839 par M. Dupuit, imposa à tous une méthode rationnelle d'entretien, demeurée en vigueur depuis lors.

M. Dupuit, dont la rare intelligence a jeté une vive lumière sur tous les objets successifs de ses études, rendit un peu plus tard un nouveau service en affranchissant le roulage des limitations de chargement, sanctionnées par les formalités des ponts à bascule, en faisant supprimer d'autres entraves imposées par une timidité routinière à la liberté de la circulation sur les routes. Cette importante réforme, provoquée par les lucides rapports de M. Dupuit, fut opérée par la loi sur la police du roulage et des messageries publiques du 30 mai 1851. Cette loi n'impose à l'industrie des transports d'autre limite pour le poids des chargements que celle résultant de la condition de ne pas atteler plus de 5 chevaux aux charrettes ordinaires, plus de 8 chevaux aux voitures à quatre roues.

Les crédits affectés à l'entretien des routes nationales, qui n'atteignaient pas, dans les dernières années de la Restauration, 19,000,000 de francs, furent successivement augmentés; en 1845, ils étaient de

30,000,000 de francs. Plusieurs ingénieurs avaient montré, et parmi eux Berthault-Ducreux en 1842, qu'on manquait de moyen, même approximatif, pour reconnaître le crédit nécessaire, année moyenne, à chaque route pour son entretien. L'administration prit des mesures pour évaluer l'élément le plus considérable, celui de la circulation : un recensement fut ordonné en 1844-1845. Plusieurs fois déjà, des renseignements de cette nature avaient été fournis, mais toujours isolément.

Cependant, malgré l'augmentation des crédits et les soins intelligents apportés à l'entretien, il devenait de plus en plus difficile de tenir les routes en bon état, le roulage devenant chaque jour plus considérable, lorsque l'établissement des grandes lignes de chemin de fer vint décharger les routes les plus écrasées et assurer désormais, sauf cas très-particuliers, l'entretien des voies de terre par les méthodes précédemment adoptées : personnel de cantonniers permanents, employés en régie à l'ébouage, au balayage, à la mise en état des fossés et des accotements, et à l'emploi en temps utile des matériaux approvisionnés par des adjudicataires.

Mais si l'ouverture des lignes ferrées principales a déchargé les routes les plus fatiguées par une circulation excessive, la circulation totale sur les routes n'a pas diminué : elle s'est au contraire accrue, en se reportant sur les routes qui conduisent aux stations des voies ferrées.

Ainsi que le fait observer M. l'inspecteur général Vallès[1], de ce qu'un chemin de fer est le plus souvent une grande ligne destinée à joindre deux centres importants par leur population, leur commerce, leur industrie, on déduit que si l'établissement d'une voie de cette nature est susceptible d'apporter une diminution dans le nombre des colliers fréquentant les routes parallèles à ces voies, c'est surtout sur les transports effectués par le roulage régulier et lointain que frappera la diminution. Quant aux voitures d'agriculture et de roulage local, il paraît difficile d'admettre à un premier aperçu qu'un chemin de fer puisse en diminuer le nombre ; il faudra toujours que ces voitures se rendent des champs à la ferme et réciproquement, qu'elles aillent chercher, à des distances plus ou moins grandes, les amendements et les engrais, qu'elles se rendent aux marchés locaux. Pour cette catégorie de transports, il n'y aurait au contraire rien d'étonnant à ce que dans un intervalle de six à sept ans on remarquât une augmentation, non pas par suite de l'établissement des chemins de fer, mais par les progrès de l'agriculture elle-même ou des industries diverses qui en consomment les produits.

L'accroissement incontestable que les chemins de fer ont introduit dans la circulation des voyageurs doit porter à penser que les voitures destinées à les transporter sur les voies de terre, loin de diminuer en nombre, ont au contraire augmenté. Sans doute les grandes entreprises de messageries, qui desservaient les lignes importantes le long desquelles sont naturellement venues s'établir les voies ferrées, ont successivement disparu ; mais il s'en est établi d'autres de moindres dimensions qui se sont ramifiées dans diverses directions, pour satisfaire à ce plus grand besoin de locomotion que les chemins de fer ont fait naître. D'un autre côté, le nombre des voitures particulières a dû aussi augmenter, soit pour satisfaire à ce même besoin, soit par suite du mouvement ascendant de la prospérité agricole, commerciale, industrielle, soit enfin parce que nos habitudes de bien-être et de luxe reçoivent, d'année en année, d'incontestables développements. Enfin s'il est vrai que les voitures de roulage régulier ont diminué et celles d'agriculture et de roulage local augmenté, on doit s'attendre à ce que le nombre des voitures vides ait plutôt haussé que baissé, parce que le roulage industriel ne résout qu'à grand'peine à faire des voyages sans charge, tandis que dans un assez grand nombre de cas, il est impossible d'éviter que les voitures employées à l'agriculture et aux besoins locaux ne fassent des retours à vide.

M. Vallès a vérifié ces considérations par les résultats des recensements de la circulation faits dans le département de l'Aisne, 1° en 1844-45 ; 2° en 1851-52. Lors du premier, il n'existait pas de chemin de fer dans l'Aisne ; trois ans avant le second, on avait ouvert la ligne de Creil à Saint-Quentin et celle de Paris à Strasbourg. Il en ressort que dans ces sept années le roulage régulier a diminué d'un tiers, que l'agriculture et le roulage local ont donné un accroissement de circulation d'un tiers également, que les voitures publiques pour voyageurs ont diminué d'un sixième, qu'enfin il y a eu une augmentation de quatre cinquièmes sur les voitures particulières pour voyageurs et d'un onzième sur les voitures vides.

À l'appui de ces considérations il serait fort intéressant de posséder de bons recensements de la circulation à diverses époques sur toutes les routes nationales et départementales. Les documents recueillis pour les routes départementales sont fort incomplets. Voici un tableau instructif, concernant les routes nationales :

1. Études sur les chaussées empierrées. 1855.

DU RECENSEMENT DE LA CIRCULATION SUR LES ROUTES NATIONALES DE FRANCE

pendant les années 1851-1852, 1856-1857, 1863-1864, 1869 et 1876.

DÉPARTEMENTS	LONGUEURS DES ROUTES NATIONALES SOUMISES AU RECENSEMENT DE LA CIRCULATION EN					MOYENNES DIURNES SUR CHAQUE KILOMÈTRE DE ROUTE EXPRIMÉES EN COLLIERS					Tonnage correspondant au nombre de colliers constaté par kil. en 1876	
	1851-1852	1856-1857	1863-1864	1869	1876	1851-1852	1856-1857	1863-1864	1869	1876	Poids brut	Poids utile
Ain	416,2	417,0	447,0	446,9	450,5	188,0	164,1	115,1	129,0	118,5	140,7	98,1
Aisne	613,3	612,9	611,7	613,9	613,6	306,4	408,9	241,4	239,9	357,7	297,9	175,8
Allier	401,8	409,7	409,0	409,0	099,9	201,4	225,1	243,5	224,7	196,8	175,7	101,4
Alpes (Basses-)	298,1	396,5	337,4	414,0	498,3	74,0	66,4	68,1	96,2	58,4	45,0	29,1
Alpes (Hautes-)	307,4	309,2	372,3	373,2	373,2	54,7	68,2	73,6	90,7	59,5	69,0	37,3
Alpes-Maritimes	»	»	319,8	316,5	318,4	»	»	285,7	225,1	220,2	152,0	85,7
Ardèche	464,4	464,9	465,9	465,9	473,0	166,2	189,6	168,9	194,4	190,0	196,9	114,6
Ardennes	382,0	386,1	386,4	386,4	380,5	280,0	291,5	268,2	293,4	172,9	148,5	83,4
Ariège	248,1	247,3	248,3	248,0	270,6	100,9	177,8	204,1	294,5	259,7	262,5	180,8
Aube	378,8	378,8	378,8	378,8	378,8	266,1	277,3	172,3	154,2	110,5	119,3	66,7
Aude	330,6	335,7	331,7	337,7	331,0	346,6	280,3	206,4	373,8	339,0	337,6	212,7
Aveyron	510,8	518,7	586,2	567,0	582,5	109,3	139,1	100,5	411,7	98,8	86,4	47,0
Territoire de Belfort	»	»	»	»	42,3	»	»	»	»	197,7	114,5	67,7
Bouches-du-Rhône	437,2	292,9	283,6	283,5	283,2	735,8	750,4	743,8	679,8	546,1	633,5	416,8
Calvados	430,1	430,1	430,7	436,7	449,8	375,2	408,8	373,3	322,0	230,8	212,0	139,1
Cantal	369,0	373,1	378,7	380,8	382,9	104,0	409,5	274,7	156,4	135,7	95,8	82,0
Charente	348,2	349,8	349,8	349,8	349,8	284,4	296,8	309,2	181,8	168,0	156,8	94,4
Charente-Inférieure	487,2	487,7	632,1	412,0	432,0	211,0	265,7	273,0	250,3	212,2	198,0	134,1
Cher	491,1	492,4	491,1	492,2	491,3	212,7	221,4	270,1	220,4	184,1	196,7	110,6
Corrèze	369,4	361,7	365,7	371,0	313,0	120,1	85,9	94,0	161,5	90,0	87,8	33,0
Corse	644,7	657,8	735,0	834,0	1019,0	39,6	60,8	73,5	89,7	56,0	34,7	24,7
Côte-d'Or	713,2	713,2	715,4	715,7	715,9	204,8	212,3	194,0	185,6	107,6	164,7	110,5
Côtes-du-Nord	475,1	479,0	479,1	479,1	479,0	133,5	156,8	217,3	271,3	182,3	130,8	82,4
Creuse	336,4	338,2	328,0	338,2	337,9	74,0	74,7	86,7	91,2	67,4	62,8	41,5
Dordogne	361,5	366,8	368,4	368,3	308,5	128,6	167,4	166,4	183,8	178,3	142,9	89,1
Doubs	298,0	302,3	305,5	305,6	300,4	191,4	170,1	122,0	114,8	119,3	140,3	86,9
Drôme	307,8	306,8	307,5	307,1	307,2	303,9	164,4	146,8	172,7	145,8	151,4	96,0
Eure	453,8	463,0	464,4	463,5	464,4	222,6	177,7	164,0	172,3	139,6	140,7	88,1
Eure-et-Loir	384,6	381,6	384,6	383,9	383,0	232,7	200,1	240,3	206,7	178,2	227,7	146,3
Finistère	414,0	415,0	421,2	423,6	414,9	234,6	268,1	364,2	309,2	262,7	170,4	114,3
Gard	408,9	497,0	490,6	499,9	490,0	373,5	227,0	267,6	280,5	213,5	219,8	143,2
Garonne (Haute-)	332,0	331,7	334,1	334,0	334,0	371,3	391,0	218,5	725,3	264,9	250,0	163,0
Gers	416,4	418,2	417,0	416,9	417,5	150,4	158,2	149,1	186,8	157,8	93,0	38,9
Gironde	294,1	291,1	292,4	292,5	390,1	236,7	245,8	208,0	300,8	309,3	195,7	190,4
Hérault	364,0	364,5	364,4	364,7	358,0	302,8	333,2	461,9	504,8	400,9	394,4	279,0
Ille-et-Vilaine	674,4	677,0	731,5	732,9	732,0	109,2	143,9	397,2	909,1	167,9	132,0	18,9
Indre	403,8	404,4	404,1	404,1	404,4	117,4	117,8	136,6	199,0	133,1	129,8	78,3
Indre-et-Loire	311,3	311,4	316,4	317,5	317,5	300,6	200,4	171,5	149,5	170,5	183,8	100,2
Isère	533,8	531,0	536,6	536,1	539,1	210,4	180,0	104,9	102,5	094,4	197,5	129,4
Jura	330,8	344,9	344,6	355,5	355,5	319,2	313,4	174,0	183,8	173,8	223,9	143,1
Landes	457,4	458,0	456,0	456,3	456,0	135,2	146,1	147,8	137,2	130,8	113,0	74,5
Loir-et-Cher	396,3	396,7	396,7	396,7	408,7	133,7	130,0	161,7	127,3	119,0	118,0	69,3
Loire	319,3	328,0	339,4	339,5	339,8	426,4	576,7	434,4	474,0	391,0	553,4	409,7
Loire (Haute-)	340,0	338,1	325,0	335,8	334,7	177,8	148,6	166,3	160,4	182,0	210,9	110,4
Loire-Inférieure	489,0	492,3	314,2	373,6	573,1	185,2	222,0	208,8	241,5	210,5	179,5	105,0
Loiret	434,3	434,3	435,1	435,0	436,5	232,8	190,1	217,2	230,6	238,2	279,6	118,1
Lot	293,6	277,3	277,0	957,5	977,5	97,1	134,8	127,4	120,8	119,7	93,1	89,7
Lot-et-Garonne	309,9	394,5	305,4	364,0	376,4	169,6	149,0	295,5	272,2	176,0	141,7	89,8
Lozère	391,5	417,5	421,2	493,3	430,3	72,1	66,1	60,3	103,2	99,3	47,5	28,4
Maine-et-Loire	300,3	296,0	303,9	303,4	363,4	299,0	273,3	236,7	226,8	197,2	195,6	103,7
Manche	372,2	373,3	373,8	373,0	376,4	343,3	304,8	205,2	300,6	277,2	248,8	153,3
Marne	587,8	590,0	590,3	590,2	590,2	288,3	239,8	188,0	174,0	158,9	130,5	76,4
Marne (Haute-)	490,7	497,0	499,8	409,8	410,2	249,1	256,3	153,3	145,1	146,5	114,2	71,6
Mayenne	240,7	230,5	484,6	484,5	484,5	287,8	280,1	279,8	909,7	160,0	143,5	78,4
Meurthe-et-Moselle	422,2	423,3	423,6	423,7	381,3	410,4	205,8	173,3	217,0	152,1	116,8	67,1
Meuse	501,0	501,7	508,1	508,4	508,4	226,4	147,2	217,0	211,8	186,3	153,9	101,4
Morbihan	568,8	577,5	578,6	578,3	578,4	135,9	133,7	139,3	134,8	124,6	99,0	65,3
Nièvre	403,5	465,5	463,3	473,7	444,0	290,1	233,1	291,5	283,0	173,4	170,8	101,5
Nord	589,1	588,5	591,4	591,0	592,5	374,4	560,6	584,7	514,1	535,2	570,3	385,8
Oise	600,4	601,1	601,9	601,9	601,9	238,7	257,1	262,8	219,7	247,9	292,0	142,7
Orne	457,6	458,4	428,8	448,6	450,1	299,7	194,9	233,2	204,0	106,0	135,8	86,8
Pas-de-Calais	687,1	689,1	643,5	683,8	683,8	344,8	354,9	306,7	413,0	486,3	403,1	219,1
Puy-de-Dôme	458,2	471,0	479,5	474,2	473,4	310,5	235,2	190,9	217,5	263,4	231,4	133,5
Pyrénées (Basses-)	409,4	400,0	407,9	408,0	411,5	164,3	234,3	201,4	210,3	173,8	121,7	77,2
Pyrénées (Hautes-)	281,7	301,3	293,5	287,3	309,1	230,3	254,0	281,5	300,2	248,8	109,7	192,2
Pyrénées-Orientales	302,5	363,3	369,9	379,3	229,1	157,8	151,2	530,6	228,5	218,7	164,5	109,9
Rhône	227,0	239,0	227,9	226,5	228,5	598,3	608,7	611,6	630,4	611,3	774,5	498,4
Saône (Haute-)	292,3	293,2	300,3	304,3	300,2	280,9	343,3	143,5	166,9	94,1	75,8	46,3
Saône-et-Loire	583,8	584,7	587,0	587,0	589,0	193,2	183,8	199,8	169,5	199,7	162,2	90,8
Sarthe	402,4	402,0	402,6	402,6	402,6	247,8	214,4	273,7	253,5	185,6	239,2	124,6
Savoie	»	»	227,5	226,0	291,4	»	»	199,7	168,9	123,1	127,0	78,6
Savoie (Haute-)	»	»	278,2	254,4	323,7	»	»	86,0	97,8	100,0	99,6	68,4
Seine	125,1	135,7	116,8	116,8	117,1	1030,1	1730,3	1460,7	1591,9	1413,8	1047,0	1133,0
Seine-Inférieure	583,8	588,1	563,0	584,0	568,2	381,7	412,2	899,7	306,0	248,8	273,7	108,4
Seine-et-Marne	514,0	515,0	514,1	516,4	514,0	264,0	255,1	205,9	284,1	292,4	319,2	193,0
Seine-et-Oise	740,0	743,3	735,4	735,2	731,0	376,7	492,8	220,3	319,8	343,4	437,7	259,0
Sèvres (Deux-)	288,4	288,1	463,0	461,4	405,4	219,1	126,1	208,9	015,8	187,3	146,5	93,8
Somme	674,4	680,0	020,3	690,3	619,8	227,2	286,8	275,0	235,2	307,4	280,0	100,9
Tarn	435,0	339,4	334,4	334,3	334,3	167,1	196,5	190,5	174,4	188,3	161,4	103,4
Tarn-et-Garonne	252,3	252,8	252,6	259,5	252,5	206,0	223,8	171,6	212,0	167,2	168,8	112,0
Var	378,5	376,9	262,4	262,6	261,1	197,7	249,7	249,1	207,8	284,4	201,3	106,9
Vaucluse	130,0	456,0	153,0	153,5	153,5	378,6	273,0	318,0	375,2	303,6	300,9	130,8
Vendée	334,0	340,1	538,0	538,5	539,1	153,7	200,5	164,3	133,8	164,4	137,0	99,3
Vienne	352,3	353,3	383,7	383,7	384,4	217,0	108,6	197,7	182,0	171,8	140,0	94,0
Vienne (Haute-)	377,3	377,3	376,8	370,9	377,0	132,2	180,5	199,7	123,2	106,1	109,9	97,4
Vosges	204,0	290,4	284,3	284,5	284,4	236,1	210,7	192,7	155,5	144,6	136,6	88,8
Yonne	531,1	531,5	527,0	527,0	527,3	219,0	181,3	183,5	201,0	171,5	168,9	107,1
LONGUEURS & MOYENNES	35204,3	35813,4	37708,9	37917,7	37088,7	244,2	246,4	237,4	239,0	900,7	290,2	123,5

Dans certains cas, la circulation sur les routes devient considérable accidentellement ou d'une manière permanente : si l'accroissement est accidentel, on a recours au système d'entretien par aménagement, à l'aide de rechargements généraux cylindrés; si l'accroissement doit être durable, le pavage fournit la vraie solution; mais si des raisons étrangères à l'art de l'ingénieur obligent à conserver l'empierrement, on procède à des rechargements généraux cylindrés comme dans le premier cas.

M. l'inspecteur général Graeff a expérimenté l'entretien par aménagement sur les routes du Bas-Rhin et plus tard sur les routes les plus fréquentées du département de la Loire. La route nationale n° 88 de Lyon à Toulouse était parcourue, dans la traversée du département de la Loire, par 5 à 600 colliers vers 1835, par 946 colliers en 1851-52, par 2323 colliers, traînant 2469 tonnes, en 1856-57. L'ouverture, en 1859, du chemin de fer de Lyon à Saint-Étienne, qui longe en partie la route n° 88, réduisit ce tonnage : le recensement de 1863-64 n'a plus compté que 1575 colliers et 2046 tonnes.

Mais dans la nuit du 31 décembre 1860 au 1ᵉʳ janvier 1861, un écroulement partiel du tunnel de Terre-Noire interrompit le service de la voie ferrée, et jeta sur la route un tonnage énorme, qui atteignit subitement 5,400 tonnes.

L'usure de la chaussée empierrée se trouva croître plus rapidement que le tonnage :

$$349^{m.c} \text{ par kilomètre pour } 1,400 \text{ tonnes.}$$
$$2,337^{m.c} \text{ » pour } 2,300 \text{ tonnes.}$$
$$4,753^{m.c} \text{ » pour } 5,400 \text{ tonnes.}$$

Il fut reconnu que dans ces conditions la solution la plus économique et celle qui causait le moins de gêne au roulage consistait à opérer sur chaque section de route un rechargement d'ensemble tous les deux ans, en comprimant les matériaux à l'aide du rouleau compresseur, et à n'opérer dans les intervalles des rechargements qu'un menu entretien, n'employant que le quart du cube total des matériaux employés.

Quelques chiffres empruntés au mémoire inséré par M. Graeff aux Annales des ponts et chaussées pour 1865 montreront jusqu'où peuvent aller les pertes que l'industrie des transports subit lorsqu'une route importante est en mauvais état :

« En 1854 et 1855, la partie de la route n° 88 comprise entre Firminy et Saint-Étienne était en si mauvais état que le transport par tonne et par kilomètre y revenait à 0ᶠ,50, tandis qu'en 1858 déjà on ne le payait plus que 0,30 au maximum. Si l'on admet ce chiffre pour toute la route (et c'est ce qu'on peut faire hardiment, car entre Saint-Étienne et Rive-de-Gier elle n'était guère meilleure en 1856 qu'entre Saint-Étienne et Firminy), on voit qu'il y a par tonne et par kilomètre une économie de transport de 0ᶠ,20; si nous prenons le tonnage diurne moyen constaté par les comptages officiels de 1856-57 et qui est de 2500ᵗ, nous arrivons à un tonnage annuel de 912500ᵗ; la longueur de la partie empierrée de la route n° 88 était en 1856 de 20620ᵐ; l'économie étant de 0ᶠ,20 par tonne et par kilomètre, cela ferait pour toute la longueur une somme de 3,763,150ᶠ que l'industrie peut perdre ou gagner chaque année suivant le mauvais ou le bon état de cette route. »

La connaissance des méthodes efficaces pour l'entretien des routes empierrées a permis de réaliser des économies notables dans la construction. Il est devenu inutile, hors le cas particulier de très-mauvais sous-sol, de donner à la chaussée empierrée une fondation en grosses pierres brutes, comme le faisaient les Romains qui n'entretenaient pas, et comme on a continué de le faire jusqu'au siècle actuel; il est de même devenu généralement inutile de donner à la chaussée, constituée d'une couche unique de matériaux, une épaisseur de plus de 0ᵐ,20 à 0ᵐ,25 pour des routes très-fréquentées, de plus de 0ᵐ,15 à 0ᵐ,20 pour les autres.

La largeur de la chaussée peut être réduite dans la plupart des cas à 5 ou 6ᵐ, largeur suffisante pour que deux voitures se croisent sans danger, même en vitesse.

Le bombement qui dans les anciennes chaussées était fréquemment de $\frac{1}{24}$ de la largeur a pu être réduit à $\frac{1}{40}$ et au-dessous, ce qui permet aux voitures haut-chargées d'utiliser la totalité de la chaussée sans accident. L'écoulement des eaux bien assuré par un entretien soigné et continu de la chaussée et des fossés permet l'assèchement et le bon état des accotements qui peuvent être utilisés pour la circulation des voitures légères et pour le stationnement des voitures chargées.

C'est ainsi qu'avec de moindres largeurs et de moindres dépenses de construction, les routes exécutées pendant les cinquante dernières années satisfont à tous les besoins de la circulation.

CHAUSSÉES PAVÉES.

Les pavages en pavés d'échantillon n'ont qu'une importance très-secondaire dans l'ensemble de nos routes. Les progrès des méthodes d'entretien des voies empierrées ont permis d'éviter, dans la plupart des cas, la dépense considérable que comporte le premier établissement d'un pavage régulier. Mais il importe de rappeler que la dépense exagérée de premier établissement est le seul défaut du pavage, que c'est d'ailleurs un mode de chaussée très-supérieur à l'empierrement au point de vue de l'effort nécessaire pour la traction des véhicules. Voici, en effet, quelques coefficients de tirage constatés sur diverses natures de chaussées et relatifs à des roues ayant environ 1ᵐ,80 de diamètre (d'après le cours de Routes professé par M. l'ingénieur en chef Baron) :

	RAPPORT du tirage à la PRESSION	
Chaussée pavée, sèche, en très-bon état.	De 1/50	à 1/65
" en médiocre état.	1/13	1/50
" couverte d'un peu de boue.	1/18	1/40
Chaussée d'empierrement, en très-bon état, sèche.	1/20	1/40
" humide.	1/30	
" en médiocre état, flaches nombreuses.	1/32	1/24
" couverte de boue.	1/18	1/13
" couverte de boue, avec pierres mobiles.	1/12	1/9
Accotement sec et solide.	1/30	1/10
Accotement détrempé.	1/10	1/15
Chaussée rechargée de cailloux non pris.	1/40	1/5

Ce tableau montre dans quelles limites étendues varie l'effort de traction suivant la nature et l'état des chaussées, et par conséquent quelle importance économique s'attache aux questions qui nous occupent en ce moment. On y reconnaît notamment la grande supériorité des chaussées pavées en pierres d'échantillon sur les chaussées empierrées.

Il importe donc de conserver avec soin sur les routes les chaussées pavées qui s'y rencontrent, notamment dans les traverses des villes et villages, où elles ont, en outre, un incontestable avantage au point de vue de la propreté des rues et des maisons.

Nous emprunterons encore à M. Graeff des évaluations comparatives du prix de construction et d'entretien des pavages d'une part, des empierrements de l'autre.

« Pour le pavé d'échantillon ou pavé équarri, nous avons l'exemple de la traverse de Saint-Étienne, route n° 88, qui est pavée ainsi depuis 1857 et qui n'a coûté jusqu'ici que 0ᶠ·06 d'entretien par mètre carré, ce qui pour les 7 mètres de largeur fait 0ᶠ·42 par mètre courant.

« On doit admettre qu'une partie neuve dure au moins dix ans sans relevé à bout, car jusqu'ici les réparations de la traverse de Saint-Étienne n'ont consisté qu'en repiquages, et elle a conservé entièrement son profil ; or, voilà sept ans qu'elle est battue par une circulation énorme ; il n'y a donc rien d'exagéré à fixer à dix ans la période du relevé à bout. Ce relevé coûterait 4 francs par mètre carré, soit 28 francs par mètre courant de chaussée ; le prix annuel d'entretien des chaussées de pavés d'échantillon s'établit donc ainsi qu'il suit :

> Relevé à bout — un dixième de 28 fr., soit. 2ᶠ,80
> Menu entretien. . . . . 0 ,42
> _____
> Total. 3ᶠ,22

Quant à la dépense de premier établissement, le prix moyen du mètre quarré de pavés d'échantillon (0ᵐ,12 à 0ᵐ,15 de largeur, 0ᵐ,16 à 0ᵐ,18 de queue, avec une couche de sable de 0ᵐ,20 à 0ᵐ,25 d'épaisseur) est à Saint-Étienne de 13 francs, ce qui met le prix du mètre courant de chaussée de 7 mètres de largeur moyenne à 91 francs. Il faut donc au prix précédent ajouter les intérêts de 91 francs, soit 4ᶠ·55, ce qui donne, en définitive, pour la charge annuelle correspondant à un mètre courant de chaussée pavée, 3ᶠ·22 plus 4ᶠ·55, ou 7ᶠ·77.

Comparons cette dépense à celle qu'exige une chaussée empierrée sur une route à fréquentation exceptionnelle comme la route n° 88 et la section de la route n° 82 comprise dans l'arrondissement de

Saint-Étienne. C'est une longueur de 72,281 mètres qui absorbe un crédit annuel de 250,000 francs, ce qui donne une dépense d'entretien par mètre courant de 3 $^{fr.}$ 44.

Le premier établissement pour une chaussée de 7 mètres de largeur, 0^m,25 d'épaisseur normale, exige 1^m,75 de matériaux par mètre courant, et comme le mètre cube employé au cylindre coûte environ 10 francs, cela fait une somme de 17 $^{fr.}$ 50 par mètre courant; l'intérêt de cette somme est de 0 $^{fr.}$ 88, ce qui met la dépense totale à 4 $^{fr.}$ 32.

Il y a donc un avantage notable à adopter l'empierrement chaque fois qu'on le pourra, si l'on considère l'ensemble des deux routes, puisque le pavé coûte 7 $^{fr.}$ 77.

Si l'on ne considère que la route n° 88, qui est de beaucoup la plus fréquentée, l'avantage se réduit : adoptant pour cette route le crédit normal d'entretien des empierrements fixé plus haut à 140,000 francs, sa longueur étant de 26,862 mètres, on a par mètre courant. . . . . 5 $^{fr.}$ 21

A ajouter, comme ci-dessus, l'intérêt du capital de premier établissement. 0 88

Total . . . . 6 $^{fr.}$ 09

« On voit que ce chiffre diffère beaucoup moins que le précédent de celui de 7 $^{fr.}$ 77 qui représente le pavé d'échantillon. Ce dernier mode de construction doit donc évidemment être réservé aux traverses, dans lesquelles l'empierrement serait trop gênant et s'élèverait peut-être aux mêmes dépenses, attendu que le chiffre de 6 $^{fr.}$ 09, trouvé plus haut, résulte de la moyenne de toute la route et qu'il serait certainement plus élevé dans une traverse où la fréquentation serait plus grande que la fréquentation moyenne de la route entière..... »

C'est dans les grandes villes et notamment à Paris qu'il faut apprécier toute l'importance des chaussées pavées.

VOIES PUBLIQUES DE PARIS.

Nous avons laissé de côté jusqu'ici les voies publiques de Paris, qui forment un réseau fort développé : les conditions de leur établissement et de leur entretien sont toutes particulières et méritent un examen spécial.

On peut dire que jusque dans la seconde moitié du xviiie siècle il n'existait pas de rues larges dans la capitale. De grands projets d'amélioration firent l'objet de lettres patentes du 21 avril 1769 et de l'édit de septembre 1786. Ce dernier autorisait la ville à faire un emprunt de 30 millions ; mais les troubles qui suivirent vinrent interrompre ces travaux. La suppression des droits d'entrée à Paris en 1789 entraîna la désorganisation du service du pavé de Paris, qui fut mis à la charge de la ville, mais qui, de fait, fut à peu près complètement abandonné jusqu'en 1797, époque à laquelle fut promulguée la loi relative à la taxe d'entretien. Par assimilation aux routes, le pavé de Paris fut entretenu avec les deniers provenant de l'application de cette loi ; après la suppression de la taxe les dépenses furent prélevées sur le fonds commun affecté aux routes et ponts. Un décret du 7 fructidor an XII attribua au corps des ponts et chaussées le service des voies publiques de Paris.

En 1826, par arrangement entre l'État et la ville de Paris, les voies publiques dans l'enceinte de la ville furent distinguées en traverses de routes royales, dont l'entretien resta à la charge du Trésor, et en voies municipales proprement dites, dont la ville eut à faire les frais d'entretien. Les dépenses de l'État, qui s'élevèrent annuellement à 360,000 francs dans les premières années, s'accrurent ensuite jusqu'à 683,000 francs en 1848. Celles de la ville éprouvèrent une augmentation plus grande encore : de 500,000 francs dans la période 1832-1837 elles passèrent au chiffre annuel de 1,200,000 francs de 1843 à 1848.

En 1849 la gestion complète des voies publiques dans Paris a été confiée à la ville : l'État intervient par une quote part qui a varié, et dont le maximum est à présent de 3 millions par an, somme inférieure à la moitié de la dépense.

Nous emprunterons une grande partie des renseignements qui suivent à une notice rédigée à l'appui du budget municipal de l'exercice 1878 par M. l'inspecteur général Alphand, qui a pris une si grande part à l'œuvre colossale du Paris nouveau.

La ville de Paris a toujours fait exécuter de grandes opérations de voirie pour l'amélioration et le développement des voies publiques. Il faut, en effet, que le nombre et les dimensions de ces voies répondent à l'accroissement de la circulation, conséquence de l'augmentation du nombre des habitants. Dans les quartiers où la valeur des terrains a fait disparaître les grandes cours et les jardins pour les remplacer par des agglomérations de maisons élevées, il faut aussi créer de vastes places, formant réservoirs d'air.

C'est ainsi que de beaux et utiles percements, comme celui de la rue de Rambuteau, ont été exécutés antérieurement à 1852. Mais, à cette époque, le développement des chemins de fer rayonnant autour de Paris a créé de tels besoins pour la circulation qu'il a paru nécessaire de ne plus se borner à des opérations de voirie constituant des améliorations partielles, sans aucun plan d'ensemble. Il a fallu adopter un plan général, mûrement étudié, en vue de satisfaire aux besoins actuels et à ceux de l'avenir, qu'il était facile de prévoir.

Le système adopté consistait à tracer dans Paris un réseau de grandes artères, destinées à relier entre eux les principaux quartiers, en y portant l'air et la lumière, de manière à desservir les grands courants de circulation tout en divisant la surface entière du réseau en mailles à peu près égales, et cela pour des motifs stratégiques.

Ce réseau a été étendu dans les quartiers excentriques réunis à Paris par la loi de 1859, bien qu'il n'y eût pas à donner satisfaction aux mêmes besoins de circulation et d'aération.

Fig. 63. — VOIE PUBLIQUE A PARIS. — Rue de Rivoli.

Deux motifs principaux ont déterminé l'adoption de cette dernière mesure et la priorité donnée à quelques percements excentriques. Du moment que ces voies nouvelles étaient reconnues nécessaires à l'ensemble du réseau, il était plus sage de les exécuter tout de suite, alors qu'on pouvait le faire sans obstacle et à peu de frais, sur des terrains à peu près nus, que d'attendre que le sol qu'elles devaient occuper fût couvert de constructions. Puis les percements dans le centre de Paris devant entraîner de nombreuses démolitions de maisons, il était indispensable, avant de chasser la population de ses anciens logements, de lui créer de nouveaux abris, sur des voies publiques nouvelles, appelées à se border rapidement de constructions appropriées à tous les besoins.

Fig. 64. — VOIE PUBLIQUE A PARIS. — Boulevard de Sébastopol.

Les principes qui ont dirigé les auteurs du plan de Paris peuvent se résumer ainsi :

Presque toutes les rues de Paris étant perpendiculaires ou parallèles à la Seine, et ces voies étant trop étroites dans le centre, il a fallu d'abord remédier à ce défaut par la création de voies suivant une direction analogue, telles que la rue de Rivoli (fig. 63), les boulevards de Sébastopol (fig. 64) et Saint-Michel, la rue Réaumur, etc.

Mais ces nouvelles voies étant elles-mêmes insuffisantes, on y a ajouté un certain nombre de voies diagonales abrégeant les longs parcours.

On aurait pu, au lieu de percer des voies nouvelles, élargir les anciennes rues, surtout dans le centre de Paris. Ce mode d'opérer a été écarté par les motifs suivants : l'élargissement d'une voie bâtie est toujours une opération très-dispendieuse, en raison de la situation des terrains et des constructions à acquérir ; c'est l'opération qui porte le trouble dans le plus grand nombre d'industries ; si l'on peut ainsi rectifier et élargir une rue, on ne peut pas en modifier radicalement les pentes ; enfin, en enlevant à des propriétés bâties et disposées le plus convenablement possible sur un sol donné, une portion notable du terrain, on amène les propriétaires, pour tirer parti du terrain et des constructions qui leur restent, à adopter de mauvaises dispositions, au point de vue de la salubrité aussi bien que de la commodité des habitations. En perçant, au contraire, de nouvelles voies, on assure une plus-value considérable à des terrains de fond d'une moindre valeur ; on est libre du profil à donner à la voie, et on livre à la construction d'anciennes cours ou des jardins sur lesquels peuvent s'édifier des maisons salubres et suffisamment vastes pour satisfaire à tous les besoins des habitants.

Les nouveaux percements ont été faits, autant que possible, en ligne droite ; en général, leur profil longitudinal a été disposé de telle sorte que de chaque extrémité et de tous les points de leur parcours, toute la chaussée soit visible. Cette condition de la visibilité, outre la beauté du coup d'œil, avait aussi un motif stratégique ; mais elle a été souvent très-difficile à remplir et a entraîné d'énormes terrassements, des raccords brusques et parfois défectueux avec les voies rencontrées. Elle a donné lieu, d'ailleurs, à des demandes d'indemnités considérables, pour les immeubles déchaussés ou enterrés.

En somme, si le système des alignements et des nivellements rectilignes a coûté fort cher à la ville et laisse à désirer sous le rapport de la variété pittoresque, il présente de grands avantages au point de vue de la facilité et de la rapidité des communications, ainsi que sous le rapport stratégique.

Il fut fait une large place aux chaussées empierrées dans l'œuvre nouvelle ; mais on s'aperçut bien vite qu'avec les énormes circulations des grandes voies de Paris, l'entretien convenable des empierrements atteint des chiffres très-élevés : jusqu'à 16 francs par an et par mètre superficiel, par exemple, dans la rue La Fayette, parcourue par 10630 colliers à forte charge.

Dans le but de diminuer la dépense annuelle des chaussées de Paris, une décision ministérielle du 9 avril 1861 prescrivit de réduire sur les boulevards et avenues, les empierrements ayant 16 mètres de largeur à 7 mètres seulement, compris entre deux revers pavés de 4^m,50 de largeur, — de supprimer l'empierrement dans les voies de moindre dimension (rues ordinaires) et de substituer le pavage aux empierrements sur tous les ponts. — Elle invitait la ville à encourager les systèmes propres à rendre les chaussées moins sonores et le roulage plus doux, surtout pour les voitures au trot. On a réalisé en partie ces améliorations en substituant au gros pavé cubique de 0^m,23 de côté, des pavés d'un échantillon plus faible, et en essayant sur quelques points le pavage en bois et les chaussées construites en asphalte comprimé.

Les chaussées pavées occupent à Paris une superficie de 5,820,400 mètres carrés. La dépense inscrite au budget de 1877 pour leur entretien s'élève à 2,813,270 francs, soit 0^f,48 par mètre superficiel. L'entretien comprend d'une part des relevés à bout dans lesquels on refait à neuf la chaussée, de l'autre des réparations effectuées chaque jour par des ateliers spéciaux et appelés repiquages.

Originairement on ne se servait à Paris que des pavés provenant des carrières de Fontainebleau, et offrant peu de résistance. On leur a substitué des grès plus compactes de la vallée de l'Yvette ; la résistance de ces derniers est devenue elle-même insuffisante à raison de l'accroissement considérable de la circulation. On a dû alors recourir à des pierres de provenances éloignées et d'une grande dureté : des porphyres de Belgique, des arkoses d'Autun, des grès durs de la Manche, de la Mayenne et des Vosges.

Les pavages anciens de Paris étaient exclusivement formés de pavés cubiques de 0^m,23 de côté ; mais ces pavés, sous l'influence d'une forte circulation, s'arrondissant rapidement, donnaient en peu de temps des chaussées d'un parcours fatigant. On leur a substitué un pavé de plus petit échantillon, offrant une surface plus unie. On a admis d'abord des pavés parallélipipédiques ayant en surface 0^m.16 et 0^m,23 de queue ; puis on est arrivé à l'échantillon qui constitue aujourd'hui la très-grande généralité des pavages des rues de Paris, échantillon représenté par un parallélipipède de 0^m,10 et de 0^m,16 de côté, et de 0^m,16 de hauteur. On obtient ainsi des surfaces plus glissantes pour les chevaux ; aussi les petits échantillons sont-ils employés sur les chaussées horizontales ou à faible pente, tandis que les gros pavés sont réservés pour les rues à pente rapide.

On a renoncé, à peu près complétement, à l'emploi des porphyres reconnus trop glissants et ayant d'ailleurs une provenance étrangère. Les pavés d'arkose ou de grès dur, de provenance française, sont surtout employés dans les rues très-fréquentées et à pente faible. Ces pavés sont d'un prix plus élevé que ceux de l'Yvette ; mais comme, d'une part, leur entretien est moins onéreux, et que, d'autre part, leur durée est beaucoup plus grande, ils sont, en définitive, moins coûteux. Un mètre carré de pavage de l'échantillon le plus habituellement employé de 0^m,10 et 0^m,16 revient tout compris — en grès de l'Yvette, à 14^f,61 ; en grès durs, à 19^f,37, et en porphyres et arkoses, à 21^f,00.

La superficie des chaussées empierrées, notablement inférieure à ce qu'elle était de 1860 à 1865, est de 1,808,200 mètres carrés. La dépense portée au budget de la ville est de 3,802,000 francs, ce qui fait ressortir le prix du mètre à 2^f,10. — L'entretien est assuré par un personnel de 965 cantonniers.

Dans l'origine, l'entretien des empierrements de Paris se faisait, comme sur les routes ordinaires, au moyen d'emplois partiels des matériaux. Ceux-ci étaient portés des dépôts sur la chaussée à réparer, et répandus sur la surface de cette chaussée par les cantonniers stationnaires. Ce mode d'opérer avait de très-graves inconvénients ; il en résultait une gêne continue pour la circulation ; les matériaux disséminés en partie par les voitures, ou les pieds des chevaux, sur toute l'étendue de la chaussée, étaient pulvérisés en pure perte ; enfin, on n'arrivait jamais ainsi à obtenir ces surfaces unies, si appréciées pour la facilité du roulage.

Les plaintes dont ce mode d'entretien a été l'objet, ainsi que la nécessité de réduire la consommation des matériaux ont conduit l'administration à lui substituer le système des rechargements généraux.

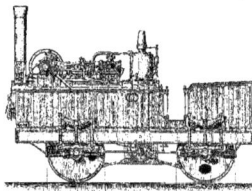

Fig. 65. — CYLINDRE COMPRESSEUR A VAPEUR. Élévation.

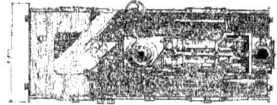

Fig. 66. — CYLINDRE COMPRESSEUR A VAPEUR. Plan d'ensemble.

On laisse le profil des chaussées s'user parallèlement, et quand le moment est venu de reconstituer la couche perdue par l'usure, on procède à un rechargement général. Les matériaux neufs sont répandus d'une manière uniforme sur l'aire de la chaussée, laquelle a été repiquée avec soin ; puis cette couche de matériaux, dont l'épaisseur varie de 0^m,06 à 0^m,15, suivant l'usure de la chaussée, est cylindrée à l'aide d'un rouleau compresseur.

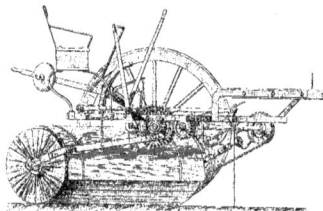

Fig. 67. — MACHINE BALAYEUSE A TRACTION DE CHEVAL, système Suhy. Élévation.

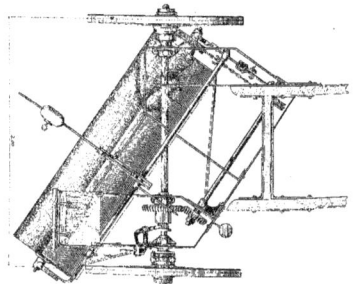

Fig. 68. — MACHINE BALAYEUSE A TRACTION DE CHEVAL, système Suhy. Plan.

Depuis quelques années les cylindres traînés par des chevaux et dont le poids atteignait avec la charge 8 à 9,000 kilos, ont été remplacés par des compresseurs à vapeur (fig. 65 et 66). Ils sont formés de 2 cylindres en fonte, pesant avec la surcharge 28 à 30 tonnes, mis en mouvement par une même machine motrice.

Ils marchent avec une égale facilité en avant et en arrière; ils se dirigent par la divergence des essieux des cylindres et peuvent tourner dans une courbe de 13 à 14 mètres de rayon. Le travail du cylindre mû par la vapeur n'est guère plus économique que celui des cylindres à traction de chevaux, mais il opère la liaison des matériaux beaucoup plus rapidement, et c'est là un très-grand avantage dans une ville comme Paris.

On lave fréquemment les chaussées pour aider à la conservation de leur profil. Tous les cinq ou six jours, de grand matin, on verse de l'eau en abondance puis on balaye ensuite toute la surface (fig. 69 et 70). Ce balayage est fait soit par les cantonniers, munis de balais-brosses ou de balais de piazzava (crin

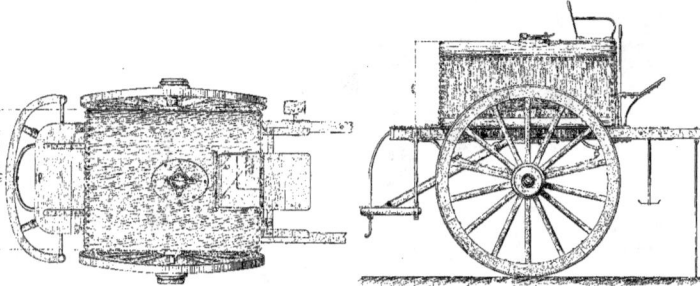

Fig. 69 et 70. — TONNEAU D'ARROSEMENT A TRACTION DE CHEVAUX, système Soly (Contenance 1 200 litres)

végétal), soit à l'aide de balayeuses mécaniques (fig. 67 et 68). Une balayeuse traînée par un cheval fait la besogne de dix hommes.

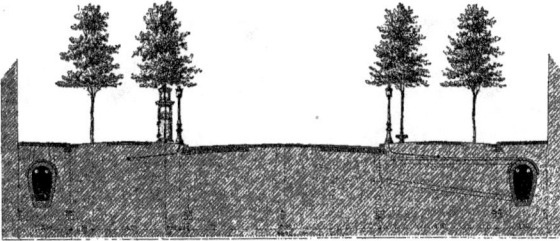

Fig. 71. — VOIE PUBLIQUE DE PARIS. — Avenue de la Reine-Hortense.

Les matériaux employés pour l'entretien des chaussées diffèrent suivant le degré de fréquentation de chacune d'elles, qui est très-variable.

De 1850 à 1859 la circulation avait presque doublé; par exemple, sur le boulevard des Capucines où elle était en 1850 de 9,070, elle était en 1859 de 22,742 colliers.

Le nombre des voitures de toute nature existant à Paris a varié comme il suit :

	1850	1856	1858	1859
Voitures	21.690	37.374	38.491	38.763
Colliers.	pas de recensement spécial.	52.217	55.943	56.311

De 1859 à 1863 la circulation a augmenté d'un quart.

Le relevé des dernières opérations de recensement de la circulation montre que sur le point où la circulation est le plus considérable, le boulevard des Capucines, elle est en moyenne par jour de 19,043 voitures, et de 23,786 chevaux.

On emploie sur les chaussées peu fréquentées le caillou (silex) coûtant 7^f,50 par mètre cube ; la

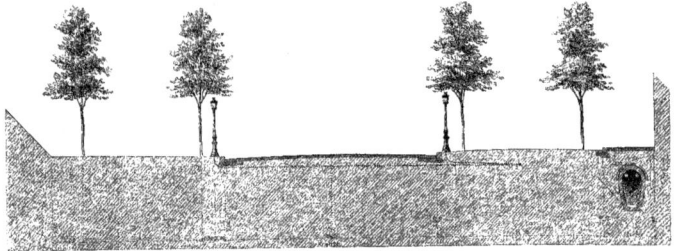

Fig. 72. — VOIE PUBLIQUE DE PARIS. — Route Militaire.

meulière compacte, qui revient à 18^f,66 le mètre cube, sert pour les voies d'une fréquentation moyenne ; enfin, le porphyre de Voutré (Mayenne), qui vaut 26^f,00 le mètre cube, est réservé pour les voies à grande circulation.

Fig. 73. — VOIE PUBLIQUE DE PARIS. — Boulevard des Batignolles.

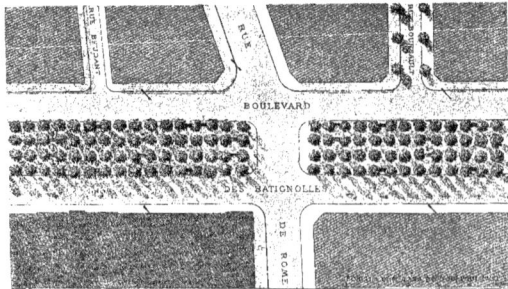

Fig. 74. — VOIE PUBLIQUE DE PARIS. — Plan du Boulevard des Batignolles.

Les dépenses d'entretien des principales voies de Paris sont d'ailleurs très-variables et très-élevées. La forme et le poids des véhicules qui parcourent chaque rue est un des principaux éléments de l'usure des chaussées empierrées. Ainsi la rue La Fayette, avant son convertissement, coûtait 16^f.08 par mètre carré, avec une circulation de 10,630 colliers, tandis que le boulevard des Capucines, où circulent 23,786 colliers, exige une dépense d'environ 12 francs seulement.

Les chaussées empierrées, malgré tous les soins dont elles sont l'objet, étant à certains moments très-

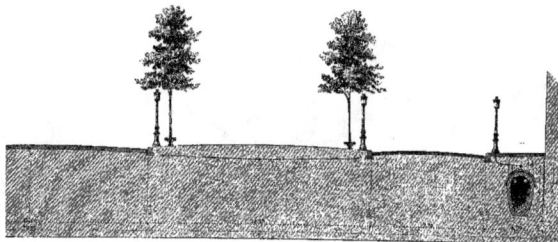

Fig. 75. — Voie publique de Paris. — Moitié de l'Avenue de la Grande-Armée.

incommodes pour les piétons, on a eu recours à l'asphalte pour créer des chaussées présentant tous les avantages de l'empierrement, sans en avoir les inconvénients.

Une chaussée en asphalte se compose d'une couche bien pilonnée de béton de $0^m,10$ d'épaisseur, dressée

Fig. 76. — Voie publique de Paris. — Moitié du Boulevard d'Italie.

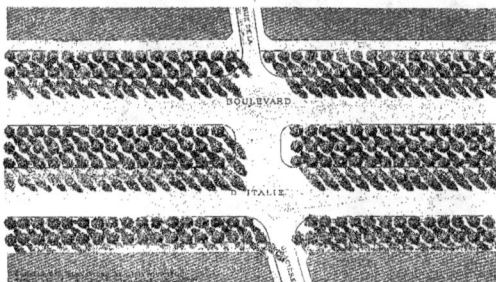

Fig. 77. — Voie publique de Paris. — Plan du Boulevard d'Italie.

suivant le bombement qu'on veut donner finalement à la chaussée ; cette couche de béton est recouverte d'un enduit en mortier, et au bout de quatre ou cinq jours, quand l'ensemble a acquis un degré de consistance suffisant, on procède à l'application d'une couche d'asphalte de $0^m,04$ d'épaisseur.

La couche de béton est souvent remplacée par une couche de vieux bitume ; cela est même indispensable lorsqu'on veut opérer dans la saison des pluies, où la prise du béton serait trop lente. Dans les voies très-fréquentées il faut donner au béton environ o^m,15 d'épaisseur et à l'asphalte o^m,05 à o^m,06.

Fig. 79. — GRILLE EN FONTE
servant à garantir le pied des arbres.

Fig. 78. — VOIE PUBLIQUE DE PARIS. Profil suivant l'axe
de la voie.

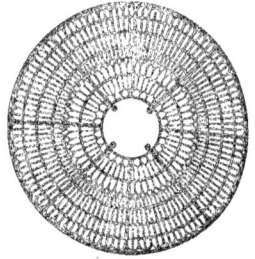

Fig. 80. — CHASSE-ROUE.
Élévation.

Fig. 81. — CHASSE-
ROUE. Plan.

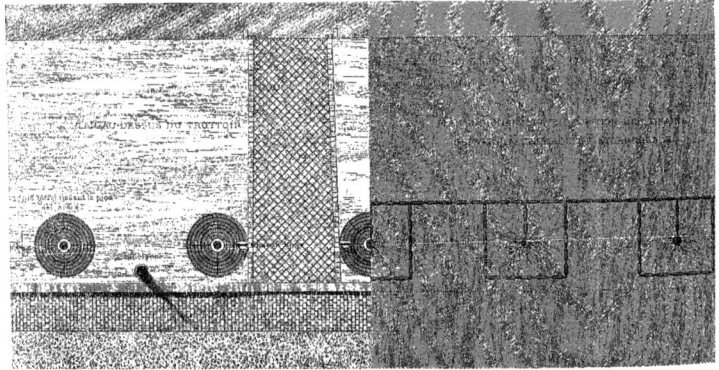

Fig. 82. — VOIE PUBLIQUE DE PARIS. Plan au-dessus du trottoir.

Fig. 83. — Plan indiquant la disposition des drains servant à l'aérage et à l'arrosage.

La matière première était tirée précédemment des mines de Seyssel et de Pyrimont, dans la vallée du Rhône ; ces mines fournissent un calcaire imprégné de bitume, et qui en contient de 10 à 12 pour 100. On donne aujourd'hui la préférence aux asphaltes provenant des mines du Val de Travers.

La roche est amenée à Paris, dans les ateliers de la Compagnie générale des asphaltes ; là, elle est réduite en poudre par des broyeurs mécaniques, puis chauffée dans des appareils spéciaux, jusqu'à 100 et 140 degrés. Cette poudre, après avoir perdu par la chaleur l'excès d'eau qu'elle contient, est chargée dans les voitures et portée à pied d'œuvre. Elle est alors répandue sur l'aire en béton, par couches de 4 à 6 centimètres, suivant l'importance des rues ; on la comprime ensuite fortement, à l'aide de pilons en fer ou de rouleaux en fonte, et de la sorte l'on reconstitue, pour ainsi dire, la roche primitive.

Ce genre de chaussées, aussi peu sonores que les empierrements, ne produisant ni boue ni poussière, est très-recherché dans les quartiers de luxe. Il rend de grands services aux abords des administrations publiques, des édifices religieux et des établissements scolaires, où le bruit des voitures serait fort gênant.

Les chaussées en asphalte ont toutefois l'inconvénient de devenir très-glissantes pour les chevaux par les temps de brouillard et de pluie fine ; aussi exigent-elles un nombreux personnel de cantonniers stationnaires chargés de les entretenir, en toute saison, en parfait état de propreté et de faire, le cas échéant, les opérations de lavage et de répandage de sable nécessaires pour empêcher le glissement. Ce sable est déposé le long des voies principales, dans de petits caveaux ménagés sous les trottoirs et fermés par des plaques en tôle.

Le prix de revient de premier établissement des chaussées en asphalte varie, suivant l'épaisseur de la couche, de 15 à 18 francs par mètre carré.

La surface des chaussées en asphalte est de 240,550 mètres, non compris les passages pour les piétons à travers les chaussées d'empierrements, qui présentent une surface de 30,900 mètres carrés.

L'entretien en est fait à l'entreprise, en toute forfait à raison de $1^{fr.}$ 10 par an le mètre carré de chaussée et $1^{fr.}$ 70 par mètre superficiel de passage pour piéton.

Les trottoirs forment un indispensable accessoire des voies publiques d'une ville. A Paris ils sont formés d'une bordure de granit et d'un dallage en granit qui coûte $23^{fr.}$ 20 le mètre carré, ou d'un revêtement asphalté qui coûte $5^{fr.}$ 70 le mètre carré.

Les trottoirs ou contre-allées en granit occupent une surface de.   638.100 $^{m.q.}$
Les trottoirs bitumés. 2.050.000
Les trottoirs revêtus d'un pavage. 207.100
Ceux enfin qui sont sablés. 1.683.500

Le prix moyen d'entretien des trottoirs en granit est de $0^{fr.}$ 10 par mètre carré. L'entretien des trottoirs en bitume est payé à forfait à l'entreprise, à raison de $0^{fr.}$ 32 par mètre carré. On refait à neuf chaque année $\frac{1}{12}$ de la superficie totale.

Les trottoirs et les contre-allées des voies de plus de 20 mètres de largeur (fig. 71 à 77) sont ornés de plantations pour l'établissement desquelles la ville fait les plus grands sacrifices. Les arbres sont plantés dans des tranchées continues de 3 mètres de largeur remplies de terre végétale. Pour faire arriver l'eau aux racines des arbres, on ménage à leur pied une vaste cuvette qu'on recouvre d'une grille en fonte pour que le sol reste toujours perméable (fig. 78 à 83). En outre, un système général de drains, qui enveloppent les arbres et sont reliés entre eux par un drain collecteur, permet d'arroser les racines qui s'écartent du tronc. Les mêmes drains sont disposés de façon à servir à l'assainissement pendant l'hiver et au moment des pluies abondantes.

Pour arrêter les effets délétères des fuites de gaz, on a obligé la Compagnie concessionnaire de l'éclairage au gaz à envelopper ses conduites dans un drainage en cailloux et ses branchements dans des drains ordinaires mis en communication avec l'air extérieur. Cette disposition permet aux gaz de s'échapper et facilite la recherche des fuites par l'odeur qui se dégage des orifices ménagés au pied de chaque appareil où aboutit le branchement.

Ces dispositions extrêmement ingénieuses ont obtenu le succès désiré. Le prix ordinaire d'un arbre d'alignement s'élève à 175 francs ; mais cette dépense élevée est compensée par les avantages que tire des plantations la population d'une grande ville. Le nombre des arbres d'alignement était en 1877 de 82,200, composés en très-grande partie de platanes et de marronniers, arbres à larges feuilles, de bel ombrage et de beau port, qui ne sont pas attaqués par les insectes.

Les arbres d'alignement destinés aux voies nouvelles ou au remplacement des sujets dépérissants sur les voies anciennes sont enlevés avec leur motte et plantés au chariot [1]. Trois types de chariot sont en usage au service municipal de la ville de Paris.

Le petit chariot coûte 700 francs.

Le chariot à deux chevaux (fig. 84 à 87) revient à 1,100 francs.

1. Voir l'ouvrage intitulé : *Les Promenades de Paris*, où M. Alphand a condensé les éléments si variés de l'art charmant qu'il a su transformer par la sûreté de son goût et la largeur de ses vues.
J'extrais de cet ouvrage (page 45 à 48) les détails ci-dessous sur les conditions de la transplantation.

Le grand chariot, construit en dernier lieu, en fer et fonte, et à l'aide duquel on a transplanté à Paris les grands marronniers de la place de la Bourse et ceux de la place du Châtelet, coûte 8,500 francs.

Ils peuvent être classés, suivant la grosseur de la motte qu'ils ont à enlever, en trois catégories :

DIAMÈTRE des MOTTES.	DIAMÈTRE du TRONC.	HAUTEUR de L'ARBRE.	NATURE DU CHARIOT	NOMBRE de chevaux employés au transport.	PRIX DE LA TRANSPLANTATION en supposant un parcours de 3 à 4 kilomètres du lieu d'arrachage à celui de la mise en place.
de 0m80 à 1m00	de 0m05 à 0m08	de 6 à 10m	Petit chariot en bois avec treuils. . .	1	de 20 à 40f
de 1m00 à 1m30	de 0m10 à 0m20	de 6 à 12m	Chariot moyen en bois avec treuils. .	2 ou 3	de 40 à 75f
de 1m30 à 2m50	de 0m20 à 0m80	de 6 à 20m	Grand chariot en fer et fonte avec treuils et engrenage.	7 à 9	de 75 à 120f

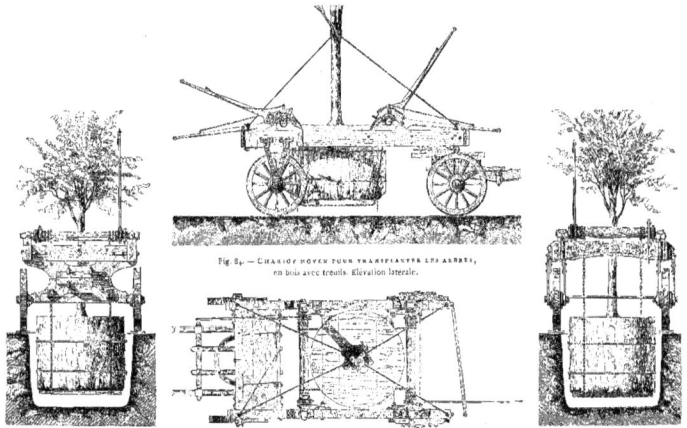

Fig. 84. — CHARIOT MOYEN POUR TRANSPLANTER LES ARBRES, en bois avec treuils. Élévation latérale.

Fig. 85. — Élévation de l'avant-train.   Fig. 86. — PLAN DU CHARIOT. Échelle, 0m,02 par mètre.   Fig. 87. — Élévation de l'arrière-train.

Les proportions de la motte varient, du reste, notablement, selon le diamètre, la hauteur et l'essence de l'arbre à transplanter, et suivant la nature du sol qui doit le recevoir. Pour assurer la réussite de la transplantation, il faut, en général, conserver autant que possible les racines, celles-là surtout qui présentent le plus de parties chevelues. Il est nécessaire, en conséquence, de donner à la motte toute l'ampleur que l'on peut obtenir. Pour les arbres à feuilles caduques, la dimension des mottes peut varier de 0m,80 à 2m,50, selon le diamètre et l'âge des arbres. A l'égard des arbres à feuilles persistantes, dont les racines se reforment moins facilement, il faut toujours, pour en favoriser la reprise, quelle que soit d'ailleurs la force de ces arbres, de très-grosses mottes de près de 2 mètres de diamètre au minimum.

La cavité préparée pour recevoir l'arbre doit toujours être garnie de bonne terre, convenablement tassée, et humectée au fur et à mesure qu'elle est jetée dans la fouille.

L'arrosage, qui sur les routes ordinaires est forcément limité par des questions d'économie, et n'a guère d'autre objet que la reprise de matériaux d'empierrement, a au contraire une grande importance dans l'entretien des voies publiques de Paris. Il se fait à l'aide de tonnes, et, de plus en plus, pour les voies principales, à l'aide de lances vissées au bout de tuyaux rigides en tôle plombée et bitumée intérieurement, réunis par des raccords en cuir et portés sur des roulettes (fig. 88 à 95); ces tuyaux se terminent par une manche en cuir de 0m,50 de longueur, portant le raccord qui se visse sur la bouche d'arrosage en relation avec la canalisation souterraine de la ville.

La manche d'arrosage ainsi formée a 13^m,50 de longueur et coûte moins de 6 francs le mètre courant.

Elle est manœuvrée par un seul cantonnier.

Au bois de Boulogne, en cinq heures, un cantonnier arrose trois fois la chaussée et une fois les trottoirs, sur l'étendue d'un canton de 4,500 mètres carrés.

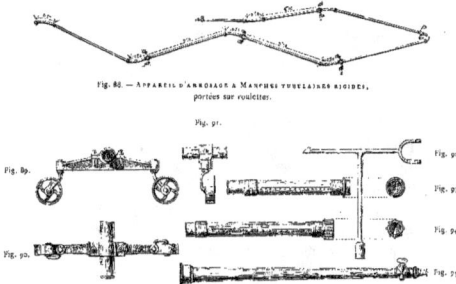

Fig. 89. — Appareil d'arrosage a Manches tubulaires rigides, portées sur roulettes.

Fig. 91.

Fig. 89. — Support en fonte avec roulettes, vu de face. Fig. 90. — Support, vu en dessus. Fig. 91. — Support, vu de côté. Fig. 92. — Clef de fer.
Fig. 93. — Raccord en cuir se vissant à la lance. Fig. 94. — Raccord en cuir se vissant au robinet. Fig. 95. — Lance en cuivre.

L'arrosage à la lance coûte dans ce cas un demi-millime par mètre carré et par jour d'arrosage (la canalisation étant comptée en dehors, ainsi que la valeur de l'eau). Une lance, en tenant compte du temps perdu par suite du passage des voitures et des déplacements, débite 1 litre par seconde; soit 18 000 litres par cinq heures. Elle répand alors par mètre carré 3^{lit},6.

L'établissement d'un réseau de routes dans une ville comporte un ensemble de conduites à ciel ouvert ou couvertes pour l'écoulement des eaux météoriques, des eaux d'arrosage, des eaux ménagères, des eaux industrielles. Dans certaines villes, à Londres par exemple, les produits solides et liquides des cabinets d'aisance sont également déversés dans ce même système d'égouts.

A Paris, un réseau primitif a été remplacé par un nouveau conçu et réalisé d'après un plan d'ensemble dont la réussite a été complète; ce grand travail souterrain soutient la comparaison avec les œuvres de la surface. La description de ce réseau nous éloignerait de notre sujet principal : on trouvera d'ailleurs tous les détails désirables à cet égard dans la partie du présent ouvrage qui traite des rivières et canaux.

CHEMINS VICINAUX.

Le gouvernement de la France ne s'était jamais occupé avant la fin du xviiie siècle de constituer un système de chemins de second ordre : l'établissement des grandes routes absorbait ses ressources, et c'est à elles qu'il appliquait la corvée des grands chemins, rendue si lourde par l'existence d'innombrables privilèges et exemptions d'impôt. D'ailleurs le gouvernement central ne pouvait exercer son action directe sur les communes rurales qui, sur une grande partie du territoire, dépendaient soit des états provinciaux, soit des seigneurs féodaux.

Mais aussitôt que l'agriculture put élever la voix au sein d'une représentation nationale permanente, il fut reconnu nécessaire et urgent de constituer un réseau secondaire de voies de terre desservant toutes les communes, entretenues par les localités intéressées, protégées par des dispositions légales. L'acte de naissance de notre réseau vicinal, cet heureux complément du réseau de grande voirie, cette source féconde de prospérité nationale, se trouve dans la loi du 6 octobre 1791 qui a mérité le titre de Code rural. Cette loi établit[1] que les chemins reconnus par le directoire de district pour être nécessaires à la communication des paroisses seront rendus praticables et entretenus par les communes sur les territoires

1. Voir le *Traité pratique de la voirie vicinale*, par M. Guillaume, docteur en droit, chef du bureau au Ministère de l'Intérieur.

desquelles ils sont établis. Elle ajoute qu'il pourra y avoir à cet effet une imposition au marc le franc de la contribution foncière. Elle veut que, sur la réclamation d'une des communes ou sur celle des particuliers, le directoire du département, après avoir pris l'avis de celui du district, ordonne l'amélioration des mauvais chemins, afin que la communication ne soit interrompue dans aucune saison, et en fixe la largeur. Elle décide, en outre, que les dommages causés aux propriétés riveraines par le passage des voyageurs qui les auraient décloses, lorsque les chemins publics étaient impraticables, seront à la charge de la commune.

Aux termes de l'arrêté du Directoire exécutif, en date du 23 messidor an V (11 juillet 1797), l'administration centrale, dans chaque département de la République, devait faire dresser un état général des chemins vicinaux, constater leur degré d'utilité, désigner ceux qu'il y avait lieu de conserver et prononcer la suppression de ceux reconnus inutiles. L'arrêté ordonnait que l'emplacement de ces derniers chemins fût rendu à l'agriculture.

La loi du 11 frimaire an VII (1er décembre 1798) faisait figurer les dépenses des chemins vicinaux parmi les dépenses communales.

L'arrêté consulaire du 4 thermidor an X (23 juillet 1802) énonce pour la première fois le principe de la *prestation en nature*, bravant les souvenirs de l'ancienne corvée en présence de la nécessité d'obtenir les moyens pratiques d'exécution des mesures précédemment édictées. Cet arrêté rappelle que les chemins vicinaux sont à la charge des communes, et prescrit aux Conseils municipaux d'émettre leur vœu sur le mode qu'ils jugeront le plus convenable pour la réparation de ces chemins et de proposer à cet effet l'organisation qui leur paraîtra devoir être préférée pour la prestation en nature.

Toutes ces dispositions légales n'avaient posé que des principes et n'avaient pas créé un organisme, comprenant la direction, l'exécution, le contrôle, le règlement des travaux à faire ainsi annuellement sur tous les points du territoire. La loi du 28 juillet 1824 édicta la première un ensemble de règles concernant l'établissement et l'entretien des chemins vicinaux ; mais elle n'établissait pas un personnel spécial, et ainsi l'exécution était laissée entièrement à la disposition des maires de campagne, souvent peu compétents, mal secondés, n'ayant pas d'ailleurs les loisirs nécessaires pour une surveillance incessante. On a vu en beaucoup de communes les excellents effets de la direction et du contrôle personnel et permanent d'un maire éclairé, actif, payant d'exemple par dévouement au bien public. Ce sont d'heureuses conditions, et aucun agent spécial, étranger à la commune, ne pourrait y rendre des services comparables à ceux que nous signalons ; mais le législateur n'a pas le droit de compter sur un tel effort de la part des magistrats municipaux ; il doit, en réservant soigneusement la place d'honneur à une aussi précieuse collaboration, prendre des mesures générales pour assurer en tout cas la marche du service et l'utile emploi des ressources.

Ce pas décisif a été franchi par l'art. 11 de la loi du 21 mai 1836, qui est encore le document législatif fondamental en matière de chemins vicinaux.

« Art. 11. Le préfet pourra nommer des agents voyers. Leur traitement sera fixé par le Conseil général. Ce traitement sera prélevé sur les fonds affectés aux travaux. Les agents voyers prêteront serment ; ils auront le droit de constater les contraventions et délits, et d'en dresser des procès-verbaux. »

De cette loi date l'organisation du service vicinal.

Elle renferme, en outre, toutes les dispositions nécessaires sur les ressources à créer pour les chemins vicinaux. En voici le résumé, d'après l'excellent traité de M. Guillaume, en tenant compte des modifications ultérieures.

Les ressources ordinaires comprennent :

1° Les revenus ordinaires des communes ;

2° Les centimes spéciaux, au nombre de cinq au plus, en addition au principal des quatre contributions directes ;

3° Les prestations en nature, dont le maximum est fixé à trois journées de travail.

Les ressources extraordinaires comprennent ;

1° Les trois centimes extraordinaires en addition au principal des quatre contributions directes, exclusivement affectés aux chemins vicinaux ordinaires. Ces centimes peuvent être votés par les Conseils municipaux, assistés des plus imposés (loi du 24 juillet 1867) ;

2° Une quatrième journée de prestations, autorisée par la loi du 11 juillet 1868 sous certaines conditions, pour remplacer les 3 centimes extraordinaires ;

3° Les impositions extraordinaires et les emprunts;

4° Les allocations sur le produit de la vente de biens, de coupes de bois, etc.

Enfin des ressources éventuelles considérables peuvent provenir des subventions spéciales ou industrielles pour réparation de dégradation (loi du 21 mai 1836, art. 14); de subventions départementales sur les centimes attribués au département, sur impositions extraordinaires ou sur emprunt; et des subventions de l'État sur les fonds créés par la loi du 11 juillet 1868.

Ces ressources ont suivi la progression que voici [1] :

Années.	Ressources appliquées à la vicinalité en millions de francs.	Années.	Ressources appliquées à la vicinalité en millions de francs.
1837	44,4	1867	108,0
1838	45,1	1868	152,5
1839	48,6	1869	154,4
1840	51,5	1870	149,7
1841	53,3	1871	145,8
5 années : 1842—46	297,3	1872	
Id. 1847—51	350,6	1873	
Id. 1852—56	388,8	1874	
Id. 1857—61	437,9	1875	163,7
Id. 1861—66	540,7		

De ces ressources, la plus intéressante à étudier, celle dont l'emploi exige le plus d'attention et de recherche, est celle des prestations.

M. Cambacérès, ingénieur en chef des ponts et chaussées, chargé d'organiser au ministère de l'intérieur le nouveau service vicinal à la suite de la loi de 1836, a publié un mémoire fort intéressant sur l'ancienne corvée et sur la prestation en nature. La défense de la prestation en nature, si souvent et si vivement attaquée comme un dernier vestige de la corvée et un lourd fardeau pour l'agriculture, y est très-bien présentée. Nous nous contenterons de résumer ici les principaux arguments en disant d'abord que la prestation pèse impartialement sur toutes les catégories de citoyens et ne blesse nullement nos justes susceptibilités égalitaires, et ensuite en indiquant avec M. Guillaume les différences essentielles sous le rapport de l'assiette, des charges et de la destination.

« En effet, les prestations atteignent sans distinction tous les habitants des villes et des communes rurales, tandis que la corvée pesait exclusivement sur les habitants des campagnes. Les prestations sont employées pour les chemins dont les prestataires se servent plus spécialement; la corvée était exigée pour les grandes routes, que les corvéables fréquentaient rarement. Elle comprenait annuellement un nombre de journées de travail variant de trente à quarante. Les prestations, dont le maximum, fixé d'abord, pour chaque année, à deux journées (1824), puis à trois (1836), pour s'élever jusqu'au chiffre de 4 journées (1868), ne peuvent dépasser ce chiffre. D'un autre côté, les corvéables se voyaient souvent dans la nécessité d'aller à des distances considérables et, par suite, de s'absenter de leurs villages jusqu'à 6 jours non interrompus. Les prestations, au contraire, s'exécutent soit dans la commune du prestataire, soit dans une commune voisine, sans jamais lui imposer un déplacement qui l'empêche de rentrer à sa maison lorsque sa journée est terminée. Enfin la corvée ne pouvait jamais être remplacée par le payement d'une somme d'argent, tandis que les prestations peuvent être acquittées en nature ou en argent, au gré des prestataires......

« Elles représentent près de 53 millions sur l'ensemble des ressources ordinaires annuelles de la vicinalité, qui s'élèvent à environ 74 millions. Ces ressources, en y réunissant le produit des centimes spéciaux et facultatifs départementaux affectés à la vicinalité, produit qui en 1871 a dépassé 20 millions, sont insuffisantes pour les besoins de la voirie vicinale. En effet, l'État s'est vu dans la nécessité de venir en aide aux communes : 1° par une subvention de 100 millions destinée aux chemins vicinaux ordinaires et payable en quinze années; 2° par une subvention de 15 millions affectée aux chemins vicinaux d'intérêt commun et devant être acquittée dans le même délai; 3° par la création d'une caisse chargée de faire aux communes, et, dans certains cas extraordinaires, aux départements, pour l'achèvement des chemins vicinaux ordinaires, des avances pouvant s'élever jusqu'à 200 millions et remboursables par le

---

1. Ouvrage cité de M. Guillaume, troisième édition, page 106.

payement de trente annuités. Dès lors, si l'on supprimait ou réduisait la prestation, il faudrait inévitablement, soit laisser le service vicinal en souffrance, soit augmenter le chiffre des centimes additionnels au principal des quatre contributions directes. Il est inutile d'insister sur les inconvénients d'une pareille alternative au moment où le bon état des voies de communication est plus nécessaire que jamais et où les charges énormes de l'État exigent la création de nouveaux impôts et l'accroissement des anciens. »

La preuve que la prestation en nature doit être conservée comme pesant beaucoup moins lourdement sur le contribuable qu'un impôt en argent, c'est que les Conseils généraux des départements purement agricoles, pour se procurer par les conversions en argent la somme nécessaire à l'exécution des ouvrages d'art, au paiement du personnel de direction et de surveillance, à l'établissement de cantonniers permanents..., sont obligés de réduire à un prix insignifiant la valeur officielle de la journée qui sert de base à la conversion. Dans toute contrée non industrielle le travail des populations agricoles laisse des intermittences inévitables ; si l'époque de convocation des prestataires est établie en conséquence dans chaque commune, hommes et attelages ne perdent absolument rien en venant faire leurs prestations.

Mais la prestation est, il faut l'avouer, un instrument très-difficile à manier. Ici la main-d'œuvre s'offre, mais les voitures et les attelages font défaut ; les terrassements et les fournitures de matériaux exigent alors impérieusement la location de voitures, d'attelages, par conséquent l'emploi d'une notable somme d'argent ; là, à raison d'une circonstance imprévue, la main-d'œuvre convoquée fait défaut, les attelages perdent leur temps faute de chargeurs. Les ouvrages d'art, forcément exécutés par entreprise, peuvent difficilement être conduits de sorte que les terrassements qui s'y rattachent soient faits en temps utile par la prestation. Bref, il y a des difficultés considérables et d'inévitables pertes tenant à la nature des ressources dont dispose le service vicinal. Le talent du personnel de direction et de surveillance consiste à réduire au minimum ces pertes de travail, par des combinaisons de tâches, des transformations d'ouvrages en équivalents variés.

La loi du 21 mai 1836 prévoit l'établissement par les Conseils généraux des départements d'une classe supérieure de chemins vicinaux dits *de grande communication ;* elle affecte à ces chemins les deux tiers des ressources ordinaires communales affectées au service vicinal. Elle les met sous l'autorité du préfet.

Ainsi administrés par le département, sans l'intervention des autorités municipales, dotés de ressources relativement abondantes, subventionnés d'ailleurs par le département, les chemins vicinaux de grande communication ont de bonne heure pris le caractère de véritables routes départementales de 2ᵉ classe, différant seulement des premières par le concours de la prestation à l'entretien. Ces chemins sont pourvus d'un personnel permanent de cantonniers qui sont généralement détachés comme surveillants des ateliers de prestataires pendant l'époque où ceux-ci sont réunis.

La loi du 10 août 1871, qui a considérablement agrandi les attributions des Conseils généraux des départements, leur donne notamment le droit de déclasser les routes départementales en les faisant passer dans la catégorie de chemins vicinaux de grande communication, et aussi d'organiser le personnel qui sera chargé du service des routes départementales et du service des chemins vicinaux des différentes catégories. Un certain nombre de départements ont unifié les voies de terre dont ils ont l'administration en appliquant la prestation aux routes départementales préalablement déclassées, et répartissant ainsi les fonds disponibles d'une manière plus équitable entre les diverses voies. D'autres, après un examen renouvelé chaque année, ont préféré maintenir la catégorie spéciale des routes départementales et tendent même à introduire dans ce réseau un certain nombre de chemins de grande communication. Ce sont des questions dont la solution tient surtout à la législation qui régit les finances des départements.

La loi du 21 mai 1836 dit, dans son article 6 :

« Lorsqu'un chemin vicinal intéressera plusieurs communes, le préfet, sur l'avis des conseils municipaux, désignera les communes qui devront concourir à sa construction ou à son entretien, et fixera la proportion dans laquelle chacune d'elles y contribuera. »

Cet article a donné naissance à une catégorie intermédiaire dite des *chemins d'intérêt commun*, laquelle a peu à peu grandi et a pris le caractère de chemins administrés par le département et d'une sorte de chemins de grande communication de moindre importance dont les dépenses sont prélevées sur le tiers des ressources ordinaires destinées par la loi aux chemins vicinaux ordinaires.

Dans une période de 35 ans on a dépensé près de trois milliards de francs pour l'établissement, l'ouverture, le redressement, l'élargissement, la réparation et l'entretien des diverses voies vicinales. On estime que ces dépenses s'élèveront à quatre milliards et demi en 1883.

En 1875 il a été amené à l'état d'entretien et de viabilité :

591 kil. de chemins de grande communication,
1.389 » d'intérêt commun,
7,086 » ordinaires.

En 1875, les chemins de grande communication ont absorbé. 45,809,000 fr.
Les chemins d'intérêt commun. . . . . 29,112,000 »
Les chemins vicinaux ordinaires. . . . . 71,758,000 »

Les longueurs de ces trois catégories de chemins sont ainsi réparties à la date du 31 décembre 1875.

	A L'ÉTAT D'ENTRETIEN	A L'ÉTAT DE VIABILITÉ	EN CONSTRUCTION	EN LACUNE	TOTAL
Chemins de grande communication.	87,946^{km}	4,176^{km}	1,028^{km}	2,414^{km}	95,564^{km}
» d'intérêt commun.	55,639	7,658	3,758	8,084	75,139
» vicinaux ordinaires.	167,642	45,496	26,880	150,394	390,412
Totaux.	311,227^{km}	57,330^{km}	31.666^{km}	160,892^{km}	561,116^{km}

Le prix d'entretien moyen est de 0 fr. 32 par mètre courant de chemin de grande communication;
— de 0 fr. 22 — — d'intérêt commun;
— de 0 fr. 13 — — ordinaire.

La largeur ordinaire entre fossés est de 8 mètres pour la première de ces catégories, 7 mètres pour la deuxième, 6 mètres pour la troisième. A mesure que s'avance l'œuvre de l'achèvement du réseau vicinal, on reconnaît de plus en plus la nécessité de créer de nouvelles ressources permanentes pour assurer l'entretien de ce réseau considérable.

Enfin à côté des chemins vicinaux, il convient de prononcer tout au moins le nom des *chemins ruraux*, catégorie inférieure à laquelle une loi en préparation, destinée à compléter le code rural de 1791, s'efforce d'assurer certaines protections contre les usurpations et de créer des ressources éventuelles d'entretien et d'amélioration.

En terminant ici cette revue rapide des voies de communication par terre établies dans notre pays depuis la fin du dernier siècle, nous ne devons pas omettre de signaler les travaux faits en Algérie depuis la conquête française, encore si récente.

ROUTES D'ALGÉRIE.

Il ne s'est pas encore écoulé un demi-siècle depuis que la France a pris pied sur le territoire algérien, et déjà un réseau important de voies de terre carrossables s'y trouve établi.

Les routes actuellement classées comme routes nationales en Algérie sont au nombre de cinq :

Route n° 1 d'Alger à Laghouat . . . . 452 km.
» 2 de Mers-el-Kebir à Oran et à Tlemcen 149
» 3 de Stora, près de Philippeville, à Biskra, par Constantine. 332
» 4 d'Alger à Oran. 410
» 5 d'Alger à Constantine 435
                                                                    _____
                                                                    1778 km.

Les routes n°s 2, 4 et 5 sont carrossables et à l'état d'entretien dans toute leur étendue ; les routes n°s 1 et 3, qui partent du littoral et se dirigent vers le Sahara, ne sont ouvertes qu'en partie. La route n° 1 présente encore une lacune de 226 kilomètres du côté de Laghouat ; la route n° 3 a également une lacune de 89 kilomètres du côté de Biskra.

Les routes départementales sont au nombre de 20, embrassant 1590 kilomètres ; les chemins vicinaux de grande communication ont 2753 kilomètres, les chemins de colonisation 342 kilomètres.

On s'occupe en ce moment de classer cinq routes nationales nouvelles, qui emprunteraient, pour la plus grande partie, des routes départementales ou des chemins vicinaux déjà existants, savoir :

| | ROUTES ACTUELLES | | | |
	à l'état d'entretien.	simplement ouvertes aux voitures.	en lacune ou à l'état de sentier.	TOTAL.
Route d'Oran à Géryville, par Mascara et Saïda . . .	189 km.	27 km.	117 km.	333 km.
Route de Relizane à la frontière du Maroc, par Sidi-bel-Abbès et Tlemcen.	77	153	117	347
Route de la Maison Carrée à Bou-Saada par Aumale.	90	38	119	247
Route de Bougie à Sétif.	73	38	»	111
Route des Ouled-Rhamoun à Tébessa, par Aïn-Beïda.	45	124	»	169
	474	380	353	1207

Ce sera un développement de routes nationales d'Algérie atteignant 2985 kilomètres, indépendamment des routes départementales et des chemins vicinaux de tout ordre. C'est un témoignage incontestable de l'activité déployée dans cette première période de l'occupation, la plus troublée et la plus difficile.

TRAMWAYS.

Le mode de construction des chaussées de routes que nous avons décrit s'applique au cas général où les voitures ne parcourent pas une piste déterminée. Sur les points, tels que le passage de ponts étroits, les portes de ville, etc., où la piste est au contraire fixée, il y a avantage à diminuer la résistance qu'éprouvent les roues par un dallage posé avec soin ou par des longrines en bois revêtues ou non de fer, tout en conservant sous les pieds des chevaux une surface pavée ou empierrée assurant l'adhérence nécessaire.

Les voies dallées d'Italie sont un exemple de ce système.

Si, sur une voie large et à piste indéterminée pour le matériel roulant ordinaire, on établit des bandes parallèles sans saillie, disposées de telle sorte qu'un matériel roulant approprié, muni de boudins saillants à tout ou partie de ses roues, soit assujetti à ne pas dévier de cette voie spéciale, on obtient le chemin de fer américain ou tramway, outil particulièrement précieux dans des villes nouvelles dont la voirie laisse beaucoup à désirer. Cet outil, transporté tout récemment d'Amérique dans nos grandes villes, n'a pu se plier aux exigences de la circulation ordinaire de nos voies publiques qu'au prix de sérieuses modifications et de dépenses considérables qui en restreignent l'usage. Toutefois, dès à présent, les tramways sont posés en France sur d'assez grandes longueurs pour qu'il convienne d'en dire ici quelques mots.

Suivant la définition officiellement adoptée par l'Administration des travaux publics, un *tramway* est une voie ferrée, à rails non saillants, établie sur une voie publique, qui n'enlève pas la partie de la voie qu'elle occupe à sa destination primitive.

Un *chemin de fer sur route* est une voie ferrée dont les rails sont généralement en saillie, établie sur une route ou un chemin, et qui, tout en restant accessible aux piétons, enlève à la circulation des voitures ordinaires la zone réservée aux voitures spéciales du chemin de fer.

Il ne saurait être question ici du chemin de fer sur route, lequel appartient à la catégorie des railways, et n'offre pour caractères particuliers qu'une moindre dépense d'établissement et une exploitation plus imparfaite.

Le tramway, au contraire, avec son matériel roulant spécial, constitue un outil *sui generis* intimement lié à la route. On a, en vain, cherché en quelques points, à Lille, par exemple, à donner à un tramway le caractère d'un embranchement industriel sur lequel circulerait le matériel roulant, tout au moins les wagons des chemins de fer. A cela s'opposent deux circonstances : en premier lieu, l'épaisseur des boudins des wagons oblige à donner à la rainure qui leur livre passage une largeur supérieure à celle des roues des voitures légères qui circulent sur les voies publiques ; les ruptures de roues sont tellement fréquentes que la solution est reconnue inadmissible; en second lieu, si la voie du tramway n'est pas parfaitement entretenue et si les courbes sont roides, le matériel des compagnies de chemins de fer ne peut que risquer de se détériorer au parcours de ces embranchements secondaires.

Le rôle du tramway se trouve ainsi, en fait, absolument distinct de celui du chemin de fer proprement dit. Dès lors, aucune raison n'oblige à adopter la largeur de voie de 1ᵐ,44 pour les tramways. A Paris, l'importance de la circulation comportant des voitures de tramways (tramway-cars) à deux chevaux, la largeur de voie des premiers tramways fut fixée à 1ᵐ,54; cette dimension permet à deux chevaux de front de trotter sans marcher sur les rails.

Ces définitions posées, voici l'état des tramways concédés en France (août 1878) :

DÉPARTEMENTS	ANNÉE de la CONCESSION	DÉSIGNATION	LONGUEUR EN KILOMÈTRES		
			CONCÉDÉE	EXPLOITÉE	A CONSTRUIRE
Seine	— 1854	— Vincennes au pont de Sèvres, au rond-point de Boulogne et à St-Cloud.	21,5	21,5	»
Seine-et-Oise	— 1855	— Sèvres à Versailles	9,2	9,2	»
Puy-de-Dôme	— 1857	— Riom à Clermont	12,0	»	12,0
Seine	1873-77	Paris et sa banlieue	124,8	124,8	»
Nord	{ 1873	— Ville de Lille	30,7	23,1	7,6
	{ 1877	— Banlieue de Lille	31,1	»	31,1
Seine-Inférieure . . .	1873-75	Ville du Havre	8,3	8,3	»
Meurthe-et-Moselle . .	— 1874	— Nancy-Maxéville	4,4	4,4	»
Seine-et-Oise	— 1874	— Ville de Versailles	12,5	9,3	3,2
Bouches-du-Rhône . .	— 1874	— Ville de Marseille	23,2	23,2	»
Alpes-Maritimes . . .	— 1875	— Ville de Nice	12,9	5,7	7,2
Nord	— 1875	— Ville de Dunkerque	3,8	»	3,8
Nord	— 1875	— Ville de Roubaix	14,7	9,3	5,4
Seine-Inférieure . . .	— 1876	— Ville de Rouen	23,2	14,4	8,8
Seine-et-Oise	— 1876	— Villiers-le-Bel à la station de ce nom.	3,1	3,1	»
Indre-et-Loire	— 1876	— Ville de Tours	6,3	6,3	»
Loiret	— 1876	— Ville d'Orléans	7,3	7,3	»
Eure	— 1876	— Les Andelys à Étrépagny	40,0	»	40,0
Pas-de-Calais	— 1877	— Ville de Boulogne-sur-Mer.	2,9	»	2,9
Hérault	— 1877	— Ville de Montpellier	7,7	»	7,7
Nord	— 1877	— Ville de Valenciennes	11,6	»	11,6
Loire-Inférieure . . .	— 1877	— Ville de Nantes	5,7	1,5	4,2
Hérault	— 1877	— Montpellier à Castelnau-lès-Lez. . .	0,7	»	0,7
Pas-de-Calais	— 1877	— Calais, St-Pierre et Guines	11,8	»	11,8
		Totaux	429,4	271,4	158,0

L'exploitation des tramways a plus de 30 ans d'expérience aux États-Unis ; elle est déjà assez ancienne dans l'Amérique du Sud ; elle a quelque peine à s'acclimater sur le continent européen, où l'on voit appliquer des règles fort diverses. Cependant, en dehors des cas particuliers, il n'est pas impossible de fixer quelques traits généraux.

Au début des tramways aux États-Unis et notamment à New-York, parmi les premières voitures qu'on employa il s'en trouvait qui avaient des impériales, avec distinction de classes des voyageurs à tarif différent. L'incommodité de ce système devint bientôt si manifeste que ces voitures disparurent peu de temps après, et depuis on n'a jamais tenté de les rétablir.

La ville de Marseille a adopté le principe de l'unité de tarif, qui est de règle en Amérique. Là est la solution définitive des difficultés contre lesquelles ailleurs on essaye de lutter par l'impériale à tarif réduit. Or en rendant la voiture plus lourde, les impériales font la circulation plus lente, et la conséquence inévitable est de réduire de moitié le nombre des voitures employées sur la voie. Dans la même proportion, en conséquence, seraient diminuées les facilités de transit, qui constituent le grand bienfait des tramways, savoir, la fréquence et la multiplicité des voyages effectués par les voitures.

De plus, les impériales découvertes présentent dans nos climats variables un incontestable danger, et les municipalités ne tarderont pas à se montrer justement soucieuses de la sécurité publique en exigeant la protection des impériales par une toiture légère.

Deux types de voitures se partagent le service en Amérique, et c'est à eux aussi qu'il convient de recourir selon les circonstances : d'une part une voiture fermée, avec portières, persiennes, ventilateurs

et banquettes longitudinales, à préférer dans les climats variables; d'autre part une voiture ouverte à banquettes transversales, qui se remplit et se vide latéralement avec une extrême facilité, et qui convient
particulièrement aux climats chauds ou tempérés, en dehors de la saison pluvieuse. Dans ces deux types
il n'est prévu aucune place debout aux extrémités du véhicule; les voyageurs ne s'entassent pas en porte-
à-faux; la voiture se tient mieux en équilibre.

La traction de ces voitures s'opère par un ou deux chevaux, ou dans beaucoup de villes avec avantage par une paire de mules. Les moteurs mécaniques ont été jusqu'ici reconnus économiquement
désavantageux pour ces voitures de dimensions médiocres; ils répondent à un type de voitures beaucoup
plus lourd, plus sûrement même à la traction d'un petit train de deux ou trois grandes voitures : ce qui
n'est certainement pas le cas général des tramways.

Il serait toutefois injuste de ne pas signaler les intéressantes expériences instituées à Paris depuis
quelques années dans le but d'appliquer aux voitures sur tramways de cette capitale la traction mécanique.

MM. Merryweather et Harding avec une locomotive ordinaire intelligemment étudiée, M. Francq avec
une locomotive sans foyer (système américain du Dr Lamm), M. Mekarski avec son moteur à air comprimé
très-savamment combiné conformément aux principes de la théorie mécanique de la chaleur, ont mis
hors de doute la possibilité pratique de la traction mécanique appliquée aux tramways.

L'emploi de ces moteurs suppose une vitesse plus grande (18 kilomètres au lieu de 12 kilomètres à
l'heure), de larges voies où le garage des voitures ordinaires et piétons soit facile, où le mécanicien voie
devant lui à grande distance, où il ne soit pas nécessaire de s'arrêter trop souvent pour prendre et laisser
des voyageurs, enfin, comme on l'a dit ci-dessus, de lourdes voitures à traîner. Dans ces conditions
exceptionnelles, mais qui se rencontrent, par exemple, à Paris dans les tramways de Courbevoie à l'Étoile
et du Montparnasse à la Bastille, il y a un avenir assuré à la traction mécanique.

Donnons quelques détails sur les voies qui rentrent plus particulièrement dans le cadre de cet ouvrage.

Nous avons dit que rien ne paraissait motiver l'identification de la largeur de voie des tramways à
celle des railways; et nous avons cité la voie plus large de la ligne de Paris à Sèvres et à Versailles, par

Fig. 96. — RAIL EN U RENVERSÉ.

exemple. Pour les nouvelles concessions, cependant, c'est
la voie de 1m,44 qui a prévalu par une raison d'analogie
apparente.

Le rail le plus économique est un U renversé (fig. 96)
chevillé sur longuerine, et constituant simple table de roulement, pesant 11 à 12 kilogrammes par mètre courant.
L'ornière est obtenue au détriment du pavage qui longe
les rails à l'intérieur de la voie, soit que le chanfrein néces-
saire soit préparé à l'avance, soit qu'on laisse aux boudins des roues le soin de l'effectuer par leur
passage réitéré dans le joint qui sépare les rails des pavés. Le principal inconvénient de ce système est
de déterminer très-rapidement, par le passage fréquent des roues des voitures ordinaires qui sont guidées
par le rail, une ornière profonde, réceptacle d'eau et de boue qui pourrit
la longuerine et cause de fréquentes ruptures des roues des voitures ordinaires [1].

Un rail de type américain, employé par M. Loubat sur la ligne de la
place de la Concorde à Saint-Cloud, Sèvres et plus tard jusqu'à Versailles,
est employé également sur les tramways autrichiens (fig. 97). Il pèse 19 kilos
par mètre courant; il est fixé sur longuerine au moyen de chevillettes
courbes en fer placées latéralement : stabilité médiocre.

Vient ensuite le rail anglais le plus généralement employé à Londres,
du poids de 28 kilos au mètre courant pour une largeur de 0m,10, et dans

Fig. 97. — RAIL AMÉRICAIN.

lequel les oreillettes sont plus prononcées (fig. 98). A Londres ces rails sont fixés sur les longuerines soit
au moyen de tirefonds et de boulons verticaux, soit au moyen d'agrafes placées latéralement (fig. 99),
consistant en une bande verticale, portant à la partie supérieure un tenon qui pénètre dans un trou
percé à l'avance dans l'oreillette du rail et traversée à la partie inférieure par un clou pénétrant dans la
longuerine. Le tramway de l'avenue de Neuilly a été construit avec ce rail.

1. J'emprunte un certain nombre des renseignements relatifs aux voies, aux conférences faites à l'École des ponts et chaussées en 1878 par M. l'ingénieur en
chef Saint-Yves.

Le rail employé à Constantinople (fig. 100) ne diffère du précédent que par le profil inférieur qui se rapproche plus des formes du profil supérieur. Il n'a que 0^m,09 de largeur et pèse 23 kilos au mètre courant. C'est le type qui a été adopté par la Compagnie générale des omnibus à Paris pour les tramways qu'elle a établis à l'intérieur de la capitale, mais le poids en a été porté à 24 ou 25 kilos par mètre ; il est fixé sur les longuerines au moyen de boulons verticaux.

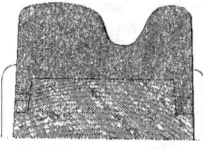

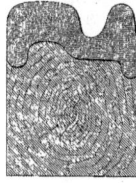

Fig. 98. — Rail de longrines avec agrafe.   Fig. 99. — Agrafe.   Fig. 100. — Rail de Constantinople.

Tous les rails qui précèdent sont en fer.

A Paris, sur les lignes des Compagnies des tramways-nord et des tramways-sud, on a employé des rails en acier de 20 kilos par mètre courant de forme analogue.

Aucun des rails dont nous venons de parler n'est susceptible d'éclissage. La dénivellation aux joints est évitée par une fourrure en métal noyée dans la longuerine et par la multiplication des moyens d'attache du rail à la longuerine auprès des joints.

La largeur d'ornière varie de 0^m,029 à 0^m,035 : la limite supérieure est déterminée par cette condition que les roues des petites voitures n'y puissent pénétrer ; or ces roues ont 0^m,040 de largeur minima.

Pour maintenir l'écartement entre les longuerines on peut se servir de traverses ; mais il est difficile de combiner des dispositions convenables à la fois pour la stabilité de cette charpente d'appui et du pavage.

A Paris on remplace les traverses par des entretoises en fer plat de 6 à 7 millimètres d'épaisseur et de 0^m,080 de hauteur, qui se logent facilement dans un joint de pavage. A l'une des extrémités est soudé un fer rond qui traverse une des longuerines. Ce fer rond est mortaisé de manière à recevoir des clavettes servant à la fois au serrage et au maintien du parallélisme. L'autre extrémité est fendue suivant l'axe longitudinal, et les deux parties détachées sont coudées à angle droit de manière à présenter l'aspect d'un T dont les bras ont 0^m,150 de longueur. Cette extrémité de l'entretoise est fixée sur la longuerine au moyen de deux boulons et de deux clous, avec l'aide d'une contre-plaque placée extérieurement à la longuerine.

Les longuerines ont 3 mètres de longueur uniforme. Les joints des longuerines accouplées pour constituer une voie se découpent de telle sorte que le joint des longuerines de gauche se trouve vis-à-vis du milieu de la longuerine de droite. Les entretoises sont espacées à intervalle de 1^m,50, de sorte que la partie clavetée est au milieu de la longuerine et la partie coudée en T en face du joint. De cette façon les longuerines se trouvent éclissées.

On admet entre les deux voies d'une ligne de tramways une largeur de 1^m,05 ; une largeur de 2 mètres pour les voitures spéciales de tramways (2^m,20 au maximum).

On exige entre les véhicules sur tramways et la bordure de la chaussée un espace de 2^m,75 en moyenne (2^m,50 minimum) pour le passage ou le stationnement des voitures ordinaires.

Dans ces conditions, pour qu'une ligne de tramways puisse être autorisée sur une voie publique bordée de maisons de chaque côté, il faut que la chaussée ait 7^m,50 de largeur au moins ; pour qu'il puisse être établi deux voies, il faut 10 mètres. Les rails extérieurs sont ainsi à 3^m,025 des bordures de trottoirs.

En plaine, où les voies peuvent être placées sur le côté, et à 0^m,50 de la bordure de trottoir, il faut une largeur de chaussée de 5 mètres pour une voie simple, de 7^m,50 pour une voie double, enfin de 10 mètres pour une voie double placée dans l'axe de la chaussée.

Il ne faut pas hésiter, dans l'intérêt d'une bonne et régulière exploitation, à poser une voie double à moins d'impossibilité démontrée.

Pour les courbes limites on admet généralement un rayon de 25 mètres. Mais au-dessous de 40 mètres de rayon il convient d'employer un fer plat au rail extérieur.

Au terminus les voitures ne sont pas retournées ; elles sont symétriques et peuvent être indifféremment attelées à chaque extrémité.

Mais il n'en est pas ainsi des voitures employées par la Compagnie des omnibus de Paris sur les tramways qu'elle exploite. Ces voitures ont un avant-train mobilisable, une impériale avec escalier à l'arrière, et siége élevé de cocher à l'avant ; elles ne sont pas symétriques. On les retourne à la station terminus à l'aide d'une *raquette* formée par la voie et dont la disposition est fort ingénieuse. A un point déterminé, on fait dévier l'avant-train d'un angle de 18° ; un heurtoir à la couronne de l'avant-train limite la déviation à cet angle et la pression latérale des chevaux sur le timon maintient la déviation constante.

Dans ces conditions, pendant que les roues d'avant parcourent des circonférences excentriques qui viendront couper la partie rectiligne de la voie sous un angle égal à l'angle de déviation, les roues d'arrière suivront des circonférences concentriques tangentes à la direction rectiligne des rails.

Les roues d'avant et celles d'arrière suivent ainsi des pistes différentes ; il faut donc quatre rails au lieu de deux, et l'écartement des pistes est défini géométriquement et réalisé sur le terrain.

Il ne paraît pas utile d'entrer ici dans des détails circonstanciés sur les dispositions adoptées pour le matériel roulant et l'exploitation des tramways, cette branche d'industrie, nouvelle chez nous, n'étant pas encore sortie de la période des tâtonnements. Mais il convient de faire connaître le montant élevé de la dépense d'établissement.

A Paris, par exemple, le prix de la construction de la voie double, y compris *réfection* du pavage dans l'intervalle compris entre les rails extérieurs et sur 0ᵐ,40 au delà de chaque côté, peut être estimé à 40,000 francs par kilomètre ; et, dans le cas où la chaussée n'était pas pavée primitivement et où l'on doit, par conséquent, ajouter la fourniture de pavés neufs, c'est à 115,000 francs par kilomètre que s'élève le prix de construction des voies.

Ces prix élevés ne représentent cependant qu'une partie de la dépense d'établissement, laquelle, comprenant en outre les travaux accessoires des voies, les dépôts et ateliers, les écuries et magasins, le matériel roulant, le capital d'acquisition des chevaux et harnais, les frais d'administration, les intérêts pendant la période d'établissement, dépasse 400,000 francs par kilomètre de ligne exploitée à deux voies, tant à Londres qu'à Paris.

Dans des villes de moindre importance le capital d'établissement a pu être réduit : à 200,000 francs par kilomètre exploité à Genève, 180,000 francs au Havre, 125 à 150,000 francs à Francfort, à Marseille, à Tours, à Lille.

Les tramways urbains sont l'outil approprié à une circulation moyenne, et conviennent parfaitement aux villes de 50,000 à 500,000 âmes. Dans des villes comme Londres et Paris ils ne constituent qu'une solution imparfaite et provisoire. Dans la seconde de ces deux villes comme dans la première, l'accroissement continu de la circulation des personnes, favorisée puissamment d'ailleurs par les tramways qui facilitent le peuplement des quartiers excentriques, nécessitera à très-bref délai l'exécution d'un réseau de chemins de fer métropolitains à voie indépendante et à traction mécanique, établi, pour la plus grande partie de sa longueur, en souterrain ou sur arcades. Ainsi seulement peut être résolu définitivement le problème de la circulation alternative du centre à la circonférence et réciproquement dans une grande capitale moderne.

Nous avons terminé notre revue des ouvrages d'art construits avant le xix° siècle en rappelant le haut degré de perfection qu'avait atteint la construction des ponts en pierre entre les mains de Perronet, de ses émules et de ses élèves.

Dans le siècle actuel de grands progrès ont été réalisés dans l'art des constructions, et les principaux peuvent être ainsi classés :

Travaux de Vicat sur les chaux hydrauliques et les ciments.

Applications de ces travaux aux procédés de fondation des ponts : Lamandé, Vicat, Beaudemoulin...

Fondation par puits à l'air libre.

Fonçage des puits à l'air comprimé : Triger.

Application de ce procédé à la fondation des ponts; soit par tubes : ponts de Rochester et de Saltash, etc.; soit par caissons : Fleur-Saint-Denis au pont de Kehl.

Travaux scientifiques sur les voûtes en berceau, droites et biaises, et applications à la construction des ponts.

Ponts suspendus.

Ponts métalliques de divers systèmes.

TRAVAUX DE VICAT SUR LES CHAUX HYDRAULIQUES ET LES CIMENTS.

Lavoisier et ses successeurs immédiats, en donnant à la chimie ses bases définitives, mirent les constructeurs en mesure de substituer à l'empirisme des traditions antérieures des expériences raisonnées sur les matériaux qu'ils emploient. La lumière ne tarda pas à se faire sur les propriétés, jusque-là si obscures, des chaux hydrauliques naturelles dont on connaissait depuis longtemps certains gisements, sans pouvoir dire pourquoi une chaux est hydraulique, ni à quel caractère on peut reconnaître a priori les pierres propres à fournir par la cuisson des chaux de telle ou telle qualité.

Guyton de Morveau, qui avait traduit quelques ouvrages de Bergmann, était d'accord avec ce savant pour attribuer l'hydraulicité de la chaux à la présence de quelques centièmes de manganèse. Th. de Saussure avait reconnu que cette propriété était due à la silice et à l'alumine combinées en certaines proportions. Descotils, en 1813, analysa la pierre de Senonches qui fournissait la chaux hydraulique la plus renommée. Il y trouva de faibles proportions de manganèse, d'alumine et de fer, mais près de 20 pour 100 de silice. C'est en conséquence à la silice qu'il attribua la propriété de rendre la chaux hydraulique. Or, un peu plus tard, des expériences faites à Paris sur la chaux de Metz démontrèrent sa supériorité sur la chaux de Senonches, et la chaux de Metz ne contient que 5 à 6 pour 100 de silice.

Même incertitude au sujet des caractères extérieurs de la pierre. Bélidor, après Vitruve, estimait que les meilleures chaux provenaient des marbres et des pierres blanches très-lourdes; Faujas de Saint-Fond, qui partageait les chaux en deux espèces, vives et grasses, affirmait qu'on obtenait les premières avec des calcaires purs, les secondes avec des pierres tendres ou marneuses.

Vicat, reprenant dès les premières années du siècle l'idée émise par Th. de Saussure, tenta de faire de la chaux hydraulique en pétrissant une chaux non hydraulique, après extinction préalable, avec une certaine quantité d'argile grise ou brune ou simplement avec de la terre à briques, et faisant sécher des boules tirées de cette pâte et les faisant cuire ensuite au degré convenable.

Le succès fut complet. Étant maître des proportions, on l'est également de donner à la chaux factice le degré d'énergie qu'on désire, et d'égaler ou de surpasser à volonté les meilleures chaux naturelles.

L'efficacité de la silice a été mise en pleine lumière par des expériences de Vicat et de Berthier. La silice n'agit toutefois que lorsqu'elle a été préalablement rendue attaquable aux réactifs : telle est la silice obtenue par l'action des acides énergiques sur les silicates, ou la silice unie à l'alumine dans les argiles cuites.

Le rôle moins essentiel de l'alumine a été en même temps étudié : elle facilite l'influence de la silice.

Cette théorie chimique bien établie, les applications ont acquis très vite une énorme importance.

A proximité de tout grand ouvrage à construire on a trouvé des matériaux naturels propres, avec ou sans manipulation préalable, à donner des chaux hydrauliques présentant toute sécurité. Pour les cas exceptionnels les ciments à prise lente ou à prise rapide ont pu être obtenus dans des conditions de prix de plus en plus favorables. Les constructeurs ont donc dans les mains les moyens d'obtenir avec certitude la solidification régulière, et aussi prompte qu'on peut le désirer, des maçonneries nouvelles.

Les applications ne tardèrent pas.

Au pont d'Iéna à Paris (1806-1811), Lamandé, tenu au courant des premières découvertes de Vicat, se fait autoriser à établir auprès du pont même des fours dans lesquels il fabrique la chaux hydraulique qui lui est nécessaire. Il fonde ses quatre piles sur pilotis arasés à 1ᵐ,65 au-dessous des plus basses eaux; mais il entoure l'emplacement de chaque pile d'une enceinte de pieux et palplanches, dans laquelle il coule du béton jusqu'au niveau supérieur des pilotis; sur le puissant massif ainsi formé il échoue un caisson étanche qu'il consolide par des enrochements et dans l'intérieur duquel il bâtit à sec.

Au pont de Souillac sur la Dordogne (1813-1823), Vicat lui-même, devant asseoir la fondation des six piles sur un sol inégal, hérissé de pointes de rocher, forme pour chaque pile un caisson composé de pieux et de palplanches jointives, réunis par deux cours de moises horizontales qui permettaient à ces palplanches de se mouvoir dans le plan vertical de manière à se prêter à toutes les inégalités du fond. Il remplit cet encaissement en béton immergé jusqu'à un certain niveau, à partir duquel, le béton durci formant un fond étanche, il devient possible sans épuisements trop coûteux de calfater les joints des palplanches dans leur partie supérieure et de poser à sec les premières assises.

Vicat, qui poursuivait ses nombreuses expériences pendant la construction du pont de Souillac, réunit les résultats obtenus dans un mémoire d'ensemble qu'il adressa au Conseil général des ponts et chaussées. Sur le rapport de M. l'inspecteur général Bruyère, le Conseil demanda, le 24 janvier 1818, au directeur général des ponts et chaussées de faciliter à M. Vicat les moyens de livrer son ouvrage à l'impression; et, pour assurer le prompt emploi des procédés de cet ingénieur dans les travaux de maçonnerie, il émit le vœu que l'Administration adressât à ses frais un exemplaire de l'ouvrage à chaque ingénieur en activité de service.

Le 16 février 1818, de Prony, Gay-Lussac et Girard présentèrent à l'Académie des sciences un rapport sur le mémoire de Vicat dont l'Académie vota l'insertion au *Recueil des savants étrangers*.

Plus tard l'Institut décerna à Vicat le prix de statistique pour son travail sur les ressources que présente chaque département au point de vue des chaux et ciments, travail considérable auquel fut consacrée la seconde partie de sa glorieuse carrière.

FONDATION DES PONTS.

Les découvertes de Vicat ont amené une prompte révolution dans les procédés de fondation des ponts. Le perfectionnement des moyens de dragage auxquels vint s'appliquer la vapeur permit d'enlever des couches intermédiaires ne présentant pas de suffisantes garanties et d'atteindre dans bien des cas une couche solide, la partie inférieure de la pile étant ensuite constituée par un massif de béton hydraulique immergé dans l'intérieur d'une enceinte en pieux et palplanches, ou, suivant les circonstances du sol, dans l'intérieur d'un caisson sans fond préalablement immergé. Les travaux de M. Beaudemoulin sont venus donner une forme classique à ces procédés de fondations, en même temps que le caisson sans fond, rendu étanche, permettait d'aborder dans de meilleures conditions certaines fondations par épuisement.

S'il faut atteindre une profondeur trop grande et que l'emploi des pilotis demeure économique, ils pourront du moins avoir leur tête encastrée sur plusieurs mètres d'épaisseur dans un massif de béton immergé, comme au pont d'Iéna.

La fondation pure et simple sur pilotis, qui présente tant d'incertitudes et de dangers, a ainsi perdu le plus grand nombre de ses applications.

Lorsqu'il est nécessaire de traverser une couche vaseuse ou argilo-sableuse très épaisse, on a eu recours, très-fréquemment dans ces derniers temps, à l'enfoncement progressif de massifs de maçonnerie en forme de puits au milieu desquels on procède à l'extraction soit à sec par épuisement, soit même sous l'eau avec des cuillers spéciales dont le travail a besoin d'être complété par celui de scaphandriers. La maçonnerie se construit progressivement par le haut, au fur et à mesure de l'enfoncement du massif, soit qu'on la fasse à la main sur ce massif, soit qu'on apporte un bloc de maçonnerie de ciment préparé et durci d'avance, formant assise d'un seul morceau.

Avec de nombreuses variétés, les foncements de piles composées de deux ou plusieurs massifs de cette nature, remplis postérieurement de béton, ont rendu de grands services et permis des travaux très rapides. En France c'est dans les travaux maritimes de Rochefort, Lorient, Saint-Nazaire, Bordeaux qu'on rencontre les exemples les plus remarquables, dont les plus anciens ont plus de 30 ans; à l'étranger de remarquables travaux de cette nature ont été exécutés par des ingénieurs anglais sur les grands fleuves de l'Hindoustan, sur le Capibaribe à Pernambuco, etc.

Ces foncements à l'air libre ont aussi leur limite. Une belle invention de notre compatriote M. Triger a permis de dépasser cette limite et ouvert une carrière nouvelle.

En 1839, M. l'ingénieur civil Triger, chargé de construire un puits dans une des îles de la Loire pour les mines de Chalonnes, avait à traverser des couches de sable aquifère qui recouvraient le rocher sur une épaisseur de 20 mètres. Il eut l'heureuse idée de descendre un grand tube en tôle dans lequel il fit comprimer l'air, afin d'en chasser l'eau; puis, au moyen d'une écluse à sas placée à la partie supérieure, les ouvriers purent s'introduire dans ce tube, enlever les déblais et le faire pénétrer jusqu'au rocher. En 1845, M. Triger fit descendre un second tube de $1^m,80$ de diamètre.

En 1851, le pont de Rochester en Angleterre fut fondé au moyen de l'air comprimé suivant le système de M. Triger. Chaque pile repose sur 14 tubes en fonte de $2^m,10$ de diamètre.

L'expérience a conduit à adopter aujourd'hui des tubes de 3 à 4 mètres de diamètre. Ces tubes sont, après enfoncement, remplis de béton de ciment sur une certaine hauteur, de béton ordinaire au-dessus.

En 1859, le pont du chemin de fer à Kehl fut fondé par M. Fleur-Saint-Denis à l'aide de caissons, au nombre de 3 par pile, ayant chacun $5^m,80$ de largeur sur 7 mètres de longueur, descendus à 20 mètres en contre-bas de l'étiage. Ces caissons sont descendus si régulièrement qu'on a immédiatement reconnu la possibilité de tripler l'étendue du caisson et d'en construire un seul par pile.

Aussi dès 1860, au pont de la Voulte sur lequel le chemin de fer de Privas traverse le Rhône, chaque pile de 4 mètres sur 11 mètres aux naissances, fondée par l'air comprimé, repose sur un seul caisson en tôle de 5 mètres sur 12 mètres.

A la Voulte comme à Kehl le caisson sans fond sert de chambre de travail. On y pénètre par des sas à air; un puits central dans lequel fonctionne une noria destinée à élever les déblais permet d'éviter les lenteurs du sassement et les pertes d'air pour ce service.

Depuis lors les applications ont été très nombreuses, et l'on a préféré, suivant les circonstances, l'emploi des tubes multiples ou celui du caisson unique pour chaque pile.

Cette méthode féconde a permis d'asseoir, dans des conditions admirables de rapidité et de sécurité, la fondation de grands ouvrages sur les cours d'eau affouillables, ou à travers des terrains compressibles lorsqu'un terrain solide existe à une profondeur de 10 à 25 ou 30 mètres.

Le génie de Régemortes avait sans doute vaincu la nature avec son radier général du pont de Moulins; Deschamps au pont de Bordeaux avait réussi, par un merveilleux ensemble d'observations ingénieuses et une extraordinaire habileté dans la combinaison des moyens; une pareille dépense de talents, d'efforts, de temps et d'argent est désormais inutile. C'est au mètre courant d'enfoncement que se commande la fondation d'un tube destiné à soutenir des poutres métalliques ou d'un caisson destiné à porter une pile en maçonnerie. Ces caissons peuvent atteindre des dimensions énormes. Après les caissons du pont de Kehl, que Fleur-Saint-Denis avait si ingénieusement combinés et mis en œuvre au milieu de tant de difficultés, on a abordé la fondation de longs murs de quai ou d'un batardeau colossal au port de Brest, et voici maintenant que l'on exécute à Toulon une grande forme de radoub sur un caisson unique de 144 mètres de longueur, 41 mètres de largeur et 19 mètres de hauteur. (M. Hersent.)

Mais c'est à la section des travaux maritimes qu'appartiennent ces grandioses applications. Nous ne devons pas non plus nous étendre ici sur le principe et les détails du procédé de fondation par l'air comprimé, dont il est parlé à la section des chemins de fer du présent ouvrage.

Il nous suffisait de jeter un regard d'ensemble sur les divers procédés que les progrès de l'industrie ont mis à la disposition de l'ingénieur pour la fondation des ouvrages.

Le traité de la construction des ponts et viaducs, où M. l'inspecteur général Morandière a consigné les résultats de son incomparable expérience personnelle, renferme, sur les modes de fondation adoptés de nos jours et sur leurs mérites respectifs, les plus précieuses indications.

PONT DE BORDEAUX.

Un ouvrage d'une importance exceptionnelle, le grand pont de Bordeaux, construit par Deschamps dans des conditions difficiles, mérite une mention particulière. Il offre en même temps un exemple intéressant d'une fondation en terrain vaseux et d'une disposition des parties supérieures de l'ouvrage en vue de réduire autant que possible la charge du sol.

La Garonne a plus de 500 mètres de largeur devant Bordeaux; la profondeur est de 6 à 10 mètres à basse mer; le fond est vaseux et de très-faible consistance sur une grande épaisseur. On a observé en ce point des crues de plus de 8 mètres de hauteur et des vitesses de 3 mètres par seconde pendant le jusant. Les couches de sable et de limon qui forment le lit ont une grande mobilité et se transportent par bancs ou se délayent dans la masse des eaux : d'où affouillements et grande difficulté d'asseoir des fondations.

En 1807, Napoléon ordonna l'établissement d'un pont en charpente; on en fit l'étude en comparant ce système à celui d'un pont sur piles maçonnées avec arcs en fonte dont l'usage commençait à se répandre. Ce dernier eut la préférence. En 1813, la direction des travaux fut donnée à Claude Deschamps. Une crue emporta les pieux d'échafaudage et les fondations de cinq piles; les affouillements atteignirent 8 et 10 mètres, déracinèrent tous les ouvrages commencés du côté de la rive droite, et en même temps un banc de vase encombrait les premières piles du côté gauche.

L'observation attentive de points spéciaux du cours de la Garonne, protégés contre les affouillements par des massifs d'enrochements à pierre perdue que la vase déposée dans les interstices des pierres venait consolider, donna à Deschamps la confiance nécessaire pour reprendre sa tâche et la mener à bonne fin.

Pendant les années 1814 à 1817, la situation du Trésor public ne permit pas de poursuivre l'œuvre. Un commerçant, M. Balguerie-Stuttemberg forma une association qui prêta au gouvernement 2 millions pour continuer le pont de Bordeaux, et agit de même à l'égard d'autres ponts.

Une loi du 10 avril 1818, qui acceptait ce concours, fixait un délai de 3 ans pour l'achèvement du pont. Deschamps, qui nourrissait la pensée de substituer des voûtes en pierre aux arcs métalliques projetés, se rend à Paris en janvier 1819 et propose au Conseil général des ponts et chaussées de bâtir 17 arches en pierre sur lesquelles il s'engage à livrer le passage au 1er janvier 1822. Le Conseil imposa la condition que chacune des piles serait préalablement chargée pendant trois mois d'un poids équivalent à celui d'une voûte. Chaque pile fut en conséquence chargée de 5 millions de kilogrammes. Pour éviter la perte de temps qui devait résulter du long séjour de cette masse sur les piles, il établit la base de la pyramide de chargement au-dessus du niveau des premiers cours de voussoirs et s'en servit comme d'une culée artificielle sur laquelle il appuya sa maçonnerie de voûte.

Le pont a 17 arches, en maçonnerie de pierre de taille et de briques, reposant sur 16 piles et 2 culées en pierre. Les 7 arches du milieu sont d'égale dimension et ont 26m,49 d'ouverture. L'ouverture de la première et de la dernière arche est de 20m,84. Les autres ont des dimensions intermédiaires et décroissantes. Les voûtes sont des arcs de cercle surbaissés au tiers.

L'épaisseur des piles est de 4m,20 aux naissances. Chaque pile repose sur 220 pieux en bois de pin portant chacun 22,000 kilogrammes environ. On les enfonça par le gros bout de 8 à 10 mètres dans le terrain jusqu'à la rencontre du sol solide, et on les recépa de niveau à près de 4 mètres sous les basses eaux, à l'aide de la scie à recéper perfectionnée dans ce but par M. Vauvilliers. Les pieux ont leurs têtes reliées par un châssis de fortes pièces de charpente; tous les vides furent remplis de pierres qui, agglutinées progressivement par la vase, ont formé des couches impénétrables à l'action des eaux.

La fondation des piles a été faite au moyen de caissons d'une construction nouvelle ayant une forme pyramidale sur 3m,75 et les parois supérieures verticales. Ils avaient 23 mètres de longueur, 7m,40 de large et plus de 6 mètres de hauteur totale, avec des contre-butements intérieurs pour résister à la pression de l'eau. Ils furent maintenus flottants pendant la pose des premières assises. Quand il était nécessaire de leur donner de la fixité et de les retenir en place sur les pilots, on y faisait à l'aide de robinets entrer l'eau de la marée montante, et, à marée descendante, on la faisait sortir par des clapets.

L'intérieur des tympans et des reins des arches est évidé par une série de petites voûtes qui ont réduit de plus d'un tiers le poids de chaque arche et donnent le moyen de visiter en tout temps le dessous de la chaussée.

La largeur du pont est de 15 mètres, comprenant une chaussée de 10 mètres et 2 trottoirs de 2^m,50. La longueur entre les faces des culées est de 486^m,68.

La maçonnerie des piles est composée de pierres de taille et de libages, qui ont été distribués en cases dans chaque caisson. Dans l'intervalle des marées on épuisait avec une vis d'Archimède et l'on remplissait les cases en maçonnerie. Les assises sont reliées entre elles par des boutisses.

Les douelles des arches, entre les deux bandeaux de tête, comprennent 5 chaînes de pierre de taille, reliées par des assises horizontales formant ainsi des caisses dont l'intervalle a été rempli de maçonnerie de briques. Deschamps employa des briques qu'il fit fabriquer avec le limon déposé par le fleuve et qui avaient une grande légèreté.

Pour ne pas entraver la circulation, il construisit des cintres retroussés, dont il fit assembler les fermes à terre, et qui, transportés sur des bateaux pontés et soulevés par deux chèvres, furent mis en place très-facilement : en trois jours un cintre était monté.

Un radier en enrochement entoure les piles et couvre toute l'étendue correspondant aux arches.

Le pont de Bordeaux, terminé en 1822, a coûté 6,850,000 fr.

Cet ouvrage présente un caractère de grandeur tout à fait exceptionnel qui a toujours mérité l'admiration générale. Il subsiste comme un noble témoin de l'architecture du commencement du siècle en face d'un autre grand pont construit en 1859 par MM. de la Roche-Tolay et Regnauld pour le passage du chemin de fer, et qui, composé d'une poutre droite à treillis de tôle, de 500 mètres de longueur, repose sur 2 culées et 6 piles; chacune de ces piles est formée de 2 tubes en fonte de 3^m,60 de diamètre descendus au moyen de l'air comprimé à 16 ou 17 mètres en contre-bas du niveau moyen des eaux et pénétrant d'environ 2 mètres dans une couche de gros graviers que l'on trouve au-dessous des sables fins et des argiles dont le fond de la rivière est composé.

Le contraste est saisissant et fait ressortir le caractère monumental du pont de Deschamps. Il convient d'ajouter, pour rendre la comparaison des systèmes et des époques plus équitable, que le pont métallique de Bordeaux n'a coûté que 3 millions de francs et que sa construction n'a pas duré plus de 23 mois. Économie et célérité sont les deux caractères essentiels de la construction contemporaine.

ÉTUDES SUR LA STABILITÉ DES VOÛTES EN MAÇONNERIE.

La théorie des voûtes en berceau composées de voussoirs a pour fondateur l'ingénieur militaire français Coulomb, qui l'a énoncée dans son mémoire de 1773. En 1796, Boistard, chargé comme ingénieur en chef de la construction du pont de Nemours, conçu dans des proportions hardies, procéda à une série d'expériences. C'est de ce double point de départ théorique et pratique que procèdent les méthodes en usage dans les travaux publics en France. La méthode généralement adoptée a été donnée par Méry, ingénieur des ponts et chaussées, dans les circonstances suivantes.

M. E. Méry, arrivant à Brest en 1828, à sa sortie de l'École des ponts et chaussées, fut chargé par l'ingénieur en chef Trotté de Laroche de vérifier la stabilité des arceaux de l'hôpital de Clermont-Tonnerre, alors en construction. A l'occasion de ce travail spécial, il rédigea un mémoire très intéressant sur la stabilité des voûtes en général, lequel a été publié seulement en 1840 aux *Annales des ponts et chaussées*.

Méry fait usage de la courbe dite *courbe des pressions*, qui passe par les points d'application des pressions résultantes sur les joints successifs des voussoirs. Il laisse subsister l'indétermination qu'on rencontre dans une voûte stable et qui n'est pas à la limite de stabilité entre les courbes possibles en nombre infini. Il cherche la courbe correspondant au minimum et celle correspondant au maximum de la poussée; puis, pour lever l'indétermination se ramène à la considération de voûtes fictives qui, eu égard à leur forme spéciale, sont à la limite de l'équilibre, et pour lesquelles par suite la courbe des pressions de poussée minimum et celle de poussée maximum doivent coïncider.

La méthode semi-empirique, semi-rationnelle de M. Méry a rendu de grands services en donnant aux ingénieurs qui se livrent aux tâtonnements qu'elle comporte un sentiment très juste des proportions à donner aux ouvrages.

Mais il ne faut pas lui attribuer la plus grande part des succès obtenus dans les grands ouvrages en maçonnerie construits depuis quarante ans : c'est surtout à l'emploi de mortiers hydrauliques et de mortiers de ciment que ces succès sont dus, aux travaux chimiques et techniques de Vicat plutôt qu'aux théories mécaniques, qui sont, il faut l'avouer, demeurées dans une infériorité incontestable.

Si l'on admet l'incompressibilité des voussoirs, la théorie des voûtes peut se constituer, grâce au principe de la moindre résistance entrevu par plusieurs géomètres, énoncé par Moseley (1833), développé par Hermann Scheffler (1857). Poncelet l'accepte comme évident et en apprécie l'importance.

Mais, quand on veut faire intervenir l'élasticité des voussoirs, on se trouve en présence de ce desideratum capital : la loi inconnue de répartition des pressions à la surface d'un corps solide homogène. La théorie des voûtes n'est pas seule intéressée à la découverte de cette loi, qui est la base de toute la science des constructions. L'analyse mathématique s'y est appliquée en vain : c'est l'expérience qui doit prononcer maintenant [1].

Voici comment Poncelet, dans son *Examen historique et critique des principales théories concernant l'équilibre des voûtes* (1852), indique les progrès à accomplir :

« On sait que l'Académie des sciences a jusqu'ici vainement proposé l'un de ses grands prix pour la solution analytique de cette difficile et importante question (la loi de répartition des forces moléculaires à la surface extérieure d'un corps solide), qu'il conviendrait peut-être de limiter, quant à présent au cas d'un prisme élastique uniquement soumis à l'action de la pesanteur et reposant sur un plan matériel horizontal, supposé non déformable, par une base dont les distances intermoléculaires seraient elles-mêmes censées invariables. Aussi doit-on appeler de tous ses vœux le perfectionnement et le développement des méthodes par lesquelles MM. Navier, Poisson, Cauchy, Lamé et Clapeyron ont abordé au point de vue mathématique les questions qui concernent l'équilibre intérieur des solides élastiques, et qui, en attendant une solution vraiment rigoureuse, ont déjà conduit M. de Saint-Venant à perfectionner l'ancienne théorie de la résistance des corps à la flexion, au glissement parallèle et à la tension transversale produits par des forces extérieures et diversement appliquées. Le long intervalle qui s'était écoulé depuis les premières recherches des géomètres d'abord cités avait fait craindre aux amis éclairés de la science que cette branche importante de la physique mathématique ne tombât dans un complet abandon, lorsque le remarquable ouvrage de M. Lamé (*Leçons sur la théorie mathématique de l'élasticité des corps solides*, 1852) est venu dissiper cette appréhension, en nous donnant l'espoir de voir bientôt la théorie des voûtes, elle-même, soumise à des principes plus satisfaisants encore que ceux que nous possédons. Du moins doit-on savoir un gré infini à ce savant d'avoir répandu sur une aussi difficile matière une clarté d'exposition qui la rend pour ainsi dire élémentaire, et d'y avoir semé des aperçus neufs et féconds qui ne tarderont pas sans doute à recevoir d'utiles applications aux problèmes variés qui intéressent l'art de l'ingénieur. Ajoutons que les belles et délicates expériences de M. Wertheim sur la compression des solides élastiques sont un autre motif d'espérer une prompte et heureuse solution. »

Tel était l'appel adressé par un glorieux vétéran de la science, grand ingénieur en même temps, à la nouvelle génération. Cet appel a-t-il été entendu ? Il est difficile de répondre affirmativement, quoique les recherches de M. Boussinesq, et de quelques autres savants encore, soient dignes de haute estime et des plus chaleureux encouragements.

Mais c'est à l'expérience qu'il faut venir demander une lumière nouvelle. Nous croyons que cette nécessité est enfin sentie, et que la théorie et la pratique de la construction sont appelées à de nouveaux progrès.

En attendant, les constructeurs ont pour se guider l'exemple de leurs devanciers et les considérations semi-rationnelles de l'école de Coulomb et de Méry.

VOUTES BIAISES.

La construction des chemins de fer, assujettis à des conditions de tracé beaucoup plus strictes que les routes, a multiplié les ponts biais ; on a dû chercher à perfectionner et à simplifier les appareils et les modes de construction employés par les anciens architectes pour les voûtes biaises en maçonnerie.

L'appareil hélicoïdal, naturellement indiqué dans un pays où les briques sont les matériaux de construction les plus économiques, est employé en Angleterre depuis qu'on y construit des chemins de fer, et

---

1. Voir *Traité de la stabilité des constructions*, par M. le Dr Hermann Scheffler. Traduction française, 1864.

M. Georges Watson Buck a publié en 1839 un traité sur les voûtes biaises à section droite circulaire[1]. L'appareil orthogonal a été employé pour la première fois en France au chemin de fer de Paris à Versailles par MM. Lamé, Clapeyron et Lefort, et M. Lefort a publié dans les *Annales des ponts et chaussées*, en 1839, la même année que celle où M. Buck publiait son livre en Angleterre, un mémoire théorique sur les voûtes biaises en berceau appareillées dans ce système ; c'est cette belle étude qui a été le point de départ de tout ce qui s'est publié depuis sur les ponts biais en France.

MM. Graeff, de la Gournerie, Charles Le Blanc, Félix Lucas ont consacré aux questions géométriques et mécaniques que soulève la construction des arches biaises des travaux des plus remarquables. Ces questions sont tellement difficiles que l'accord n'a pu s'établir encore sur l'existence d'une poussée au vide indépendante de l'appareil adopté ; la discussion vient d'être ravivée par des expériences faites devant l'Académie des sciences par M. l'inspecteur général de la Gournerie. Voici en quels termes un autre savant géomètre, M. l'inspecteur général Lalanne, analysait (séance de l'Académie des sciences du 12 mai 1879) une note de son collègue M. de la Gournerie :

« Parmi les hommes d'un mérite éminent qui ont pensé qu'une poussée au vide avait lieu dans les arches biaises, l'auteur cite Perronet, Chézy, Clapeyron, Lefort, etc., et d'autres ingénieurs connus par des travaux justement appréciés de l'Académie, MM. Graeff, Carvalho, etc.

« C'est en 1852 que, pour la première fois, un ingénieur d'une grande sagacité, feu M. L'Éveillé, défendit l'opinion contraire, celle du parallélisme des poussées aux plans de tête. La même année M. Le Blanc, aujourd'hui inspecteur général des ponts et chaussées, se rangea au même avis. Dix ans plus tard, il inscrivait sur le cadre du dessin de son beau viaduc biais des Corbinières, qu'il envoyait à l'Exposition universelle de Londres, une légende niant absolument l'existence d'aucune poussée au vide.

« M. de la Gournerie avait d'ailleurs déjà donné des renseignements détaillés dans un mémoire publié en 1872 sur l'opinion des principaux auteurs anglais. Leur réserve en la matière est digne d'être notée. Nulle part ils ne développent ni la théorie de la poussée au vide, ni le principe du parallélisme des pressions aux plans de tête.

« Le travail de M. de la Gournerie doit être tout spécialement désigné à l'attention des ingénieurs et des constructeurs. »

Les limites d'application des différents appareils sont ainsi établies par M. Graeff : l'appareil hélicoïdal est le véritable appareil des ponts surbaissés ; il ne doit pas être employé pour les pleins cintres ou les anses de panier, auxquels doit être appliqué l'appareil orthogonal convergent si la longueur du pont mesurée suivant une génératrice dépasse une certaine limite, l'appareil orthogonal parallèle au-dessous de cette limite.

« Au delà d'une certaine limite de biais, dit M. Graeff, l'appareil orthogonal lui-même ne peut plus être employé sans danger, et dès lors il faut renoncer à faire des voûtes biaises en maçonnerie. Nous pensons que les limites du biais raisonnable à adopter en pratique sont l'angle de 40° pour le plein cintre et l'anse de panier, et celui de 45° pour l'arc de cercle surbaissé ; pour des angles plus aigus la construction d'une grande arche biaise devient un véritable tour de force. Si l'on était par les dispositions locales impérieusement forcé d'exécuter un semblable ouvrage, il faudrait bien s'y résigner et, dans ce cas, on devrait mettre toutes les bonnes chances de son côté. L'appareil de M. Lucas nous paraît devoir être bien utile dans ces cas exceptionnels et lorsqu'il s'agit d'ailleurs d'arcs de cercle surbaissés ; mais, en ce qui nous concerne, nous préférerions toujours, lorsque les circonstances locales le permettront, adopter le système décrit par M. Boucher dans les *Annales des ponts et chaussées* (1848) et perfectionné par MM. Krantz, Duval et Partiot (*Annales*, 1864) qui consiste à diviser la voûte en plusieurs voûtes droites indépendantes. Ce système a l'inconvénient de coûter plus de pierre de taille que celui d'une seule voûte biaise appareillée d'après les systèmes examinés plus haut, mais il est bien plus sûr, lorsque la construction biaise, sortant des limites que nous avons indiquées et qui semblent avoir été sanctionnées par la pratique, du moins en France, devient pour le constructeur une source de difficultés de toute espèce ; on a d'ailleurs encore, dans ce cas, la ressource des ponts métalliques, et l'on ne voit pas dès lors pourquoi l'on irait se créer d'aussi grands embarras lorsqu'il y a des moyens si simples de les éviter. »

Il convient d'accorder une mention aux procédés perfectionnés de décintrement qui ont donné une

---

1. Voir l'ouvrage intitulé : *Appareil et construction des ponts biais*, par M. Graeff, actuellement inspecteur général des ponts et chaussées. 2ᵉ édition. 1867.

sécurité inconnue auparavant : surtout à l'emploi du sable sec soit dans des sacs (procédé Beaudemoulin), soit dans des cylindres en tôle munis de trous (procédé Bouziat). L'emploi des verrins, plus particulièrement préconisé par M. Dupuit, a présenté des avantages analogues, mais en exigeant pour les appareils et la main-d'œuvre plus de dépense et des précautions plus délicates.

PONTS EN CHARPENTE.

La France, où la pierre se trouve si abondamment, n'a jamais eu de grands ouvrages en charpente comparables à ceux des régions alpestres de la Suisse et de l'Allemagne, ou à ceux construits sur les grands fleuves des États-Unis d'Amérique.

On a vu que le pont de Bordeaux, qui devait être construit en charpente sur piles en maçonnerie, fut, sur l'initiative de Deschamps, formé de voûtes maçonnées.

En 1828-1829, M. l'Ingénieur en chef Emmery construisit sur la Seine, à Ivry près de Paris, un pont en arcs de charpente portés sur deux culées et quatre piles en maçonnerie. A cette époque, les considérations économiques prenaient décidément le pas sur la recherche d'un aspect monumental. M. Emmery fit cinq travées en bois, de 21 à 24 mètres d'ouverture, de 3 à 3^m,60 de flèche, formées de madriers courbés naturellement.

Chaque travée est composée de sept fermes, fortement moisées et contreventées ; chaque ferme est disposée en arc de cercle à l'intrados au moyen d'arbalétriers courbes jointifs ; l'extrados est formé par des longerons appuyés tant sur les piles et culées que sur le sommet de chaque travée d'arbalétriers et soulagés dans leur portée par des sous-poutres et des contre-fiches.

Ce pont a été construit avec les soins les plus minutieux, et a fourni une longue carrière. Toutefois son auteur avait déjà en vue une reconstruction ultérieure en arcs métalliques, et avait pris ses dispositions en conséquence.

PONTS MÉTALLIQUES.

Lamandé construisit, en 1806, à Paris le pont d'Austerlitz, formé de cinq arches en fonte de fer de 32^m,50 d'ouverture, surbaissées au dixième. Chaque travée était formée de cinq fermes espacées de 2 mètres d'axe en axe. Les voussoirs en fonte, reliés par des barres d'entretoises, avaient 1^m,30 de hauteur sur 1^m,60 de longueur ; les évidements réduisaient à 0^m,13 la hauteur de la partie pleine ; l'épaisseur de la fonte du panneau était de 0^m,06.

Ce premier essai n'a pas bien réussi ; en 1855, on comptait déjà dans cet ouvrage 4 à 5000 ruptures. Il a fallu le démonter un peu plus tard et le remplacer par des voûtes en maçonnerie.

En 1833, l'inspecteur général Polonceau construisit avec des arcs de fonte de section ovoïde le hardi et élégant pont du Carrousel à Paris, composé de trois arches de 47^m,67 d'ouverture et de 4^m,90 de flèche.

C'est à d'autres types, plus rigides, que l'on a recours actuellement quand on projette un pont en fonte. De grands ouvrages, comme le viaduc de Tarascon sur le Rhône pour le chemin de fer de Nîmes (1852), par MM. Talabot, Collet-Meygret et Desplaces, les ponts-route de Solférino, Saint-Louis, à Paris, El Kantara et Oued-el-Hammam en Algérie, par M. Georges Martin, ont fixé des types désormais très-connus et très-sûrs, où la fonte est employée rationnellement.

« Les ponts en arcs de fonte avec voussoirs [1] sont fréquemment établis pour des portées de 16 à 70 mètres. Dans leur construction on doit s'attacher à faire porter les voussoirs les uns sur les autres par des sections planes bien rabotées. Au contraire, pour les châssis formant les tympans, il est en général avantageux de ne dresser qu'un certain nombre de *portées*, et de laisser des vides qui sont ensuite remplis par du mastic à la limaille.

« L'entretoisement au moyen de traverses en fontes, scellées également à la limaille, n'a réussi que lorsque les fontes présentaient une masse très-considérable, comme au pont de Tarascon ; la crainte de rencontrer des difficultés dans les assemblages avait fait reculer devant l'emploi du fer, mais des exemples

1. *Traité de la construction des ponts et viaducs*, par M. Morandière, p. 643.

récents ont mis en évidence l'avantage de ce mode d'entretoises. Le fer devra donc être préféré, dans la plupart des cas, aussi bien pour la liaison des arcs que pour celle des tympans.

« Le calage des arcs est une opération délicate, qui demande toute l'habitude d'un constructeur expérimenté pour obtenir une réglementation convenable, suivant le poids du pont et suivant la température au moment du montage. On arrive cependant, par des calculs dont la pratique a démontré la justesse, à déterminer très-exactement la surflèche qu'il convient de donner aux arcs. »

Les arcs en fonte fonctionnent comme de véritables voûtes, et, à la condition d'une juxtaposition très-soignée des voussoirs, le calcul prévoit avec une grande exactitude les flexions élastiques dues à la charge fixe ou mobile et aux variations de température.

Pour permettre la détermination aussi complète que possible des forces élastiques en jeu, l'idée se présente naturellement de terminer les arcs aux naissances par des abouts cylindriques ou même par des articulations véritables. On fixe ainsi le point de passage de la courbe des pressions aux naissances.

MM. Poirée et Mantion avaient indiqué en outre, dans des articles insérés aux *Annales des ponts et chaussées* vers 1854, l'emploi de charnières à la clef, dans le but de déterminer complètement la courbe des pressions. M. l'ingénieur en chef Darcel a appliqué, en 1861, cette idée ingénieuse et hardie à son beau pont de 41 mètres de portée sur le canal Saint-Denis à Paris et à d'autres ouvrages; M. l'ingénieur en chef Gérardin a placé, peu de temps après, des articulations aux naissances et à la clef de ponts en tôle établis par lui sur le canal de l'Aisne à la Marne.

L'application de plus en plus précise du calcul aux actions qui se produisent dans les arcs, les poutres droites, les tympans, est la base des grands progrès techniques et économiques, qu'a faits en peu d'années la construction des ponts métalliques, tant en fonte qu'en fer. Mais c'est surtout l'emploi de la tôle ou du fer laminé qui s'est développé dans d'étonnantes proportions et a donné naissance à d'admirables ouvrages.

PONTS EN TÔLE.

L'application de la tôle aux ponts, née en Angleterre, s'est propagée assez tard en France. On peut citer, parmi les premières applications systématiques qui témoignaient d'une saine appréciation des formes et des procédés de construction qui conviennent à ce métal, les ponts en arc sur le canal de Chelles, étudiés, sur les indications sommaires de M. l'inspecteur général Mary, par MM. Louiche-Desfontaines et Carro, qui ont fait faire des progrès si remarquables à l'art de l'ingénieur hydraulicien ; et les ponts à poutre droite établis par MM. Couche et Brame pour le chemin de fer de ceinture de Paris.

Un peu plus tard Clapeyron au pont de Langon donnait leur forme définitive aux méthodes de calcul des poutres droites à plusieurs travées solidaires, dont le goût s'est maintenu en France malgré l'objection faite par beaucoup d'esprits judicieux, et notamment par Dupuit, contre un mode de construction dont les prévisions reposent sur l'hypothèse d'un tassement absolument uniforme des supports, et sont renversées dans le cas d'un mouvement inégal, fût-il presque imperceptible.

Les poutres droites pleines, analogues à celles du grand pont Britannia, chef-d'œuvre de Stephenson et de Fairbairn, les poutres droites en treillis, établies avec prédilection par les ingénieurs allemands, les poutres droites articulées en fer laminé, auxquelles les Américains ont donné la préférence et qui leur ont permis d'établir dans de bonnes conditions économiques des ouvrages colossaux, ont été plus ou moins reproduites en France, sans qu'il se soit réalisé, ce semble, à l'occasion de ces reproductions, des progrès très-saillants autres que ceux qui résultent d'une exécution très-soignée.

Les ponts en forme de poutre d'égale résistance reposant sur les appuis par des couteaux d'acier, construits par l'ingénieur bavarois Pauli et justement remarqués, n'ont pas beaucoup pénétré dans la pratique française.

C'est dans la disposition et le calcul des ponts en arc que se sont surtout signalés les ingénieurs français, et ici doit être cité tout d'abord le nom d'Oudry, avec ses hardis ouvrages qui se distinguent par un remarquable cachet de légèreté : le pont d'Arcole à Paris, pont en arc de 80 mètres de portée et 6 mètres de flèche, dont la poussée est presque annulée par la traction exercée par les longrines des tympans, scellées dans les culées ; et le grand pont tournant de 106 mètres de portée, construit à l'entrée du port militaire de Brest, formé de deux volées mobiles avec 53 mètres de porte-à-faux. Cet ouvrage unique en son genre a été conçu par MM. Cadiat et Oudry. Le projet exécuté appartient en propre à M. Oudry.

M. Mathieu, ingénieur en chef du Creuzot, a puissamment coopéré, par la perfection de l'exécution, à la réussite de cette remarquable entreprise (1858-1860).

Les hauts piliers métalliques établis pour les grands viaducs du réseau central d'Orléans par MM. Thirion et Nördling ont réalisé un nouveau et important progrès, rendu plus éclatant par l'élégant mode de construction de ces piliers à l'aide des poutres du pont elles-mêmes lancées en porte-à-faux et tenant lieu de bras de grues gigantesques. Le premier exemple de ce mode de construction a été donné au viaduc de Fribourg (chemin de fer de Lausanne à Fribourg) sur la Sarine, par M. Mathieu, ingénieur en chef du Creuzot, en 1859.

Les combles des palais des Expositions universelles de 1855 et de 1867 ont familiarisé les constructeurs avec les grands arcs sans poussée, et agrandi les idées des maîtres de l'art, de telle sorte que la construction d'un arc de 160 mètres de portée, conçue par M. Eiffel, ingénieur-constructeur à Paris, étudiée et favorablement jugée par MM. Krantz, Molinos et de Dion, a pu se faire au-dessus du Douro à Porto sans hésitation et avec un éclatant succès, et qu'un ouvrage analogue vient d'être décidé en France même, comme donnant la solution rationnelle et économique d'un problème technique devant lequel on eût reculé, il y a bien peu d'années encore.

Le développement des constructions métalliques est le caractère saillant des travaux publics dans la seconde moitié du XIXᵉ siècle. Les noms des grandes maisons de construction et des habiles ingénieurs qui dirigent leurs travaux retentissent à juste titre aux grandes assises de l'industrie qui accompagnent les Expositions internationales. Ce n'est pas ici qu'il convient de produire une liste d'honneur qui semblerait exclusive. Mais il sied d'insister sur la décisive influence, quoique latente, qu'ont eue sur le progrès de l'art des constructions les travaux théoriques des premières générations d'ingénieurs fournies par l'École polytechnique de Paris : Poisson, Cauchy, Navier, Coriolis, Belanger, Lefort étaient des ingénieurs des ponts et chaussées; Lamé et Clapeyron étaient des ingénieurs des mines; les uns et les autres ont jalonné la voie du progrès industriel et n'ont jamais admis de scission entre la recherche scientifique et l'étude des applications. Il faut que cette tradition se continue, suivant le vœu tant de fois répété de l'illustre Lamé : il y va du progrès ultérieur et du rang de notre pays dans toutes les branches de l'industrie.

PONTS SUSPENDUS.

Aux ponts suspendus, plus qu'à tout autre genre de construction, s'applique cette remarque. L'articulation continue s'il s'agit de câbles en fil de fer, ou du moins très-fréquemment répétée s'il s'agit d'autres modes de construction, lève toute indétermination dans la répartition des efforts et met le constructeur en demeure de tout prévoir exactement. Si cette condition est remplie, nul système ne permet de triompher de plus grands obstacles. Ce n'est plus par travée de 160 mètres, maximum atteint à ce jour par les ponts en tôle travaillant au moins en partie à la compression, mais par travée de 200 à 500 mètres, que les ponts suspendus peuvent être jetés dans des conditions qui n'excluent ni la solidité ni l'économie.

L'Amérique a donné l'exemple des ponts suspendus.

Le premier grand pont suspendu en Europe fut construit en 1820 par Telford dans l'espace de onze mois sur la Tweed ; sa portée est de 110 mètres. Un peu après, le même ingénieur jeta sur le détroit de Menai une travée suspendue de 170 mètres.

Isambard Brunel construisit vers cette époque, pour le gouvernement français, des ponts suspendus à l'île de la Réunion; dès lors, pour leur donner une rigidité suffisante, il employa inférieurement au plancher des arcs renversés en chaînes de fer, auxquels le système se trouve lié de la même manière qu'aux arcs supérieurs. Cette disposition a aussi pour but de défendre l'ouvrage des ouragans violents qui ravagent fréquemment l'île de la Réunion.

Navier, chargé par le gouvernement français d'étudier au point de vue théorique et pratique le nouveau procédé de construction anglais et américain, établit dans son mémoire les règles à suivre, et dès lors l'essor fut donné en France à l'établissement des ponts suspendus.

Séguin aîné construisit, en 1824, avec un plein succès, un pont suspendu sur le Rhône, entre Tain et Tournon. Il se compose de deux travées de 85 mètres de portée chacune. A la fin de 1830 on comptait déjà 20 grands ponts suspendus terminés ou sur le point d'être ouverts à la circulation; de 1831 à 1848 130 ponts suspendus furent construits sur les routes nationales et départementales seulement.

Ce fut par excellence le mode de construction employé, vu l'économie d'établissement qu'il comporte, pour les ponts à péage. En 1860, sur 196 ponts à péage, servant aux routes nationales et départementales, on comptait 159 ponts suspendus.

A l'époque où les ponts suspendus furent introduits en France, les constructeurs anglais employaient généralement des chaînes en fer forgé à longues mailles. Dès le début, Séguin employa le fil de fer à la fabrication des câbles, après des essais concluants.

L'ingénieur en chef Leblanc employa également des câbles en fil de fer pour le grand pont suspendu sur la Vilaine à La Roche-Bernard, construit de 1835 à 1839.

Des accidents, tels que celui du pont d'Angers et d'autres encore, ont jeté un discrédit exagéré chez nous, comme en Angleterre, sur les ponts suspendus. A ce moment d'ailleurs les ponts en tôle à poutres droites ou en arcs sont devenus beaucoup plus familiers aux constructeurs et ont dès lors remplacé les ponts suspendus dans la plupart de leurs applications courantes.

En Amérique, où se posent plus souvent des problèmes techniques comportant la traversée sans support intermédiaire de très-grands cours d'eau, le célèbre ingénieur John-A. Rœbling (mort en 1869) a surtout contribué par de beaux exemples au perfectionnement des ponts suspendus.

Deux ou quatre câbles, bien disposés ; des amarres extérieures ou des contre-câbles ajoutant à la rigidité du tablier; les gardes-corps du tablier disposés en poutres droites suffisamment hautes et résistantes pour donner une grande stabilité à l'ensemble. Avec ces moyens réunis on a pu aborder la construction du pont suspendu des chutes du Niagara (1867), qui franchit 386^m,84 sans support intermédiaire, et enfin dans ces derniers temps la construction du pont suspendu sur le canal de l'Est qui réunit New-York à Brooklyn par une travée unique de 493 mètres de portée.

C'est donc surtout pour des ouvrages de dimensions exceptionnelles que l'emploi des ponts suspendus demeure indiqué dans l'avenir.

Quelle que soit d'ailleurs la différence de principe qui existe entre les ponts suspendus et les ponts à poutres droites, les ouvrages de l'un et de l'autre type que les Américains construisent depuis vingt ans portent, comme l'a fait remarquer M. l'inspecteur général Malézieux, l'empreinte d'une idée commune, faire travailler le fer à l'extension plutôt qu'à la compression. C'est en effet dans le premier cas seulement que l'on peut utiliser intégralement la résistance du métal, et par conséquent réaliser une économie qui peut être très-considérable [1].

On peut s'attendre à voir quelque jour les constructeurs français tirer parti de ces observations, et y puiser des inspirations nouvelles.

1. *Mission de M. Malézieux aux États-Unis en 1870,* p. 122 du mémoire de mission.

CHAPITRE IV

STATISTIQUE

Voici l'état par département, à la date du 31 décembre 1877, des longueurs des routes nationales et départementales classées, ainsi que des chemins vicinaux des trois catégories également classés :

DÉPARTEMENTS.	ROUTES NATIONALES.	ROUTES DÉPARTEMENTALES.	ROUTES DIVERSES.	CHEMINS VICINAUX			TOTAUX en KILOM.	SUPERFICIE en kilom. carrés.	NOMBRE de kilomètres de voie de terre par kilom. carré.
				DE GRANDE COMMUNICATION.	D'INTÉRÊT COMMUN.	ORDINAIRES.			
	kilom.	kilom.	kilom.	kilom.	kilom.	kilom.			
Ain	450,4	660,6	»	1.016,9	1.156,3	6.564,8	9.849,0	5.799	1,698
Aisne	613,6	»	»	2.106,7	1.182,3	4.026,5	7.929,1	7.352	1,078
Allier	499,9	240,4	»	1.704,5	406,0	11.428,5	14.279,3	7.308	1,954
Basses-Alpes	599,6	509,4	»	350,0	451,9	2.777,3	4.688,2	6.954	0,674
Hautes-Alpes	379,8	121,3	»	429,9	310,6	2.929,2	4.170,8	5.590	0,746
Alpes-Maritimes.	364,4	203,9	»	460,4	328,1	2.771,7	4.128,5	3.750	1,101
Ardèche.	478,0	847,1	»	270,7	666,8	6.649,6	8.912,2	5.527	1,601
Ardennes	386,6	212,3	»	930,0	1.380,0	3.267,0	6.175,9	5.233	1,180
Ariège.	278,5	326,3	»	473,7	684,0	2.290,1	4.052,6	4.894	0,829
Aube	378,8	382,9	»	521,5	811,9	2.415,6	4.510,7	6.001	0,751
Aude	359,2	698,1	»	625,7	1.426,3	4.414,4	7.523,7	6.313	1,192
Aveyron.	590,8	878,4	»	700,4	1.553,6	3.780,9	7.504,1	8.743	0,858
Belfort.	42,3	»	»	184,2	175,7	259,9	662,1	610	1,086
Bouches-du-Rhône . . .	272,1	413,1	»	363,7	285,7	2.249,1	3.583,7	5.105	0,702
Calvados	439,8	»	»	1.734,6	1.354,9	4.509,0	8.038,3	5.521	1,456
Cantal.	382,2	446,3	»	531,6	1.470,6	4.881,9	7.712,6	5.741	1,343
Charente	349,9	543,6	»	1.025,4	1.109,8	3.012,5	6.041,2	5.942	1,017
Charente-Inférieure . . .	431,7	630,2	»	1.722,4	1.106,9	6.823,8	10.715,0	6.826	1,569
Cher.	492,4	»	agricoles. 5,1	1.404,1	1.524,0	3.991,7	7.417,4	7.199	1,021
Corrèze	372,1	451,9	»	1.069,9	792,3	3.337,5	6.023,7	5.866	1,027
Corse	1.131,2	209,8	ferrées. 501,3	448,4	1.164,9	5.076,4	8.532,0	8.747	0,975
Côte-d'Or	707,0	825,0	»	902,0	457,5	5.898,7	8.790,2	8.761	1,003
Côtes-du-Nord	479,1	»	»	2.120,2	1.159,9	3.151,5	6.910,7	6.886	1,004
Creuse.	337,8	435,7	»	935,0	1.056,6	2.473,6	5.238,7	5.568	0,948
Dordogne.	368,3	1.036,1	agricoles. 1,6	1.698,6	1.246,4	11.885,9	16.236,9	9.183	1,767
Doubs.	306,1	563,6	»	985,1	540,4	5.827,6	8.222,8	5.128	1,573
Drôme.	311,7	382,8	»	706,1	1.020,5	5.416,4	7.837,5	6.521	1,202
Eure.	464,4	795,7	»	2.424,1	»	6.489,3	10.173,5	5.958	1,707
Eure-et-Loir.	379,5	»	»	1.854,0	1.229,3	3.737,7	7.200,5	5.874	1,243
Finistère.	415,3	517,4	»	1.183,0	389,3	4.170,0	6.675,0	6.722	0,993
Gard.	513,1	718,9	»	633,7	751,1	4.522,7	7.139,5	5.836	1,240
Haute-Garonne	350,4	919,1	»	936,0	776,7	7.040,1	10.022,3	6.290	1,592
Gers.	419,1	646,7	»	1.533,5	787,3	5.477,0	8.863,6	6.280	1,411
Gironde.	388,1	»	»	2.419,2	2.022,5	9.139,7	13.979,5	9.740	1,435
Hérault	358,1	494,5	»	974,9	1.079,0	4.722,1	7.628,6	6.198	1,231
Ille-et-Vilaine.	723,1	572,2	»	1.131,7	1.531,3	2.792,3	6.750,6	6.726	1,004
Indre	404,1	699,5	»	880,4	836,2	3.042,8	5.863,0	6.795	0,863
A reporter	16.218,5	16.382,8	508,0	39.402,3	34.226,6	173.244,8	280.183,0	233.592	»

DÉPARTEMENTS.	ROUTES NATIONALES.	ROUTES DÉPAR- TEMENTALES.	ROUTES DIVERSES.	CHEMINS VICINAUX. DE GRANDE COMMU- NICATION.	D'INTÉRÊT COMMUN.	ORDI- NAIRES.	TOTAUX en KILOM.	SUPERFICIE en kilom. carrés.	NOMBRE de kilomètres de voie de terre par kilom. carré.
	kilom.	kilom.	kilom.	kilom.	kilom.	kilom.	kilom.		
Report	16.218,5	16.382,8	508,0	39.402,3	34.226,6	173.244,8	280.183,0	233.592	»
Indre-et-Loire.	317,4	»	»	1.839,1	999,2	5.743,5	8.899,2	6.114	1,455
Isère.	545,5	809,7	»	735,0	701,0	8.702,3	11.493,5	8.289	1,386
Jura.	355,5	606,9	»	845,8	477,0	4,679,1	6.964,3	4.994	1,395
Landes	456,3	638,2	»	897,6	424,5	6.935,3	9.351,9	9.321	1,003
Loir-et-Cher	305,6	572,5	»	676,0	1.600,7	2.797,7	5.952,5	6.351	0,937
Loire	340,0	487,4	»	496,3	880,7	4.480,9	6.685,3	4.760	1,404
Haute-Loire.	356,4	551,4	»	434,8	527,0	3.795,2	5.664,8	4.962	1,142
Loire-Inférieure. . . .	572,8	529,1	»	2.216,4	691,7	2.841,1	6.851,1	6.875	0,996
Loiret.	436,4	518,2	»	1.391,7	254,8	3.033,0	5.654,1	6.771	0,835
Lot.	277,6	617,7	»	1.006,5	1.302,3	3.118,3	6.322,4	5.212	1,213
Lot-et-Garonne	376,5	501,1	»	821,2	981,6	5.190,6	7.871,0	5.354	1,470
Lozère.	498,6	517,6	»	509,0	357,6	6.242,7	8.125,5	5.169	1,572
Maine-et-Loire	561,6	828,9	»	995,3	1.504,0	3.713,6	7.603,4	7.121	1,068
Manche.	376,0	648,1	»	1.117,9	996,0	5.231,4	8.369,4	5.928	1,428
Marne.	590,3	586,2	»	651,5	800,7	4.488,8	7.117,5	8.180	0,870
Haute-Marne	410,3	325,5	»	726,9	1.194,7	2.680,9	5.338,3	6.220	0,858
Mayenne.	485,0	538,6	»	910,0	355,7	2.633,0	4.922,3	5.171	0,952
Meurthe-et-Moselle. .	452,5	447,0	»	649,5	794,1	3.088,6	5.431,7	5.232	1,038
Meuse.	508,4	404,5	»	919,2	1,291,6	1.918,7	5.042,4	6.228	0,810
Morbihan	594,1	299,1	»	1.113,6	858,1	2.872,9	5.737,8	6.798	0,844
Nièvre.	473,8	632,0	»	827,6	1.162,5	4.688.5	7.784,4	6.817	1,142
Nord.	592,2	513,6	»	907,7	781,6	6.116,7	8.911,8	5.681	1,569
Oise.	601,1	»	»	2.518,8	5,3	5.772,2	8.897,4	5.855	1,519
Orne.	459,1	»	»	1.616,8	965,6	3.382,1	6.423,6	6.097	1,053
Pas-de-Calais	683,8	»	»	4.926,1	»	6.986,6	12.596,5	6.606	1,906
Puy-de-Dôme	473,4	497,2	»	595,5	2.005,3	12.296,7	15.868,1	7.950	1,996
Basses-Pyrénées. . . .	415,4	702,6	»	998,9	1.036,5	8.982,7	12.136,1	7.623	1,692
Hautes-Pyrénées . . .	360,1	306,7	»	820,5	678,0	3.356,1	5.521,4	4.529	1,219
Pyrénées-Orientales. .	388,5	135,5	»	408,1	588,8	2.268,0	3.788,9	4.122	0,919
Rhône.	227,2	510,7	»	717,8	8:4,4	3.753,2	6.023,3	2.790	2,553
Haute-Saône.	300,3	844,7	»	759,0	539,1	3.473,8	5.916,9	5.140	1,108
Saône-et-Loire	586,4	521,5	»	1.299,6	1.139,3	7.975,1	11.521,9	8.552	1,347
Sarthe.	402,6	583,9	»	865,9	1.614,4	3.284,0	6.770,8	6.207	1,091
Savoie.	357,7	253,1	»	705,7	1.076,9	2.029,5	4.422,9	5.760	0,768
Haute-Savoie	354,1	389,3	»	543,7	418,6	3.759,5	5.465,2	4.115	1,266
Seine.	116,9	179,8	»	171,1	»	339,3	807,1	479	1,685
Seine-Inférieure. . . .	595,2	847,0	»	4.602,4	»	4.974,2	11.018,8	6.035	1,826
Seine-et-Marne	517,3	1.043,0	»	2.238,9	»	2.761,4	6.562,6	5.736	1,144
Seine-et-Oise	735,6	865,0	»	683,3	915,0	3.803,1	7.002,0	5.604	1,249
Deux-Sèvres.	465,3	»	»	1.272,1	1.594,2	4.148,3	7.479,9	6.000	1,247
Somme	619,6	»	»	3.468,8	»	5.529,7	9.618,1	6.161	1,561
Tarn.	334,3	878,4	»	816,2	2.476,0	3.402,7	7.907,6	5.742	1,377
Tarn-et-Garonne . . .	251,8	673,5	»	436,1	768,9	3.462,3	5.592,6	3.720	1,503
Var.	293,6	556,3	»	1.221,2	348,0	1.819,4	4.238,5	6.028	0,703
Vaucluse	155,8	590,7	»	242,5	125,2	2.805,3	3.919,5	3.548	1,105
Vendée	539,1	362,1	»	2.645,7	»	2.625,4	6.172,3	6.703	0,921
Vienne.	384,4	488,5	»	1.421,3	1.896,4	10.668,3	14.858,9	6.970	2,132
Haute-Vienne.	377,5	338,7	»	1.602,5	500,7	3.462,7	6.282,1	5.517	1,139
Vosges.	284,3	»	»	1.690,6	609,3	3.781,2	6.365,4	5.853	1,088
Yonne.	27,6	»	»	1.825,6	731,9	3.828,2	6.913,3	7.428	0,930
Totaux des 87 départ.	37.909,3	39.544,3	508,0	101.205,9	74.031,6	392.970,5	646.169,6	528.405	1,223
Dont à l'entretien. . .	37.302,1	39.400,0	400,0	94.167,8	56.456,5	177.724,6	405.451,0	»	»
Longueurs classées par département moyen. .	435,7	454,5	5,8	1.163,3	850,9	4.516,9	7.426,1	6.076	1,223

Sur les 37.302k,1 de routes nationales entretenues, on compte, à la même date, 2.583k,6 de routes pavées, et 34.718,5 de routes empierrées.

La dépense moyenne annuelle de l'entretien d'un kilomètre de route pavée est de 875 francs.

i. 24

La dépense moyenne annuelle de l'entretien d'un kilomètre de route empierrée est de 546 francs.

Il faut dans les deux cas ajouter pour l'entretien des ouvrages d'art et dépenses diverses 81 francs.

Ces chiffres ne comprennent pas les appointements des ingénieurs et conducteurs chargés de la direction du service.

L'état des voies de terre que l'on vient de présenter au lecteur ne comprend pas celles des rues des villes qui ne sont pas considérées comme traverses des routes ou chemins vicinaux. Il ne comprend pas non plus les rues de Paris qui sont placées sous un régime spécial, et sur lesquelles on a fourni ci-dessus les données statistiques les plus récentes.

On a donné également ci-dessus (page 58) les résultats comparatifs des comptages de la circulation sur les routes nationales. Il n'y a pas lieu d'y revenir ici. Il n'existe pas de travail d'ensemble analogue pour les autres catégories de voies de terre.

Nous devons à l'obligeance de M. l'ingénieur en chef Neveu–Derotrie l'état récapitulatif suivant des longueurs des routes et chemins de l'Algérie, qui peut être considéré comme se rapportant à la date du 31 décembre 1877, comme le tableau présenté ci-dessus pour la France européenne :

DÉPARTEMENTS.	LONGUEURS totales.	LONGUEURS à l'état d'entretien.	LONGUEURS en construction.	LONGUEURS en lacune.
1ᵉ *Routes nationales* [1].				
Alger............	832,171ᵐ.	555,031ᵐ.	44,000ᵐ.	233,140ᵐ.
Oran............	346,900	346,900	»	»
Constantine..	591,229	505,000	8,800	77,429
Totaux. ...	1,770,300ᵐ.	1,406,931ᵐ.	52,800ᵐ.	310,569ᵐ.

DÉPARTEMENTS.	LONGUEURS totales.	LONGUEURS à l'état d'entretien.	LONGUEURS en construction.	LONGUEURS en lacune.
2ᵉ *Routes départementales.*				
Alger............	785,200ᵐ.	552,523ᵐ.	41,037ᵐ.	191,640ᵐ.
Oran............	211,500	201,800	»	9,700
Constantine	594,000	542,718	48,282	3,000
Totaux.....	1,590,700ᵐ.	1,297,041ᵐ.	89,319ᵐ.	204,340ᵐ.

DÉPARTEMENTS.	LONGUEURS totales.	LONGUEURS à l'état d'entretien.	LONGUEURS en construction.	LONGUEURS en lacune.
3ᵉ *Chemins vicinaux de grande communication* [2]				
Alger............	663,648ᵐ.	361,611ᵐ.	30,999ᵐ.	271,038ᵐ.
Oran............	907,000	507,600	28,300	371,100
Constantine	2,704,700	453,330	133,350	2,118,020
Totaux.....	4,275,348ᵐ.	1,322,541ᵐ.	192,649ᵐ.	2,760,158ᵐ.

DÉPARTEMENTS.	LONGUEURS totales.	LONGUEURS à l'état d'entretien.	LONGUEURS en construction.	LONGUEURS en lacune.
4ᵉ *Chemins d'intérêt commun.*				
Alger............	268,428ᵐ.	232,869ᵐ.	»	35,559ᵐ.
Oran............	94,300	48,000	»	46,300
Constantine......	393,106	70,051	29,500	293,555
Totaux...	755,834ᵐ.	350,920ᵐ.	29,500ᵐ.	375,414ᵐ.

DÉPARTEMENTS.	LONGUEURS totales.	LONGUEURS à l'état d'entretien.	LONGUEURS en construction.	LONGUEURS en lacune.
5ᵉ *Chemins vicinaux ordinaires.*				
Alger............	2,306,620ᵐ.	1,130,979ᵐ.	144,393ᵐ.	1,031,248ᵐ.
Oran............	1,933,312	226,616	443,390	1,263,306
Constantine......	2,317,227	372,134	175,109	1,769,984
Totaux.....	6,557,159ᵐ.	1,729,729ᵐ.	762,892ᵐ.	4,064,538ᵐ.

DÉPARTEMENTS.	LONGUEURS totales.	LONGUEURS à l'état d'entretien.	LONGUEURS en construction.	LONGUEURS en lacune.
6ᵉ *Chemins de colonisation ou non classés.*				
Alger............	221,714ᵐ.	21,840ᵐ.	24,000ᵐ.	175,874ᵐ.
Oran............	426,150	169,336	114,014	142,800ᵐ.
Constantine......	235,500	54,500	16,000	165,000
Totaux...	883,364ᵐ.	245,676ᵐ.	154,014ᵐ.	483,674ᵐ.

Le tableau inédit qui précède a d'autant plus d'intérêt que les documents statistiques de l'Algérie ont été jusqu'ici très incomplètement portés à la connaissance du public.

1. On a donné p. 75, d'après des documents parlementaires, des nombres un peu différents pour les routes nationales. La divergence, de quelques kilomètres seulement, s'explique sans peine; la longueur de routes en partie en lacune ne peut être déterminée avec sûreté.
2. Ces nombres doivent être substitués à celui de la p. 75, donné d'après des documents évidemment incomplets.

LISTES CHRONOLOGIQUES DES ADMINISTRATEURS ET DES CHEFS DU CORPS
DES PONTS ET CHAUSSÉES.

Il ne sera pas sans intérêt de clore cette revue de travaux auxquels nos pères ont eu la plus grande part par un coup d'œil rétrospectif d'ensemble. Nous demandons la permission de faire défiler devant le lecteur les noms des hommes qui à des titres divers ont eu une influence prépondérante sur le développement des travaux publics de notre pays.

Voici d'abord la liste chronologique des personnes qui depuis Colbert ont eu l'autorité ministérielle sur les travaux publics, et des fonctionnaires principaux à qui s'est trouvé confiée la direction immédiate de cette administration.

1661-1683. *Colbert*, contrôleur général des finances.
1683-1689. *Le Peletier*, id.
1690-1699. *Phelypeaux de Pontchartrain*, id.

1699-1708. *Chamillart*, id.

1708-1715. *Desmarets*, id.

1715-1718. *Le Conseil du dedans* du royaume, présidé par le duc d'Antin.
1718-1719. *d'Argenson*, contrôleur général des finances.
1720. *Law*, id.
1721-1722. *Le Peletier de la Houssaye*, id.
1723-1726. *Dodun*, id.
1727-1730. *Le Peletier des Forts*, id.
1730-1745. *Orry*, contrôleur des finances et directeur général des ponts et chaussées de France.
1745-1754. *De Machault*, id.
1754-1756. *De Séchelles*, id.
1756-1757. *Moras*, id.
1757-1759. *Boullongne*, id.
1759. *Silhouette*, id.
1759-1763. *Bertin*, id.
1763-1768. *Laverdy*, id.
1768-1769. *Maynon d'Invau*, id.
1769-1774. *L'abbé Terray*, id.
1774-1776. *Turgot*, id.
1776-1777. *Taboureau des Réaux*, id.
1777-1781. *Necker*, id.
1781-1783. *Joly de Fleury*, id.
1783. *D'Ormesson*, id.
1783-1787. *De Calonne*, id.
1787. *Bouvard de Fourqueux*, id.
1787. *Laurent de Villedeuil*, id.
1787-1788. *Lambert*, id.
1788-1789. *Necker*, id.
1789-1790. *Lambert*, id.
1790-janvier 1791. *De Lessart*, id.
25 janvier 1791 au } *De Lessart*, ministre de l'intérieur.
20 novembre 1791. }
1791-1792. *Cahur de Gerville*, id.
1792-1793. *Roland*, id.
1793. *Garat*, id.
1793. *Paré*, id.
1794. *Goujon*, id.
1794. *Hermann*, id.
18 avril 1794 au } Commission exécutive : *Lecamus*,
3 novembre 1795. } *Rondelet*, et *Dupin*, adjoint.
1795-1797. *Bénézech*, ministre de l'intérieur.
1797. *François de Neufchâteau*, ministre de l'intérieur.
1797-1798. *Letourneux*, id.

1702-1703. *Rouillé*, directeur des finances pour le détail des ponts et chaussées, turcies et levées, barrage et pavé de Paris.
1704-1708. *Desmarets*, id.
1712-1715. *De Bercy*, intendant des finances pour les ponts et chaussées.

1715-1723. *Le Marquis de Béringhen*, directeur général des ponts et chaussées, turcies et levées et pavé de Paris.

1723-1736. *Dubois*, id.
1736-1743. *D'Ormesson*, intendant des finances chargé du détail des ponts et chaussées.
1743-1766. *Trudaine* (CHARLES-DANIEL), intendant des finances chargé du détail des ponts et chaussées.

1766-1777. *Trudaine de Montigny* (CHARLES-PHILIPPE), Intendant des Finances chargé du détail des ponts et chaussées.

1777-1781. *De Cotte*, id.
1781-10 août 1792. *Chaumont de la Millière*, intendant des finances chargé du détail des ponts et chaussées.

Lors de la nomination de M. de Lessart au ministère de l'intérieur, les ponts et chaussées passent dans ce ministère. M. Chaumont de la Millière demeure à la tête de cette administration jusqu'au 10 août 1792.

Après lui ce service devient une simple division : *Lecamus*, chef de division.

1798-1799. *François de Neufchâteau*, ministre de l'intérieur.
    1799.   Quinette,   *id.*
    1799.   Laplace,   *id.*
25 décembre 1799-1800. *Lucien Bonaparte*, id.
1800-1804. *Chaptal*,   *id.*
1804-1807. *De Champagny*,   *id.*
1807-1809. *Crétet*,   *id.*
1809-1814. *Montalivet*,   *id.*
    1814.   L'abbé *Montesquiou*,   *id.*
    1815.   Comte *Carnot*,   *id.*
    1815.   Comte de *Vaublanc*,   *id.*
1816-1818. *Lainé*,   *id.*
1818-1820. Comte *Decazes*,   *id.*
1820-1821. Comte *Siméon*,   *id.*
1821-1828. *De Corbière*,   *id.*
1828-1829. *De Martignac*,   *id.*
    1829.   Comte de la *Bourdonnaye*,   *id.*
1829-1830. *De Montbel*,   *id.*
19 mai au 31 juillet 1830. Baron *Capelle*, ministre des travaux publics.
11 août 1830-1831. *Guizot*, ministre de l'intérieur.

1831-1832. Comte d'*Argout*, ministre du commerce et des travaux publics.
1832-1834. *Thiers*,   *id.*
1834-1836. *Thiers*, ministre de l'intérieur.
    1836.   *Passy*, ministre du commerce et des travaux publics.
1836-1839. *Martin* (du Nord), ministre des travaux publics, de l'agriculture et du commerce.
1839-1840. *Dufaure*, ministre des travaux publics.
    1840.   Comte *Jaubert*,   *id.*
1840-1843. *Teste*,   *id.*
1843-1847. *Dumon*,   *id.*
1847-1848. *Jayr*,   *id.*
            ⎰ *Marie*,   *id.*
            ⎪ *Trélat*,   *id.*
    1848.   ⎨ *Recurt*,   *id.*
            ⎪ *Vivien*,   *id.*
            ⎱ *Léon Faucher*,   *id.*
1848-1849. *Lacrosse*,   *id.*
1849-1851. *Bineau*,   *id.*
    1851.   *Magne*,   *id.*
    1851.   *Lacrosse*,   *id.*
1851-1852. *Magne*,   *id.*
    1852.   *Lefebvre-Duruflé*,   *id.*
1852-1855. *Magne*, ministre de l'agriculture, du commerce et des travaux publics.
1855-1863. *Rouher*,   *id.*
1863-1867. *Béhic*,   *id.*
1867-1868. *De Forcade la Roquette*,   *id.*
1868-1869. *Gressier*,   *id.*
1869-1870. *Gressier*, ministre des travaux publics.
    1870.   Marquis de *Talhouët*,   *id.*
    1870.   *Plichon*,   *id.*
    1870.   *Jérôme David*,   *id.*
1870-1871. *Dorian*,   *id.*
1871-1872. Baron de *Larcy*,   *id.*
1872-1873. *De Fourtou*,   *id.*
    1873.   *Bérenger*,   *id.*
    1873.   *Desseilligny*,   *id.*
    1873.   Baron de *Larcy*,   *id.*
1874-1876. *Caillaux*,   *id.*
1876-1877. *Christophle*,   *id.*
    1877.   *Paris*,   *id.*
    1877.   *Graeff*,   *id.*
Déc. 1877. *De Freycinet*,   *id.*
Déc. 1879. *Varroy*,   *id.*

26 décembre 1799 au 18 avril 1806. *Crétet*, conseiller d'État chargé du service des ponts et chaussées.

1806-1809. *Montalivet*, direct᷒ général des ponts et chaussées.
1809-1814. Comte *Molé*,   *id.*
1814-1815. Baron *Pasquier*,   *id.*

1815-1817. Comte *Molé*,   *id.*
1817 à mai 1830. *Becquey*, directeur général des ponts et chaussées et des mines.

    1830.   *Legrand*, secrétaire général du nouveau ministère des travaux publics.
Août 1830-1832. *Bérard*, directeur général des ponts et chaussées et des mines.
9 juin 1832-18 mai 1839. *Legrand*, directeur général des ponts et chaussées.

18 mai 1839-20 décembre 1847. *Legrand*, sous-secrétaire d'État des travaux publics.

Depuis la retraite de M. Legrand, la direction du personnel et des services généraux est aux mains d'un secrétaire général; la direction administrative des travaux appartient à des fonctionnaires diversement qualifiés suivant les époques : directeur général, directeurs, ou même chefs de division.
1848-1855. *Boulage*, Secrétaire général du ministère des travaux publics.
1855-1876. *De Boureuille*,   *id.*
1876-1878. *Pascal*,   *id.*

1853-1855. Comte *Dubois*, directeur général des chemins de fer.
1853-1855. *De Franqueville*, directeur des ponts et chaussées.

1855-1876. *De Franqueville*, directeur général des ponts et chaussées et des chemins de fer.

    1876.   *Armand Rousseau*, directeur des routes et de la navigation.
1876-1878. *Schlemmer*, directeur des chemins de fer.
    1878.   *Véron-Duverger*, directeur général des chemins de fer.

Enfin nous donnons ci-après trois listes des ingénieurs qui, depuis le 4 février 1716, date de la création du corps des ponts et chaussées, ont atteint les plus hauts degrés de la hiérarchie.

PREMIÈRE LISTE (1716-1794).

1716-1743. *De la Hitte*, Inspecteur général des ponts et chaussées.
1716-1742. *Gabriel*, Architecte, premier ingénieur des ponts et chaussées.
1742-1754. *Boffrand*,   *id.*
1754-1763. *Hupeau*,   *id.*
1763-1794. *Perronet*,   *id.*
?-1774. *Louis de Régemortes*, premier ingénieur des turcies et levées.
1774-1788. *Gatien Bouchet*,   *id.*

NOTA. — Le titre de premier ingénieur n'a plus été décerné après Perronet.

DEUXIÈME LISTE (1716-1794).

1716-1734. *De la Guépière*, Inspecteur des ponts et chaussées.
1716-1739. *Gautier*,   *id.*
1716-1743. *Favolle*,   *id.*
1723-1742. *Boffrand*,   *id.*
1727-1735. *Le Frère Romain*,   *id.*
1739-1750. *Pitrou*,   *id.*
1742-1754. *Hupeau*,   *id.*
1743-1760. *Bayeux* aîné, Inspecteur général des p. et ch.
1743-1760. *Pollart*,   *id.*
1750-1763. *Perronet*,   *id.*
1754-1774. *Dié Gendrier*,   *id.*
1755-1760. *Guillaume Baveux*,   *id.*
1763-1770. *Legeudre*,   *id.*
1765-1776. *Querret*,   *id.*
1765-1774. *Gatien Bouchet*,   *id.*
1769. *Havez* (Ingénieur depuis le 13 octobre 1722), Inspecteur général honoraire.
1770-1777. *De Voglie*, Inspecteur général des ponts et chaussées.
1771-1798. *De Chézy*, Inspecteur général du pavé de Paris.
1774-1780. *Hue*, Inspecteur général des ponts et chaussées.
1774-1792. *Dubois*,   *id.*
1775-1786. *Trésaguet*,   *id.*
1777-1783. *Desvaux*,   *id.*
1780-1795. *Cadet de Limay*,   *id.*
1783-1804. *De Cessart*,   *id.*
1783-1788. *Bochet de Coluel*,   *id.*
1785-1786. *Marmillod*,   *id.*
1786-1795. *Bertrand*,   *id.*
1787. *Lallié*,   *id.*   (honoraire).
1787-1790. *Aubry*, Inspecteur général des turcies et levées.
1788-1803. *Gardeur-Lebrun*, Inspecteur général des ponts et chaussées.
1792-1806. *Gauthey* (provenant du service des États de Bourgogne), Inspecteur général des ponts et chaussées.
1792-1808. *Besnard* (*id.*   de Bretagne),   *id.*
1792-1814. *Ducros* (*id.*   de Languedoc),   *id.*
1792-1802. *Duchemin*, Inspecteur général des, ponts et chaussées.

TROISIÈME LISTE (1794-1880).

Inspecteurs généraux des ponts et chaussées
(Inspecteurs généraux de 1re classe, à partir de 1854)

1794-1797. *Lamblardie*.
1794-1807. *Lefebvre*.
1795-1815. *Lamandé*
1795-1803. *Montrocher*.
1795-1796. *Lejolivet*.
1796-1801. *Duclos*.
1801-1815. *Rolland*.
1802-1812. *Le Creulx*.
1803-1809. *Brémontier*.
1803-1835. *Sganzin*.
1805-1839. *Riche de Prony*.
1805-1825. *Cachin*.
1806-1814. *Ferregeau*.
1807-1829. *Bouchet*.
1812-1831. *Liard*.
1812-1842. *Tarbé de Vaux-clairs*.
1815-1831. *Bruyère*.
1822-1824. *Gayant*.
1822-1842. *Deschamps*.
1822-1835. *Cahouet* (honoraire).
1825-1831. *Drappier*.
1830-1840. *Dutens*.
1830-1842. *Bérigny*.
1831-1855. *Cavenne*.
1832-1847. *Legrand*.
1835-1847. *Lamandé*.
1835-1840. *Lamblardie*.
1839. *Eustache*.
1819-1848. *Fèvre*.
1840-1848. *Kermaingant*.
1842-1848. *Vauvilliers*.
1842-1850. *De Villiers du Terrage*.
1842-1843. *Raffeneau de Lille*.
1842-1847. *Bernard*.
1843-1848. *Favier*.
1846-1851. *Minard*.
1848-1850. *Brière de Mondétour*.
1848-1850. *Vallée*.
1848-1855. *Defontaine*.
1850-1855. *Poirée*.
1850-1857. *Mallet*.
1850-1854. *Frissard*.
1851-1858. *Le Masson*.
1851-1856. *Trotté de Laroche*.
1852-1865. *Reibell*.
1854-1867. *Avril*.
1855-1861. *Drappier*.
1855. *Schvilgué*.
1855-1870. *Gayant*.

1855-1881. *Mary*.
1855-1863. *Didion*.
1857-1868. *Lebreton*.
1858-1869. *Onfroy de Bré-ville*.
1861-1870. *Belin*.
1861-1868. *Payen*.
1865-1865. *Bonmart*.
1861-1876. *De Franqueville*.
1864-1868. *Busche*.
1865. *Noël*.
1865-1871. *Cabanel de Ser-met*.
1865-1872. *Collignon*.
1866-1871. *Michal*.
1867-1878. *Reynaud*.
1867-1873. *Comoy*.
1868-1873. *Rumeau*.
1868-1874. *Parandier*.
1868-1875. *Perrier*.
1869-1877. *Jégou d'Herbe-line*.
1869-1875. *Ducos*.
1870-1871. *De Logalisserie*.
1871-1874. *Dræling*.
1871-1878. *Kleitz*.
1872-1876. *Kolb*.
1874-1878. *Belgrand*.
1874. *Lalanne*.
1874-1879. *Lefort*.
1875. *Graëff*.
1875. *Alphand*.
1875. *Gendarme de Be-votte*.
1875. *Tarbé de St-Har-douin*.
1877. *Lefèbure de Fourcy*.
1878. *Pairier*.
1878. *Chatoney*.
1878. *Véron-Duverger*.
1878. *Pascal*.
1879. *Scherer*.
1879. *Deslandes*.
1879. *Watier*.
1879. *Le Gros*.
1879. *Baudart*.
1880. *Frécot*.

I.   13

EXPLICATION

DES PLANCHES

Pl. I. — Défilé de la Clue de Saint-André, près de Nice (*Alpes-Maritimes*.)

ROUTE DÉPARTEMENTALE Nº 1.

Ce défilé a une longueur de 200 mètres environ. Il est très étroit; la route a dû être entaillée dans le rocher.

Sur certains points où le rocher présentait des anfractuosités, la route a été établie sur des arcs en maçonnerie.

L'entrée et la sortie du défilé sont marquées par deux ponts en maçonnerie, l'un en arc de cercle de 16 mètres d'ouverture, l'autre en plein cintre de 10 mètres de diamètre.

Ces divers ouvrages ont été exécutés sous le régime sarde, vers 1840, par M. Fricero.

Pl. II. — Gorges de la Loue. (*Doubs*.)

ROUTE NATIONALE Nº 67.

La route nationale nº 67, de Saint-Dizier à Lausanne, qui serpente à travers les coteaux escarpés de la Loue, a été construite en vertu d'une ordonnance royale du 29 août 1837.

La dernière partie a été ouverte le 10 août 1845, ainsi qu'il résulte de l'inscription suivante placée près de la percée de *la Vieille-Roche* :

SOUS LE RÈGNE DE LOUIS-PHILIPPE Iᵉʳ,
CETTE ROUTE A ÉTÉ OUVERTE
PAR LES SOINS
DE M. VICTOR TOURANGIN, PRÉFET DU DOUBS,
D'APRÈS LES PLANS ET TRACÉ
DE MM. GOURY ET VEILLET, INGÉNIEURS EN CHEF.
LES TRAVAUX ONT ÉTÉ DIRIGÉS
PAR M. KORKPROBST, INGÉNIEUR ORDINAIRE.
CETTE ENTREPRISE HARDIE
A ÉTÉ EXÉCUTÉE
EN PARTIE AUX FRAIS DES HABITANTS DE LA VALLÉE,
STIMULÉS SURTOUT PAR LE PATRIOTISME ARDENT
DE M. L'AVOCAT GRANDJACQUET D'ORNANS,
M. MARTIN DU NORD, MINISTRE DES TRAVAUX PUBLICS,
M. LEGRAND, DIRECTEUR GÉNÉRAL DES PONTS ET CHAUSSÉES.
ELLE A ÉTÉ INAUGURÉE LE 10 AOUT 1845.

Tracée sur des pentes rapides coupées de bancs de rochers à pic, la nouvelle route passait à juste titre pour un travail merveilleux qui empruntait un aspect plus grandiose encore au voisinage des gorges profondes qui recèlent les sources de la Loue.

Pl. III. — Route nationale Nº 20, dans les Pyrénées. (*Ariège*.)

Section de cette route au passage des gorges de Runac, entre Ax et Mérens.

Cette vue est prise d'un mamelon sur lequel on a projeté l'établissement d'un fort.

Les deux ponts entre lesquels se développe cette portion de route d'une longueur de 850 mètres, sont, à l'extrémité inférieure, le pont de Runac et, dans la partie supérieure, le pont de Berduquet, construits l'un et l'autre en 1853.

La portion de route correspondante a été établie de 1852 à 1854 sous la direction de MM. Lessore, ingénieur en chef et Bailly, ingénieur ordinaire.

Pl. IV. — Souterrain de Duranus. (*Alpes-Maritimes*.)

ROUTE DÉPARTEMENTALE Nº 1.

Entrée du souterrain de Duranus ou de Baumafera, près du village de Duranus.

Ce souterrain est situé à 30 kilomètres 600 mètres de Nice. Il est creusé dans la roche vive et n'a pas de revêtement.

Sa longueur est de 58 mètres. Sa hauteur est de 6ᵐ,50; sa largeur, de 5 mètres jusqu'à la hauteur de 4 mètres, va ensuite en diminuant suivant un profil ogival.

Il a été construit en 1859, sous le régime sarde, par M. Fricero.

La position topographique de ce souterrain est des plus remarquables. Il domine, à l'entrée et à la sortie, un précipice à pic de 200 mètres environ de profondeur.

Pl. V. — Défilé de Lantosque. (*Alpes-Maritimes*.)

ROUTE DÉPARTEMENTALE Nº 1.

Ce défilé très étroit, aux abords du village de Lantosque, a une longueur de 625 mètres environ.

La route y franchit trois fois la Vésubie, à une hauteur d'environ 23 mètres.

Le premier pont est celui de la Fourca, situé à 43ᵏ,560 de Nice. Il est en maçonnerie, à plein cintre de 10 mètres de diamètre.

Le deuxième pont est celui de la Gorga. Il se trouve à 370 mètres plus loin. Il est en maçonnerie, en arc de cercle de 13ᵐ,50 d'ouverture et 4 mètres de flèche.

Le troisième est celui de l'Imboutau. Il est en maçonnerie à plein cintre de 10 mètres de diamètre.

La route dans le défilé de Laniosque a été construite par M. Friccro, en 1860, sous le régime sarde.

PL. VI. — GROTTE DU MAS-D'AZIL OU DE L'ARIZE. (Ariège.)

ROUTE NATIONALE N° 119.

La route nationale n° 119, à sa sortie de la ville du Mas-d'Azil, remonte la vallée de l'Arize pendant quelque temps, puis rencontre subitement un contrefort calcaire très élevé, à travers lequel l'Arize s'est frayé un lit souterrain.

L'ancienne route, pour franchir ce contrefort, présente des inclinaisons de 0ᵐ,054 à 0ᵐ,10 par mètre et traverse la rivière sur un pont très étroit, précédé et suivi de tournants très raides.

La rectification de la côte du Baudet suit la rive droite de l'Arize et traverse avec elle la grotte dans laquelle est son lit. Cette rectification a 1,700 mètres de longueur dont 410 mètres dans la partie souterraine, les déclivités y sont très faibles : une seule atteint 0,046 et sur 365 mètres seulement.

En dehors de la grotte, la route a été établie sur une largeur de 7 mètres avec fossé du côté du déblai et banquette en terre du côté du remblai.

Dans l'intérieur de la grotte, le profil transversal est composé d'une chaussée en empierrement de 6 mètres de largeur entre trottoir de 1ᵐ,50, avec parapet du côté de la rivière et murs de clôture de l'autre côté, au droit des anfractuosités des ouvertures de cavernes.

Le mur de soutènement qui supporte la chaussée est monté en pierres sèches sur les enrochements naturels qui forment le lit de l'Arize, et la route a été ouverte dans les éboulements de la rive droite.

Tout le passage du souterrain est éclairé pendant la nuit; une partie, de 87 mètres, est éclairée pendant le jour.

Les travaux ont été exécutés de 1857 à 1861 sous la direction de MM. Lessore, ingénieur en chef, et Gallaup, ingénieur ordinaire des ponts et chaussées qui en avaient dressé le projet.

La dépense a été de 186,983 francs, soit 110 francs par mètre courant.

PL. VII. — CHEMIN DE LA CORNICHE A MARSEILLE.

CHEMIN VICINAL DE LA COMMUNE DE MARSEILLE N° 26.

Les travaux ont été commencés en 1848 pour occuper les ouvriers des ateliers nationaux, sous la direction de M. de Montricher, ingénieur en chef des ponts et chaussées; on a exécuté par ce moyen toute la partie comprise entre la plage du Prado et les abords du village d'Endoume.

Repris vers 1854 par voie d'entreprise, les travaux ne furent terminés qu'en 1864; ils ont été dirigés par MM. de Montricher, ingénieur en chef; Delestrac, ingénieur ordinaire des ponts et chaussées, et Gassend, ancien conducteur des ponts et chaussées, ingénieur civil, à partir de 1861.

La dépense a été de 1,454,600 francs.

PL. VIII. — ROUTE DE LA GRANDE CHARTREUSE. (Isère.)

ROUTE FORESTIÈRE DE FOURVOIRIE AU COUVENT
DE LA GRANDE CHARTREUSE.

La longueur de cette route est de 7ᵏᵐ,100; la largeur est de 5 mètres. Les déclivités moyennes sont les suivantes : 0,026 sur environ 3ᵏᵐ; 0,075 sur environ 4ᵏᵐ et 0,12 et 0,15 sur 700 mètres.

Les principaux ouvrages d'art que comporte cette route sont :

Le grand mur de soutènement de 310 mètres de longueur qui soutient la route à l'entrée du désert, près de Fourvoirie;

L'encorbellement qui, au même lieu, pénètre de 5 mètres la paroi du rocher dans lequel on a entaillé la route;

Le pont Saint-Bruno, 20ᵐ,20 d'ouverture;

Le pont de côté Peillat, 16 mètres d'ouverture;

Le pont du saut de l'Ane, 10 mètres d'ouverture;

Le pont du trou de l'Ane, 16 mètres d'ouverture;

Enfin 4 tunnels ayant chacun une longueur qui ne dépasse pas 70 mètres.

Le plus important de ces ouvrages, le pont Saint-Bruno, sur le Guiers mort, a été construit de 1853 à 1855 par M. Viaud, alors sous-inspecteur des forêts. Ce pont, dont les fondations ont été établies sur le rocher, est en maçonnerie et a une longueur totale de 60 mètres; il est formé d'une seule arche en plein cintre de 20ᵐ,20 d'ouverture. La hauteur est de 25 mètres au-dessus des fondations et de 44 mètres au-dessus de l'étiage.

M. Viaud a également fait construire la partie la plus importante de cette route, celle qui comprend tous les ouvrages cités plus haut, à l'exception de l'encorbellement et du mur de soutènement compris dans la partie de route exécutée sous la direction de M. Charvet, sous-inspecteur des forêts.

C'est à M. Viaud qu'appartient l'idée de la construction de ce chemin dont il a abandonné l'achèvement pour se livrer à ses penchants religieux.

M. Viaud a quitté l'administration forestière en 1858 pour entrer à l'abbaye de Solesmes où dom Guerranger venait de rétablir l'ordre des bénédictins.

Après avoir pris les ordres dans ce couvent, il en sortit avec quelques compagnons pour aller à Marseille fonder un monastère de bénédictins où il est mort sous-prieur en 1872.

M. Chauvet est actuellement inspecteur des forêts à Grenoble. C'est à lui qu'on doit, dans ce même massif de la Grande-Chartreuse, la route si pittoresque des forêts à Saint-Laurent du pont (410 mètres d'altitude) au col de la Charmette (1,300 mètres), et le réseau de routes qui servent à la vidange des produits de la forêt et dont l'exécution a coûté près d'un million.

La route de la Grande-Chartreuse a été construite de 1855 à 1864. Elle a été faite aux frais de l'État par l'administration forestière et a coûté 300,000 francs environ, soit un peu plus de 42,000 francs par kilomètre.

PL. IX. — DÉTROIT DU CIEIX. (Savoie.)

ROUTE NATIONALE N° 90.

Le détroit du Cieix est un défilé au fond duquel coule, avec une largeur de 25 mètres, la rivière de l'Isère, encaissée entre deux rochers calcaires de près de 150 mètres d'élévation. C'est à la moitié de cette hauteur que la route est établie sur le flanc taillé à pic du rocher de rive droite.

Le passage du détroit est situé à 7 kilomètres en amont de la ville de Moutiers. Il est franchi au moyen de deux tranchées à ciel ouvert de 30 mètres et de 65 mètres de longueur; de deux tunnels de 67 mètres et 69 mètres, et de deux encorbellements de 40 mètres et 48 mètres.

Les abords du rocher étant inaccessibles, les opérations d'études et surtout l'installation des ateliers de mineurs pour l'attaque des encorbellements et des tunnels ont présenté les plus grandes difficultés. Les escarpements ont été commencés à la fois par les deux extrémités du passage et par l'encorbellement central.

Les ouvrages sont très bien exécutés, les tracés parfaitement raccordés et l'ensemble du travail est d'un grand effet.

Les tunnels et encorbellements ont été commencés en mai 1868 et terminés en juillet 1870. Ils ont été exécutés sous la direction de MM. du Moulin, ingénieur en chef, et Bérard, sous-ingénieur des ponts et chaussées.

PL. X. — ROUTE NATIONALE N° 20 DANS LES PYRÉNÉES.

(Ariège.)

Cette vue de la route nationale n° 20, dans la haute vallée de l'Ariège, est prise d'un point situé à 20ᵏᵐ,500 d'Ax.

Le tournant supérieur qu'on aperçoit est appelé le 2ᵉ tournant de Lorry; il est situé au point kilométrique 102ᵏᵐ,170.

Le lacet que l'on voit un peu au-dessous et à gauche du 2ᵉ tournant de Lorry est le tournant d'Esquiffol-Aygo.

Enfin, le double lacet qu'on aperçoit dans le lointain constitue le passage connu sous le nom de Boucles de Saillens.

La portion de route avoisinant le 2ᵉ tournant de Lorry a été construite en 1867–1868, sous la direction de MM. Faraguet, ingénieur en chef des ponts et chaussées, et Vidalot, ingénieur ordinaire.

La route nationale n° 20 a été achevée en 1871 jusqu'à la frontière espagnole, en passant par l'Hospitalet, dernier village de la vallée de l'Ariège, dont l'altitude est de 1,436 mètres, se dirigeant ensuite vers le col de Puymorens à 1,920 mètres d'altitude, puis descendant, dans le département des Pyrénées-Orientales, à Porté, Porta, la Tour-de-Carol, Enveigt, Urr, et enfin Bourg-Madame, village situé à la frontière même.

Pl. XI. — Route dans la vallée du Tech.

(Pyrénées-Orientales.)

ROUTE NATIONALE N° 115.

Vue prise sur la rive droite de la rivière du Tech, entre le village de Montferrer et le torrent de la Valmanya.

La construction de cette route, qui était en lacune entre Arles-sur-Tech et la frontière d'Espagne, a été entreprise en 1862; la partie de la lacune comprise entre le Tech et le torrent de la Valmanya a été terminée en 1868, elle a une longueur de 4ᵏᵐ,132ᵐ,38 et a donné lieu à une dépense de 307.034ᶠ.73.

Les travaux de cette section ont été commencés sous la direction de MM. Duffau, ingénieur en chef, et Tastu, ingénieur ordinaire, et terminés par MM. Leveri, ingénieur en chef, et Pasqueau, ingénieur ordinaire.

Les travaux de la lacune entre Arles-sur-Tech et Prats-de-Mollo sont maintenant presque entièrement terminés sur une longueur de 20 kilomètres; ils ont donné lieu, y compris la somme de 307,034ᶠ⁰ 73 ci-dessus mentionnée, à une dépense totale de 1,444,614ᶠ 59, à laquelle il faudra ajouter environ 120,000 francs pour l'achèvement des travaux.

Cette route, ouverte à flanc de montagne, présente, sur une grande partie de sa longueur, des murs de soutènement élevés et des déblais d'une grande hauteur; les ouvrages d'art les plus importants sont deux ponts de 18 mètres d'ouverture sur les torrents du Riuferrer et de Lafon, et deux ponts de 15 mètres d'ouverture sur le Tech.

Pl. XII. — Pont de Valentre, sur le Lot, a Cahors.

Ce pont se compose (dit M. d'Armagnac, *Congrès archéologique* 1865) de 6 arches, séparées du côté du courant par des avant-becs très aigus, qui servent de retraite aux piétons sur la voie assez étroite qui le traverse. Ces piles sont percées, à une certaine hauteur, d'ouvertures en forme de portes, de la destination desquelles on ne s'est pas rendu compte... Du côté de Cahors, la première tour était précédée d'un avant-poste fermé par une herse; la herse était accompagnée d'une porte roulant sur des gonds dont plusieurs sont encore en place; toutes les ouvertures du pont étaient ainsi solidement barricadées et les voûtes des passages munies d'assommoirs. La première tour, la plus belle et la mieux conservée, est surmontée de hourds en pierre (mâchicoulis); ses quatre faces sont percées d'ouvertures géminées et de meurtrières d'un beau profil. La tour centrale n'a pas de hourds; elle est aussi un peu moins haute que les autres. La troisième est à peu près la reproduction de la première, elle est défendue de même et suivie d'une sorte de barbacane, aujourd'hui détruite en grande partie. Cette barbacane fermait complètement l'espace compris entre la tour et le coteau sur lequel elle s'appuyait; de sorte qu'il fallait nécessairement avoir la permission des gardiens pour s'introduire dans la ville par une des deux portes, d'amont ou d'aval, qui s'ouvraient sur les côtés de cette tête de pont.

Ce précieux monument a été récemment réparé.

(Voir également au texte, page 22.)

Pl. XIII. — Pont-Neuf, sur la Seine, a Paris

Le Pont-Neuf, dont la construction a été entreprise en 1578 et n'a été terminée qu'en 1604 (voir au texte, pages 30 et 31), était arrivé à un état de vétusté complète, et il a fallu le restaurer entièrement. Les travaux, commencés en 1848, ont été terminés en 1855; les arches ont été abaissées de manière à diminuer les pentes; le pont a reçu une enveloppe complètement neuve; les voûtes, les parements des têtes, la corniche et les parapets ont été refaits en totalité; on a abaissé les trottoirs qui étaient élevés au-dessus de la chaussée et l'on a établi des pans coupés aux angles des quais; enfin on a remplacé par des bancs les boutiques demi-circulaires établies, en 1775, au-dessus du couronnement des avant et arrière-becs. On a conservé à l'architecture son caractère primitif. Les travaux ont été exécutés en maintenant constamment la circulation sur la moitié de la largeur du tablier.

Le Pont-Neuf est partagé en deux : la première partie, à partir de la rive droite, a 148ᵐ,32 de longueur divisée en 7 arches, dont la plus grande a 19ᵐ,53 d'ouverture; la seconde partie a 84ᵐ,56 de longueur; elle se compose de 5 arches, dont la plus grande a 16ᵐ,94 d'ouverture; ces deux parties sont reliées par un terre-plein sur lequel se trouve la statue équestre du roi Henri IV. La largeur du pont, entre les parapets, est de 20 mètres, dont 11 mètres affectés à la chaussée et 4ᵐ,50 à chacun des deux trottoirs.

Les dépenses se sont élevées à 1,685.779ᶠ 03, non compris 440.000 francs payés pour le rachat des boutiques.

Les ingénieurs qui ont fait exécuter les travaux sont : MM. Michal, ingénieur en chef des ponts et chaussées, directeur, de Lagallisserie, ingénieur en chef, et Poirée, ingénieur ordinaire.

Pl. XIV. — Pont de Bétharram. *(Basses-Pyrénées).*

ROUTE DÉPARTEMENTALE N° 4.

Ce pont, établi sur le gave de Pau, a 23 mètres de longueur et 5ᵐ,40 de largeur; il est formé d'une seule arche en maçonnerie en arc de cercle.

Construit en 1687; il a coûté environ 30,000 francs.

Pl. XV. Pont du Goueidic. *(Côtes-du-Nord).*

ROUTE NATIONALE N° 12.

Ce pont, situé aux abords de Saint-Brieuc, est formé de 3 arches en plein cintre; le diamètre des deux arches extrêmes est de 11ᵐ,80, celui de l'arche centrale est de 11ᵐ,50. Sa largeur est de 152ᵐ,50; la largeur entre les trottoirs est de 6 mètres sur une longueur de 46ᵐ,20, et de 9ᵐ,20 sur 106ᵐ,30.

Il a été construit en 1744, d'après un projet dressé par M. Chocat de Grandmaison, inspecteur général des ponts et chaussées de la province à Rennes, en remplacement d'un ancien pont qui avait été établi en 1612.

La réception en fut faite le 3 août 1745, par MM. le comte de Beaucours, commissaire des États de la province de Bretagne, à Saint-Brieuc, et Chocat de Grandmaison, en présence des sieurs Fortin et consorts, entrepreneurs.

La construction offre ce fait remarquable que les pierres de taille nécessaires furent prises à la Meaugon, à une distance de 6 kilomètres, tandis que des bancs d'un magnifique granit aujourd'hui en exploitation, se trouvaient à moins de 100 mètres de ce pont.

Pl. XVI. — Ponte Nuovo. *(Corse.)*

ROUTE NATIONALE N° 193.

Ce pont, établi sur le Golo, est en maçonnerie à 5 arches en plein cintre dont les diamètres respectifs sont 9ᵐ,50, 15ᵐ,25, 9ᵐ,80, 10 mètres et 10 mètres.

Il a été bâti par les Génois avant 1768; comme à cette époque il n'existait pas de voitures en Corse, on se contenta d'une largeur de 2ᵐ,80 entre les têtes.

Dès le début de l'occupation, le besoin d'élargir le passage se fit sentir (sans doute pour le transport du matériel Gribeauval, qui a fait ses débuts en Corse, à la bataille décisive de Ponte Nuovo, le 8 mai 1768). C'est aux ingénieurs français que l'on doit les encorbellements au moyen desquels la largeur est portée à 3ᵐ,68, dont 3ᵐ,06 pour le passage libre et 0ᵐ,62 pour les deux parapets.

Il n'a pas été possible de retrouver les noms des ingénieurs génois ou français qui ont travaillé au pont; on sait seulement que l'élargissement était fait en 1790.

C'est à Ponte Nuovo que Paoli fut définitivement battu par l'armée française, commandée par le comte de Vaux. Ce fut même en laissant passer les Corses de la rive droite à la rive gauche et en leur faisant couper ensuite la retraite par le régiment de Champagne placé sur les hauteurs dominant le pont que le général français décida la victoire.

PL. XVII. — PONT DE LAVAUR. (Tarn.)

ROUTE DÉPARTEMENTALE N° 4.

Ce pont, sur la rivière de l'Agout, est en maçonnerie; il est formé d'une seule arche en anse de panier très peu surbaissée de 48m,72 d'ouverture, sa hauteur au-dessus de l'étiage est de 31m,50. Il a 9m,73 de largeur.

Construit de 1773 à 1789. La dépense s'est élevée à 700,000 francs.

C'était à cette époque et c'est encore une des plus grandes arches existantes. Les formes de la construction sont très belles et son aspect est monumental.

PL. XVIII. — PONT SAINT-LOUIS

à la frontière franco-italienne. (Alpes-Maritimes.)

ROUTE NATIONALE N° 7.

Pont en maçonnerie, en plein cintre, de 11 mètres de diamètre, à une hauteur de 34 mètres au-dessus du fond du ravin de Saint-Louis.

Le chemin de fer traverse le même ravin sur un pont à 88 mètres à l'aval.

Le pont de la route a été construit en 1813, sous le premier Empire, par les ingénieurs français.

Le pont du chemin de fer a été construit, en 1868, par les ingénieurs de la Compagnie de la Haute-Italie.

PL. XIX. — PONT DE BORDEAUX.

(Voir au texte, pages 84 et 85.)

PL. XX. — PONT DE VIEILLE-BRIOUDE. (Haute-Loire.)

ROUTE NATIONALE N° 102.

En maçonnerie; une seule arche en plein cintre de 45 mètres d'ouverture; hauteur de 31 mètres au-dessus de l'étiage.

L'une des culées de ce pont repose sur le rocher; l'autre sur béton. — Largeur 7m,50.

Les travaux exécutés de 1826 à 1832 ont nécessité une dépense de 472,000 francs.

PL. XXI. — VIADUC DE DINAN. (Côtes-du-Nord.)

ROUTE NATIONALE N° 176.

Ce viaduc, construit sur la vallée de la Rance, se compose de 10 arches en maçonnerie, en plein cintre, de 16 mètres d'ouverture. Le canal d'Ille et Rance qui passe sous l'une des arches a son plan d'eau à 41m,30 au-dessous de la chaussée. Ce viaduc, qui n'a qu'un seul étage, a 196 mètres de longueur et 7m,60 de largeur; il a été fondé directement sur le granit.

Commencés en 1846, les travaux ont été terminés en 1852. Le projet a été rédigé par M. Léonce Reynaud, alors ingénieur ordinaire, et M. l'ingénieur Fessard en a dirigé l'exécution.

La dépense a été de 936,367 francs.

Une notice très complète sur la construction de ce viaduc a été publiée par M. Fessard dans les Annales des ponts et chaussées (1865, 1er semestre, page 317); nous en extrayons le passage suivant :

« Complètement étranger à la rédaction du projet, il nous est permis d'en louer en toute liberté la belle ordonnance, et de dire que le plus minutieux examen du viaduc, après son achèvement, n'a fait découvrir d'incorrection ni de faute, dans aucune partie de la conception primitive scrupuleusement réalisée. Il n'était pas possible

de réunir d'une manière plus complète l'apparence de la force, l'harmonieuse grandeur de l'ensemble et l'élégance des détails. »

PL. XXII. — PONT DES INVALIDES, SUR LA SEINE, À PARIS.

Construit sur les piles et culées d'un pont suspendu qu'il a remplacé, ce pont a 16 mètres de largeur dont 10 mètres de chaussée; sa longueur entre les culées est de 140 mètres. Il est formé de quatre arches en maçonnerie, en arc de cercle. Les deux arches de rive ont 31m,86 d'ouverture et 3m,10 de flèche, les deux arches centrales ont 31m,60 d'ouverture et 4m,10 de flèche.

Les travaux, entrepris au commencement du mois de novembre 1854, ont été terminés dans le courant de juillet 1855. Le pont suspendu avait été construit en 1825.

M. Michal, ingénieur en chef des ponts et chaussées, directeur, M. de Lagallisserie, ingénieur en chef, et M. Darcel, ingénieur ordinaire, ont été chargés de ce travail qui a coûté 1,053,389f 53.

PL. XXIII. — PONT DE L'ALMA, SUR LA SEINE, À PARIS.

Le pont de l'Alma, qui réunit les voies ouvertes dans les quartiers des Invalides et de Chaillot, a 20 mètres de largeur dont 12 mètres de chaussée; sa longueur est de 130 mètres. Il se compose de 3 arches en maçonnerie de forme elliptique. Les arches de rive ont 38m,50 d'ouverture et 7m,50 de flèche, celle du milieu a 43 mètres d'ouverture et 8m,20 de flèche. Les avant et arrière-becs des piles sont surmontés de sujets militaires dus au ciseau de MM. Diebold et Arnaud.

Les travaux ont été commencés en novembre 1854, et le pont a été livré à la circulation le 2 avril 1856. M. Michal, ingénieur en chef, directeur, M. de Lagallisserie, ingénieur en chef et M. Darcel, ingénieur ordinaire, ont été chargés de la direction des travaux.

La dépense s'est élevée à 2,075,759f 98, y compris les raccordements des quais.

PL. XXIV. — VIADUC SUR LE TORRENT DE SAINT-FERRÉOL. (Alpes-Maritimes.)

ROUTE NATIONALE N° 205.

Situé près du village de Marie; il est en maçonnerie et formé de 3 arches en plein cintre dont la principale a 11 mètres d'ouverture et les deux autres 8 mètres.

Les piles et culées s'élèvent à 5m,50 au-dessus du torrent de Saint-Ferréol. Les piles sont fondées à 3m,50 en contre-bas du thalweg et les culées reposent sur le rocher à la surface du sol.

Il a été construit en 1855-1856, sous le régime sarde, par M. Fricero.

PL. XXV. — PONT DE MASCAS, SUR LA VESUBIE. (Alpes-Maritimes.)

ROUTE DÉPARTEMENTALE N° 1.

A l'amont du ravin et du hameau de Figaret. Il est en maçonnerie, en arc de cercle de 16 mètres d'ouverture et de 4 mètres de flèche. Les culées ont 4 mètres de hauteur.

Il a été construit en 1859, sous le régime sarde, par M. Fricero.

PL. XXVI. — PONT DE SAINT-SAUVEUR. (Hautes-Pyrénées.)

ROUTE NATIONALE N° 21.

Ce pont, construit sur le gave de Pau, à Saint-Sauveur, est formé d'une seule arche en maçonnerie de 42 mètres d'ouverture. La chaussée qui couronne cette arche est élevée de 65m,50 au-dessus des basses eaux du gave. La première assise de maçonnerie est élevée de 40 mètres au-dessus du même niveau. La longueur du pont entre les dés est de 66m,20. Sa largeur entre les faces extérieures des tympans est de 4m,90. La voie charretière, de 4m,50 de largeur, est comprise entre deux trottoirs de 0m,85 chacun, placés en grande partie en encorbellement et soutenus par des consoles. La voûte est établie suivant un arc de cercle de 42 mètres de corde et 24 mètres de flèche. Elle a une épaisseur de 1m,45 à la clef.

La dépense, y compris tous les travaux accessoires, et spécialement les frais de cintres et d'échafaudages, s'est élevée à la somme de 318,636fr 97.

Ce pont, qui est d'un heureux effet, présentait d'assez grandes difficultés d'exécution, à raison de la disposition des lieux. Il a été construit en 1860-1851 sous la direction de MM. Marx, ingénieur en chef et Braniquel, ingénieur ordinaire des ponts et chaussées.

PL. XXVII. — PONT-VIADUC DU POINT-DU-JOUR,

A PARIS.

Le pont-viaduc du Point-du-Jour sur la Seine, à l'extrémité aval de Paris, se compose d'un pont ordinaire pour la circulation des voitures et des piétons, et d'un viaduc placé dans l'axe du pont portant le chemin de fer de ceinture à un niveau supérieur de 10 mètres environ à celui des chaussées de voitures.

La largeur totale du pont entre parapets est de 30 mètres comprenant deux trottoirs latéraux de 2m,25, deux chaussées de 7m,25 et enfin un trottoir central correspondant au viaduc du chemin de fer de 11 mètres.

Le pont, qui est horizontal, se compose de cinq arches elliptiques ayant toutes 30m,25 d'ouverture et 9 mètres de flèche; sa longueur totale est de 174m,85.

Le viaduc portant le chemin de fer se compose de 31 arches en plein cintre de 4m,80 chacune; à chaque grande arche du pont correspondent 6 arches du viaduc. Les piles du viaduc ont été descendues jusqu'à l'extrados des grandes arches, et ont été reliées entre elles par de petites voûtes en briques creuses affleurant le niveau des chaussées du pont. Toutes ces piles sont, comme celles du viaduc d'Auteuil, percées de deux baies de 4m,73 de hauteur sous clef, et de 2m,26 d'ouverture. A chaque extrémité le viaduc se compose d'une arche en arc de cercle de 20 mètres d'ouverture.

Les travaux, commencés en 1863, ont été terminés en 1865.

MM. Bassompierre, ingénieur en chef, et de Villiers du Terrage, ingénieur ordinaire des ponts et chaussées, ont été chargés de la direction des travaux qui ont coûté pour la traversée de la Seine 3,460,000 francs.

PL. XXVIII. — PONT-NEUF A ALBI. (Tarn.)

ROUTE NATIONALE, N° 88.

Ce pont, construit sur le Tarn, se compose de 5 arches en plein cintre de 27m,60 d'ouverture; sa largeur est de 12 mètres et l'axe de la chaussée, qui fait avec la direction des rives un angle de 74 degrés, suit une pente générale de 0m,0123 par mètre à une hauteur moyenne de 23 mètres au-dessus de l'étiage.

La ligne des centres des arches présente la même pente et les piles sont couronnées de niveau à la hauteur des naissances de l'arche la plus basse.

Les tympans sont évidés au moyen de trois arceaux en plein cintre de 4 mètres d'ouverture dont les centres suivent la pente générale.

Les grandes voûtes ont leur arche formée de cinq voûtes droites en retraite l'une sur l'autre et entre lesquelles sont ménagés des vides qui allègent considérablement l'ouvrage.

La maçonnerie est en briques, relevée par quelques cordons et chaînes de pierre de taille. Les piles reposent sur des massifs de béton et sont en outre défendues par des blocs d'enrochements de 1000 kilogrammes au minimum.

Ce pont a été construit de 1861 à 1868 sous la direction de MM. Cassanae, ingénieur en chef et Dusauzey, ingénieur ordinaire des ponts et chaussées.

Les dépenses se sont élevées à 880,000 francs, y compris les indemnités de terrain et la route aux abords sur une longueur totale de 690 mètres.

PL. XXIX. — PONT DE CHAABET-EL-AKHRA. (Constantine.)

ROUTE NATIONALE N° 9.

Situé dans l'arrondissement de Sétif, ce pont donne passage à la route de Bougie à Sétif, classée avant 1879 comme route départementale.

Il est en maçonnerie et formé de 8 arches; l'une de ces arches a 23 mètres d'ouverture, les sept autres ont 11m,50 de portée.

Tout le pont est en moellons ordinaires sauf les plinthes qui sont en pierres de taille. On a employé du mortier de ciment de Portland pour la grande arche et du mortier de tuileau pour le reste. Les fondations, assises partout sur le rocher, n'ont offert aucune difficulté.

Il a été exécuté en 1868-1869 sous la direction de MM. de Lannoy, ingénieur en chef des ponts et chaussées, et Hanric, alors conducteur des ponts et chaussées, faisant fonctions d'ingénieur ordinaire à Sétif, et actuellement sous-ingénieur à Alger.

PL. XXX. — VIADUC DU DUZON. (Ardèche.)

ROUTE DÉPARTEMENTALE N° 12.

A 6 kilomètres de la ville de Tournon, Il se compose de 8 arches en plein cintre et en maçonnerie; il présente en élévation, entre les culées, une surface de 4732 mètres carrés, y compris les vides dont le rapport est de 2,42.

Commencé à la fin d'août 1869 il a été terminé en quatorze mois.

Les travaux ont été dirigés par MM. Forestier, ingénieur en chef, et Bouvier, ingénieur ordinaire des ponts et chaussées.

La dépense n'a été que de 350,000 francs.

PL. XXXI. — PONT DE PAU (PONT DE JURANÇON).

Le pont dit de Jurançon, sur le gave de Pau, construit vers l'année 1739, se composait de sept arches en anse de panier d'une ouverture variant de 10 mètres à 16m,37, séparées par des piles-culées de 3m,15 à 5m,08 d'épaisseur. Les avant-becs, de forme triangulaire, et les arrière-becs, de forme trapézoïdale, étaient surmontés de hautes pyramides. La largeur entre les têtes était de 7m,92. Les parapets en pierre laissaient entre eux une largeur de voie de 7m,12.

En 1843 le pont fut élargi au moyen de trottoirs en dalles supportés par des consoles en fonte retenues par des tirants traversant le pont d'une tête à l'autre. On obtint ainsi une chaussée de 6 mètres comprise entre deux trottoirs de 1m,85 chacun, soit 9m,70 entre gardecorps. La dépense fut de 131 fr., 17 par mètre courant de trottoir, soit, pour les deux têtes et pour 114 mètres de longueur, d'environ 30,000 francs. M. l'ingénieur Ménard de la Groye, auteur du projet, en a rendu compte dans les Annales des ponts et chaussées, année 1846, 2e semestre, page 252.

En 1865, le chemin de fer de Toulouse à Bayonne, établi dans le lit même du gave, vint obstruer l'arche de la rive droite, dont la voûte fut remplacée par un tablier métallique.

Les derniers travaux exécutés de 1870 à 1872 par MM. Conte Grandchamp, ingénieur en chef, et Müller, ingénieur ordinaire, ont consisté dans un nouvel élargissement du pont, au moyen d'arcs de cercle surbaissés en maçonnerie, s'appuyant sur les avant et arrièrebecs et de corniches saillantes formées de consoles et d'arcatures rappelant les mâchicoulis des vieilles tours du château de Pau.

Les fondations des piles, encastrées dans le poudingue qui s'étend d'une rive à l'autre, à peu de profondeur au-dessous de l'étiage, n'ont pas été touchées, mais les parements des avant et arrière-becs ont été refaits. Les arêtes des nouvelles têtes du pont, en marbre gris d'Arudy, ont été raccordées avec celles des anciennes arches au moyen de surfaces coniques paramenlées en moellon smillé. Les tympans sont en maçonnerie de galets disposés en feuilles de fougère séparées par des lits de briques. Ils portent, audessus des piles, des écussons en pierre de Tercé (près Poitiers), aux armes des principales villes du Béarn. Les consoles, les bandeaux et les bahuts du parapet sont en marbre d'Arudy. Les arcatures et les panneaux du parapet sont en pierre tendre d'Angoulême.

D'après ces dispositions, la distance entre les têtes a été portée de 7m,92 à 11m,12 et entre les parapets à 11m,60, comprenant une chaussée de 7m,20 et deux trottoirs de 2m,20 chacun.

La dépense, pour six arches, correspondant à une longueur de parapet de 102m,10, s'est élevée à 90,028fr,76.

Le pont, dont l'aspect primitif était très lourd, à cause de l'épaisseur des piles, présente maintenant une élégance en rapport avec celle de la ville de Pau et suffit parfaitement à l'activité de la circulation, qui atteint quelquefois 2,700 colliers.

PL. XXXII. — PONTS DE CLAIX. (Isère.)

ROUTE NATIONALE N° 75.

Ancien pont. — A 8 kilomètres au sud de Grenoble, la route nationale n° 75 franchit le torrent du Drac. Jusqu'en 1874, le passage s'est effectué à l'aide d'un ancien pont en maçonnerie d'une seule arche, commencé sous le règne d'Henri IV (1608), terminé et livré à la circulation sous Louis XIII (1611).

L'arche a 45m,65 d'ouverture, 15m,70 de flèche et 1m,365 d'épaisseur à la clef.

La courbe d'intrados n'est pas susceptible d'une définition géométrique; elle se rapproche d'une courbe à cinq centres aplatie aux reins et dont le rayon de courbure va en diminuant vers les naissances et à la clef. Par suite de cette circonstance, le pont, bien que surbaissé en réalité, présente l'aspect d'une voûte surhaussée.

Des irrégularités analogues à celles de la courbe d'intrados se montrent dans la projection horizontale de l'intersection du tympan et de la douelle.

Nouveau pont. — L'établissement du nouveau pont a eu pour objet de faire disparaître des déclivités excessives qui atteignaient un maximum de 0,083, et de les remplacer par des pentes de moins de 0,03, grâce à un abaissement du sommet de l'intrados qui a été de 10m,38.

Le pont *extérieurement* la forme d'une arche unique en arc de cercle à culées perdues, ayant 50 mètres d'ouverture, 7m,40 de flèche et 46 mètres de rayon.

La voûte a 52 mètres d'ouverture réelle et s'appuie directement sur le rocher. Elle a 1m,50 d'épaisseur à la clef et 3m,10 aux naissances. Elle est extradossée par un arc de cercle de 58m,30 de rayon.

Sa largeur entre les têtes est de 8m,20.

Les bandeaux des têtes sont reliés par sept tirants en fer noyés dans la maçonnerie.

Les travaux ont été exécutés en 1873-1874, sous la direction de MM. Gentil, ingénieur en chef, et Pasqueau, ingénieur ordinaire des ponts et chaussées; à ce dernier a succédé, à partir du 15 octobre 1873, M. Cendre, ingénieur ordinaire.

La dépense n'a été que de 139,563fr. 69.

PL. XXXIII. — PONT DE LA TRINITÉ.

(*A la limite des départements des Alpes-Maritimes et des Basses-Alpes.*)

ROUTE NATIONALE N° 207.

Sur le Var, pont en maçonnerie. Trois arches en anse de panier de 20m,00 d'ouverture et de 5m,80 de flèche.

Les piles et les culées ont été fondées à 4m,00 en contre-bas de l'étiage.

Les travaux ont été projetés et dirigés par MM. Conte-Grandchamp et Delestrac, ingénieurs en chef des ponts et chaussées, et par M. Fricero, ingénieur ordinaire.

PL. XXXIV. — PONT DES SAINTS-PÈRES, A PARIS.

Le pont des Saints-Pères, ou du Carrousel, est un pont fixe métallique composé de trois arches semblables de 47m,67 d'ouverture et de 4m,90 de flèche.

Il a 149 mètres de longueur et 9m,20 de largeur. Le tablier est supporté par des arcs en fonte de la forme d'un ovale creux; le vide,

dans le but d'empêcher la propagation des vibrations, est rempli de madriers en bois.

Ce pont a été construit, en 1833, par M. l'inspecteur général Polonceau; il a coûté 830,000 francs, sans les abords, et 900,000 francs avec ses abords.

PL. XXXV. — PONT D'ARCOLE, A PARIS.

Construit en remplacement d'une passerelle suspendue pour piétons, il a 20 mètres de largeur entre parapets, dont 12 mètres pour la chaussée.

Il est formé d'une seule arche en arc de cercle et en fer de 80 mètres d'ouverture et de 6m,12 de flèche; cette arche est composée de douze arcs en fer de 1m,33 de hauteur aux naissances et de 0m,38 à la clef.

Les travaux, commencés en novembre 1854, ont été terminés en une année.

La dépense, non compris les raccordements des quais aux abords et l'extraction des fondations de la pile de la passerelle, s'est élevée à la somme de 1,143,000 francs.

La partie métallique a été composée et exécutée par M. Oudry, ingénieur ordinaire des ponts et chaussées.

PL. XXXVI. — PONT SAINT-ESPRIT, SUR LE RHONE.

(*Gard.*)

Ce pont est formé de deux parties : l'une en maçonnerie, l'autre métallique. Pour la première, les renseignements figurent dans le texte, pages 17 et 18; nous ne pouvons qu'y renvoyer.

Les détails qui suivent sont relatifs à l'arche marinière établie en remplacement des deux arches de la rive droite.

Cette arche, en fonte, se compose essentiellement de voussoirs en fonte pleins formant des arcs parallèles, surmontés de tympans évidés, convenablement entretoisés. Un plancher de fonte plein est fixé sur ces tympans.

L'ouverture totale de l'arche, comptée entre le parement des deux culées, est de 62 mètres; mais les arcs en fonte reposant sur des coussinets de pierre qui s'avancent de 1m,75 en encorbellement sur le parement des culées, l'ouverture effective des arcs se réduit à 58m,50. La flèche est de 6m,30 et la hauteur sous clef de 12m,30 au-dessus de l'étiage.

La largeur, entre garde-corps, est de 7 mètres, dont 5 mètres pour la voie charretière.

Le pont provisoire a été établi en 1853 et la circulation ouverte le 15 octobre 1856.

M. Goux, ingénieur en chef, M. Kleitz qui lui a succédé, et M. Aymard, ingénieur ordinaire des ponts et chaussées, ont été chargés de diriger l'exécution des travaux.

Les pièces de fonte ont été coulées à Fourchambault, sous l'habile direction de M. Émile Martin.

Les dépenses, y compris l'établissement du pont provisoire, la démolition de la pile centrale et des deux arches, se sont élevées à 475,500 francs.

(Voir *Annales des ponts et chaussées*, 1869, tome II, pages 24 à 48.)

PL. XXXVII. — PONT DE SOLFERINO, A PARIS.

Ce pont a été construit pour relier le faubourg Saint-Germain avec les quartiers de la rive droite; il est formé de trois arches en arc de cercle, en fonte, de 40 mètres d'ouverture. Sa longueur entre les culées est de 144m,50; sa largeur utile, de 20 mètres.

Les travaux ont été commencés dans le mois d'août 1858; un an après, le pont était livré à la circulation.

MM. de Lagallisserie, ingénieur en chef des ponts et chaussées, et Savarin, ingénieur ordinaire, ont été chargés de la direction des travaux.

La partie métallique a été exécutée par M. Georges Martin.

La dépense s'est élevée à 1,089,942fr. 35.

Pl. XXXVIII. — Pont de la Grande-Jatte. (Seine.)

La planche XXXVIII représente le pont de la Grande-Jatte établi, en 1860-1861, sur le petit bras de la Seine, entre Neuilly et Courbevoie, et non pas le pont de Neuilly, comme il est indiqué par erreur sur cette planche.

Le pont de la Grande-Jatte, construit par l'Administration des Domaines en vue de l'aliénation des terrains de l'île de la Grande-Jatte, faisant partie du domaine de Neuilly, est un pont métallique de 30 mètres d'ouverture et de 15 mètres de largeur.

Les travaux, exécutés sous la direction de M. Mamalet, architecte des Domaines, ont nécessité une dépense de 233.398 fr. 99.

Cet ouvrage a été détruit, en 1870, par ordre de l'autorité militaire.

Pl. XXXIX. — Pont Saint-Louis, a Paris.

Le pont Saint-Louis a été élevé en remplacement de la seconde travée du pont suspendu Louis-Philippe et de la passerelle de la rue Saint-Louis en l'île.

Il a 16 mètres de largeur, dont 10 mètres de chaussée.

Il est formé d'une seule arche en fonte, en arc de cercle, de 64 mètres d'ouverture et de 5m,82 de flèche; cette arche, qui présente un biais de 78°, est composée de neuf fermes.

Les travaux, commencés au milieu de 1860, ont été terminés dans le courant de 1862. La partie métallique a été exécutée par M. Georges Martin, sous la direction de M. Féline Romany, ingénieur en chef des ponts et chaussées, et de M. Savarin, ingénieur ordinaire.

La dépense s'est élevée à 655,669 fr. 75, dont 375,000 francs pour la partie métallique.

Pl. XL. — Pont du Var, près de Nice.

(Alpes-Maritimes.)

RÉSEAU DE LA COMPAGNIE PARIS-LYON-MÉDITERRANÉE ET ROUTE NATIONALE N° 7.

Six arches en fonte de 50 mètres d'ouverture et de 4m,50 de flèche, dont les naissances sont placées à 4m,45 au-dessus de l'étiage du Var.

Les piles et les culées ont été fondées sur des massifs de maçonnerie descendus à une profondeur de 8 à 9 mètres au-dessous de l'étiage, au moyen de caissons et d'air comprimé.

Largeur totale : 14m,86, dont 8 mètres pour la voie ferrée et 6m,86 pour la voie charretière.

Les travaux, exécutés de 1862 à 1864, ont été dirigés par M. Gaduel, ingénieur en chef de la Compagnie des chemins de fer de Paris à Lyon et à la Méditerranée.

Les entrepreneurs ont été M. Georges Martin pour la partie métallique, MM. Parent et Schaken pour les fondations, MM. Lefèvre et Maurel pour les maçonneries.

Pl. XLI. — Pont d'El Kantara, a Constantine.

Le pont d'El Kantara, à 120 mètres au-dessus du ravin du Rummel, se compose de deux viaducs en maçonnerie, formés d'arches en plein cintre de 16m,00 d'ouverture, et d'une grande arche en fonte de 57m,40 d'ouverture.

L'arche en fonte est composée de cinq arcs surbaissés à ¼, ayant 56 mètres de corde et 7 mètres de flèche. Les tympans sont formés de croix de Saint-André en fonte et de rosaces ornementées.

La chaussée et les trottoirs, présentant une largeur de 10 mètres, sont portés sur des plaques pleines en fonte, qui servent à relier fortement ensemble les sommets des arcs.

Les voussoirs des arcs ont été mis en place à l'aide d'une passerelle suspendue par des chaînes de la marine.

Les travaux ont été exécutés, en 1864, par M. Georges Martin.

Pl. XLII. — Pont de Vichy, sur l'Allier. (Allier.)

EMBRANCHEMENT DE LA ROUTE NATIONALE N° 9.

Le pont est formé de six travées de 37 mètres d'ouverture; il est construit sur le type des ponts à deux arcs de fonte, du constructeur M. Georges Martin.

Les arches sont formées de neuf voussoirs de 1 mètre de hauteur; ces voussoirs sont profilés et moulés de manière à composer dans la vue extérieure une série de panneaux et de caissons servant à l'ornementation du pont.

La largeur du pont au niveau de la chaussée est de 6m,60, dont 4m,60 pour la voie charretière.

Les travaux ont été exécutés en 1868-1870, sous la direction de MM. Ravier, ingénieur en chef, et Radoult de Lafosse, ingénieur ordinaire des ponts et chaussées.

Les dépenses se sont élevées à la somme totale de 661,902 fr. 35, dont 303,668 fr. 16 pour la partie métallique.

(Voir *Annales des ponts et chaussées*, 1873, juillet, pages 9 à 71.)

Pl. XLIII. — Pont Garibaldi, sur le Paillon, a Nice. (Alpes-Maritimes.)

Trois arches en fonte de 21m,20 d'ouverture et de 2m,10 de flèche, dont les naissances sont placées à 2m,45 au-dessus de l'étiage du Paillon.

Les piles et les culées ont été fondées sur des massifs de maçonnerie de 2 mètres d'épaisseur, reposant eux-mêmes sur des massifs de béton de 1 mètre d'épaisseur.

La largeur entre les arcs des gardes-corps en fonte est de 12m,70.

Ce pont a été construit, de 1869 à 1873, sous la direction de MM. Delestrac, ingénieur en chef des ponts et chaussées, et Cameré et Vigan, ingénieurs ordinaires.

L'entrepreneur a été M. Chayet, directeur de la fonderie de Fourchambault.

Pl. XLIV. — Pont de Clichy-la-Garenne. (Seine.)

ROUTE DÉPARTEMENTALE N° 14.

Le pont de Clichy, sur le premier bras de la Seine vers Paris, construit en 1869-1870 et détruit pendant la guerre, a été reconstruit en 1872-1873 d'après les dispositions primitives, sauf de légères modifications.

Cette reconstruction a eu pour objet le rétablissement des arcs métalliques et des maçonneries des culées.

Ce pont se compose d'une arche métallique de 60 mètres d'ouverture et de 5m,545 de flèche, s'appuyant sur des culées en maçonnerie. Cette arche, dont les naissances sont à 4m,52 au-dessus de l'étiage, est formée de 7 arcs en fonte, composés chacun de 13 voussoirs.

La largeur entre garde-corps est de 14 mètres, dont 10 mètres de chaussée.

Le projet primitif a été dressé par MM. de Fontanges, ingénieur ordinaire, et Beaulieu, ingénieur en chef. Les travaux ont été exécutés sous la direction de MM. de Fontanges et Saint-Yves, ingénieurs ordinaires, et Beaulieu, ingénieur en chef.

Les travaux de reconstruction ont été dirigés par MM. Saint-Yves, ingénieur ordinaire, et Rozat de Mandres, ingénieur en chef.

MM. Georges Martin et Legrand ont exécuté les travaux.

Les dépenses de construction se sont élevées à la somme totale de 433,333 fr. 33; celles de reconstruction ont été de 308,273 fr. 29.

Pl. XLV. — Pont de Grenelle, sur la Seine, a Paris.

Élevé en 1875 pour remplacer un ancien pont en bois, le pont de Grenelle présente cette particularité que les fers dont on s'est servi sont profilés en forme de V et appartiennent à la catégorie connue sous le nom de fers Zorès.

L'ensemble de l'ouvrage comprend 6 arches dont l'ouverture, 25 mètres, et la flèche, 3ᵐ,30, étaient commandées par la disposition des piles. Les arcs sont au nombre de 5, tous pareils entre eux, et sont composés de 7 voussoirs de .0ᵐ,70 de hauteur. Ils sont entretoisés par deux larges fers, dits en forme d'U, boulonnés sur les nervures venues de fonte avec les arcs, et munis de doubles *clavettes* de serrage. Il existe en outre des contrevents formés de barres en fer à T posées diagonalement d'une entretoise à une autre.

Les tympans, de forme assez légère, sont entretoisés au moyen de deux traverses et d'une croix de Saint-André formées de fers Zorès. Les fers ne sont pas boulonnés directement sur la fonte, mais ils sont attachés à des platines en tôle pincées elles-mêmes entre les brides de deux montants consécutifs. Les deux branches diagonales sont également fixées à leur centre sur une platine en tôle.

La construction de ce pont a été confiée aux ateliers de MM. Cail et Cⁱᵉ et dirigée par MM. Vaudrey, ingénieur en chef, et Pesson, ingénieur ordinaire.

L'ensemble des travaux a donné lieu à une dépense de 371 123ᶠ,68.

(Voir *Annales des ponts et chaussées*, 1876, octobre, pages 337 à 355.)

Pl. XLVI. — Pont Sully, sur la Seine, a Paris.

Ce pont, situé dans le prolongement du boulevard Saint-Germain, traverse la Seine sous un angle de 51°9'45", en touchant l'extrémité de l'île Saint-Louis.

Cet ouvrage comporte deux travées extrêmes en fonte de 45ᵐ,964 d'ouverture et une troisième au milieu de 49ᵐ,564. Sa largeur droite entre les têtes est de 20 mètres. Les arcs sont au nombre de onze, ayant une hauteur de 0ᵐ,60 seulement.

Le pont Sully se distingue par son mode d'entretoisement tout en fer. Les poutrelles reposent sur des nervures venues de fonte avec les voussoirs; elles y sont serrées par une clavette et sont rattachées aux arcs par une équerre en fer et six boulons. Pour relier les tympans, il a d'abord été interposé entre deux pièces consécutives une platine en fer traversée par quatre des boulons de joint; sur cette platine se trouvent fixées deux tôles pliées à la demande du biais du pont, et qui servent de point d'attache à des fers en U formant soit des entretoises horizontales, soit des contrevents posés en diagonales.

Ce bel ouvrage, terminé au printemps de 1876, a été construit par la maison Joret et Cⁱᵉ, sous la direction de MM. Brosselin, ingénieur des ponts et chaussées, et Vaudrey, ingénieur en chef.

Pl. XLVII. — Pont de La Roche-Bernard. (Morbihan.)

ROUTE NATIONALE Nᵒ 165.

Le pont de La Roche-Bernard, sur la Vilaine, est composé d'une seule travée de 198 mètres d'ouverture entre deux grands piliers-supports sur lesquels reposent les portiques; ces piliers sont réunis aux culées par trois arcades de chaque côté.

Le tablier du pont est à 33 mètres au-dessus des plus hautes marées d'équinoxe, c'est-à-dire à 39ᵐ,70 au-dessus des basses mers; les navires de 500 tonneaux peuvent passer dessous en calant leurs mâts de perroquet, et ceux de 300 tonneaux peuvent y passer, même avec leurs mâts de perroquet, à mi-marée.

Les socles des piliers-supports, avec leurs faces intérieures distantes de 187ᵐ,18; ils sont élevés d'aplomb et jusqu'à 6ᵐ,28 au-dessus du repère indiquant les plus hautes marées d'équinoxe; ils ont 10ᵐ,50 de largeur et 15ᵐ,40 de longueur.

La hauteur totale des piliers, entre le soc et le tore, est de 25ᵐ,27; au sommet la largeur est de 5ᵐ,89 et la longueur de 10ᵐ,79. L'inclinaison est du 12ᵉ de la hauteur.

Les portiques ont une hauteur totale de 17ᵐ,622 au-dessus du tore; ils sont formés de deux pieds-droits et d'une voûte en plein cintre de 2ᵐ,40 de rayon.

Les arcades ont 9ᵐ,50 d'ouverture. Les deux pieds-droits intermédiaires ont une épaisseur de 3ᵐ,55 et une longueur au niveau des naissances de 8ᵐ,60; leur parement du côté des voûtes est vertical, celui des têtes partage l'inclinaison générale du 12ᵉ.

Les pieds-droits adjacents aux grands piliers ont une épaisseur à la base de 2ᵐ,25 qui s'augmente de tout le fruit du pilier et s'élève par conséquent à 3ᵐ,83 au niveau des naissances des voûtes.

Ceux adjacents aux culées ont une épaisseur de 6ᵐ,46 au niveau des naissances.

Les voûtes sont en plein cintre; sur les têtes sont établis deux murs de tympans de 0ᵐ,85 de hauteur, couronnés par de grandes tablettes formant trottoirs et surmontées de garde-corps en fer forgé.

Les culées forment, derrière les pieds-droits des arcades qui leur sont adjacents, des massifs de 10ᵐ,40 de largeur et d'une hauteur variable d'après le profil du rocher; elles se prolongent en murs de soutènement qui leur servent comme de contreforts; leurs talus sont dans tous les sens du 12ᵉ.

Elles sont couronnées d'une tablette, en prolongement de celles qui forment trottoirs sur les arcades; sur cette tablette reposent quatre piédestaux qui reçoivent les câbles de suspension et forment, à leur intérieur, des chambres qui se prolongent en couloirs, où passent les câbles, dans les culées et derrière les murs de soutènement; ces couloirs vont rejoindre les puits d'amarre établis dans le rocher.

Les piliers, les arcades et les culées reposent sur le rocher.

Les dispositions primitivement adoptées pour le tablier et pour le système de suspension ont dû être modifiées à la suite de l'ouragan du 26 octobre 1852, qui a enlevé le tablier du pont, brisé en plusieurs morceaux et presque entièrement précipité dans la Vilaine.

Nous croyons cependant intéressant d'entrer dans quelques détails sur ces dispositions primitives et de signaler d'une manière sommaire les modifications apportées lors des travaux de restauration et de consolidation.

Dispositions primitives. — Le tablier du pont est composé de 175 poutrelles suspendues à des tiges de 0ᵐ,42 de hauteur en leur milieu, réduite à 0ᵐ,37 près des longrines intérieures, de manière à donner un bombement transversal de 0ᵐ,05 au plancher; leur épaisseur est de 0ᵐ,20 et leur longueur de 6ᵐ,90.

Les poutrelles sont suspendues à des tiges en fer forgé, rond, de 0ᵐ,03 de diamètre.

Ces tiges portent à leurs extrémités deux anneaux tournés en sens contraires; dans celui supérieur s'enfilent les chevalets qui reposent sur les câbles; dans les anneaux supérieurs sont enfilés les étriers qui soutiennent les poutrelles.

Sur les poutrelles, et à chaque tête du pont, sont placés deux cours de longrines espacées de 0ᵐ,50 d'axe en axe.

Entre les longrines intérieures se trouve la voie charretière de 4ᵐ,80; sur les longrines extérieures sont placés les garde-corps.

Le bombement du tablier affecte la forme d'un arc de cercle dont la flèche est de 1ᵐ,32.

Les câbles auxquels le tablier est suspendu sont au nombre de deux à chaque tête du pont, chacun d'eux est formé de 16 faisceaux de 88 fils dont le diamètre moyen est de 3ᵐᵐ,33.

Les différents faisceaux qui forment ces câbles ne restent pas unis dans toute leur longueur; ils se séparent à leur entrée dans les portiques en s'épanouissant sur les cylindres mobiles; ils se réunissent en sortant, et s'épanouissent de nouveau dans l'intérieur des piédestaux et des galeries conduisant aux puits d'amarre, où ils présentent ensemble, de chaque côté, trente-deux têtes ou ganses, formées par autant de croupières, et qui s'assemblent avec les seize têtes des câbles d'amarre.

Dispositions actuelles. — Dans le but d'ajouter à la stabilité de la travée suspendue et de rendre plus complète la solidité des diverses pièces de charpente dont celle-ci se compose, on a placé sous le tablier, à la correspondance des longrines intérieures, un cours de sous-longrines, solidement reliées, tant avec ces dernières qu'avec les poutrelles; de plus, les extrémités du plancher ont été fixées aux culées d'une manière invariable.

Les câbles d'amarre prolongent actuellement ceux de retenue sans aucune interruption, et par suite ne forment plus avec les câbles supérieurs que deux écheveaux continus embrassant, sur chaque rive, des massifs de rocher qui constituent des culées d'une solidité à toute épreuve.

Les anciennes galeries, qui avaient été excavées très irrégulièrement, ne présentaient ni la largeur ni la hauteur nécessaires; il a fallu en rectifier les directions et en augmenter les dimensions, un cours de sous-longrines, afin de donner aux nouveaux câbles d'amarre une position convenable, tout en réservant un espace qui permît de circuler facilement autour de ces câbles.

27

En outre, on a installé, sous le plancher, deux câbles ou contre-câbles reliés aux extrémités des poutrelles par des tiges rigides. Chaque contre-câble se compose de 600 fils de fer formant un faisceau cylindrique de 0m,11 de diamètre.

Enfin, pour obvier à l'inconvénient de la surcharge produite par l'établissement, sous chaque rive du tablier, d'un contre-câble et d'un ours de longrines, on a posé un troisième câble de suspension sur chaque tête de pont.

Ces deux câbles supplémentaires forment ensemble un écheveau continu et sans assemblage, qui embrasse sur chaque rive les culées contre lesquelles s'appuient les faisceaux d'amarre du système de suspension primitif, et comprennent l'un et l'autre 1,400 fils de fer de 9mm,10 de section.

Les travaux de construction, entrepris en 1835, ont été terminés en 1839; ils ont été dirigés par M. P. Leblanc, ingénieur en chef des ponts et chaussées, auteur du projet.

Les dépenses se sont élevées à la somme totale de 1,126,705 fr. 89.

Les travaux de restauration et de consolidation ont été terminés le 20 mai 1853; ils ont été exécutés sous la direction de MM. Jacquemet, ingénieur en chef, et Noyon, ingénieur ordinaire.

(Voir la notice publiée en 1841 par M. P. Leblanc. Paris, Carilian-Gœury et Vᵉ Dalmont, éditeurs, et *Annales des ponts et chaussées*, 1859, 2ᵉ semestre, pages 249 à 329.)

† Pl. XLVIII. — Pont de Saint-Christophe, sur le Scorff. (*Morbihan.*)

ROUTE NATIONALE N° 24.

Ce pont se compose d'une seule travée en charpente suspendue de 179 mètres d'ouverture entre les culées. Les câbles en fil de fer qui supportent le tablier sont au nombre de deux sur chaque rive; ils ont la forme d'une parabole de 181m,60 de corde et de 14 mètres de flèche.

Deux portiques en maçonnerie supportent les câbles; ces portiques, qui ont 16m,98 de hauteur totale, 4 mètres d'épaisseur et 10m,20 de face, présentent en leur milieu une arcade en plein cintre de 9 mètres de hauteur, depuis le sol jusqu'à la clef de la voûte, et 5 mètres de largeur.

Les câbles reposent sur trois rouleaux de friction en fonte ayant 1m,30 de longueur et 0m,34 de diamètre et mobiles sur des plaques de fonte.

Les massifs d'amarre, que les deux câbles-écheveaux entourent en se réunissant en un seul au fond des galeries, présentent, sur chaque rive, une longueur de 20 mètres une largeur de 6m,60; leur hauteur varie de 5 mètres à 7m,50 suivant la forme et le relief du rocher schisteux qui leur sert de base.

Les galeries d'amarre ont 1m,80 de largeur et 2m,20 entre le sol et la clef de la voûte; elles font corps avec tout le massif de retenue.

Sur chaque rive et sur une longueur de 45 mètres, deux murs de soutènement contiennent les remblais des abords, entre le massif d'amarre et le soubassement des portiques. Ils sont couronnés par un tore que surmonte une banquette formant trottoir de chaque côté de l'axe du pont et munie d'un garde-corps en fonte.

Les piédestaux d'amarre ont 7m,20 de longueur, 3m,05 de largeur et 3m,20 de hauteur.

Les deux câbles suspenseurs et les quatre câbles de retenue d'un même côté forment, avec leurs correspondants de l'autre côté, deux écheveaux continus contenant chacun 1650 tours complets; ces câbles, composés de 1650 brins de fil de fer n° 18, sont cylindriques et ont 0m,16 de diamètre.

Le tablier est relié aux câbles par des tiges de suspension en fer rond de 0m,03 de diamètre, espacées de 1m,14 d'axe en axe. Ces tiges se terminent à leurs extrémités par des anneaux; celui du haut s'engage dans une sellette posée sur les deux câbles, tandis que celui du bas porte un étrier qui entoure l'extrémité d'une poutrelle.

Les poutrelles, distantes de 1m,14 d'axe en axe, comme les tiges de suspension, sont en sapin; elles ont 7m,40 de longueur et un équarrissage de 0m,22 sur 0m,30 aux extrémités et 0m,22 sur 0m,35 au milieu, et présentent le même bombement que la chaussée.

Sur chaque rive deux cours de longrines de 0m,20 sur 0m,30, portant les trottoirs et garde-corps, relient les poutrelles et contreventent le tablier en lui donnant une grande rigidité.

Les garde-corps en charpente placés au-dessus des longrines concourent à la stabilité générale. Ils sont formés de croix de Saint-André avec un assemblage à mi-bois. Ils laissent à la circulation une chaussée de 4m,80 et deux trottoirs de 0m,75.

Les travaux, y compris les culées dont l'une est fondée directement sur le rocher et l'autre repose sur un massif en béton de 3m,50 d'épaisseur, ont coûté 520,000 francs; ils ont été exécutés de 1843 à 1847.

Cet ouvrage a été entièrement construit d'après les plans et sous la direction de MM. Leclerc, ingénieur en chef, et Noyon, ingénieur ordinaire des ponts et chaussées.

(Voir *Annales des ponts et chaussées*, 1850, 2ᵉ semestre, pages 265 à 336.)

⸫ Pl. XLIX. — Pont de la Mescla, sur le Var. (*Alpes-Maritimes.*)

ROUTE NATIONALE N° 207.

Pont suspendu établi à l'embouchure de la Tinée, une seule travée de 60 mètres.

Les amarres sont placées à 3 mètres au-dessus de la route au fond de galeries pratiquées dans le rocher.

Il a été construit en 1859, sous le régime sarde, par M. Fricero, ingénieur.

† Pl. L. — Pont tournant des bassins de radoub de Marseille.

Le pont tournant sur la passe des bassins de radoub du port de Marseille comprend, dans une largeur de 16 mètres, une voie ferrée, une voie charretière et un passage pour les piétons.

Ce pont, qui pèse 742 tonnes, a 62 mètres de longueur.

Des presses, alimentées par l'eau des docks canalisée avec une pression de 50 atmosphères, permettent à un seul homme de soulever et de faire tourner le pont en manœuvrant deux leviers abrités dans un poste auprès de son habitation.

Ce pont a été construit en 1874 par la Société nouvelle des forges et chantiers de la Méditerranée, sous la direction de M. Barret, ingénieur de la Compagnie des docks, et sous le contrôle de M. Pascal, alors ingénieur en chef du service maritime des Bouches-du-Rhône.

Les dépenses, non compris les travaux de maçonnerie, les voies ferrées aux abords et le tuyautage reliant le pont à la conduite générale des docks, se sont élevées à la somme de 346,909 fr. 08.

(Voir *Annales des ponts et chaussées*, 1875, 1ᵉʳ semestre, pages 413 à 452.)

TABLE DES MATIÈRES

CHAPITRE IV.

STATISTIQUE.

TABLE ALPHABÉTIQUE

DES MATIÈRES, DES FIGURES ET DES 50 PLANCHES.

FIN DE LA TABLE ALPHABÉTIQUE

DÉFILÉ DE LA CLUE

J. ROTHSCHILD, ÉDITEUR, PARIS
Tous droits réservés

GORGES DE LA LOUE

IMPRIMERIE X. LEMERCIER, PARIS

LES TRAVAUX PUBLICS DE LA FRANCE

ROUTE NATIONALE N° 20, DANS L'ARIÈGE

IMPRIMERIE E. STOCK, PARIS
Tous Droits Réservés

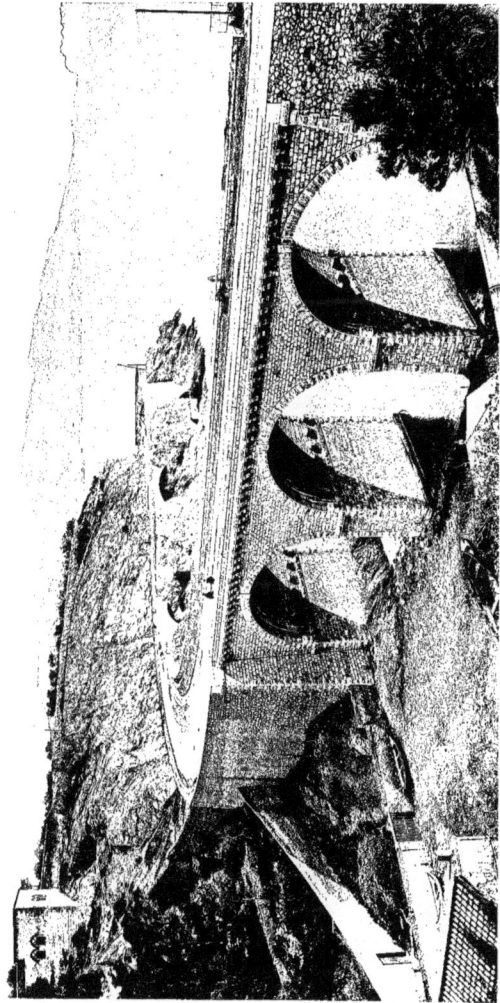

MARSEILLE — ROUTE DE LA CORNICHE

ROUTE DE LA GRANDE CHARTREUSE

J. ROTHSCHILD, ÉDITEUR, PARIS
Tous droits réservés

DÉTROIT DE SIEX

LES TRAVAUX PUBLICS DE LA FRANCE — ROUTE DANS LES PYRÉNÉES (ARIÈGE)

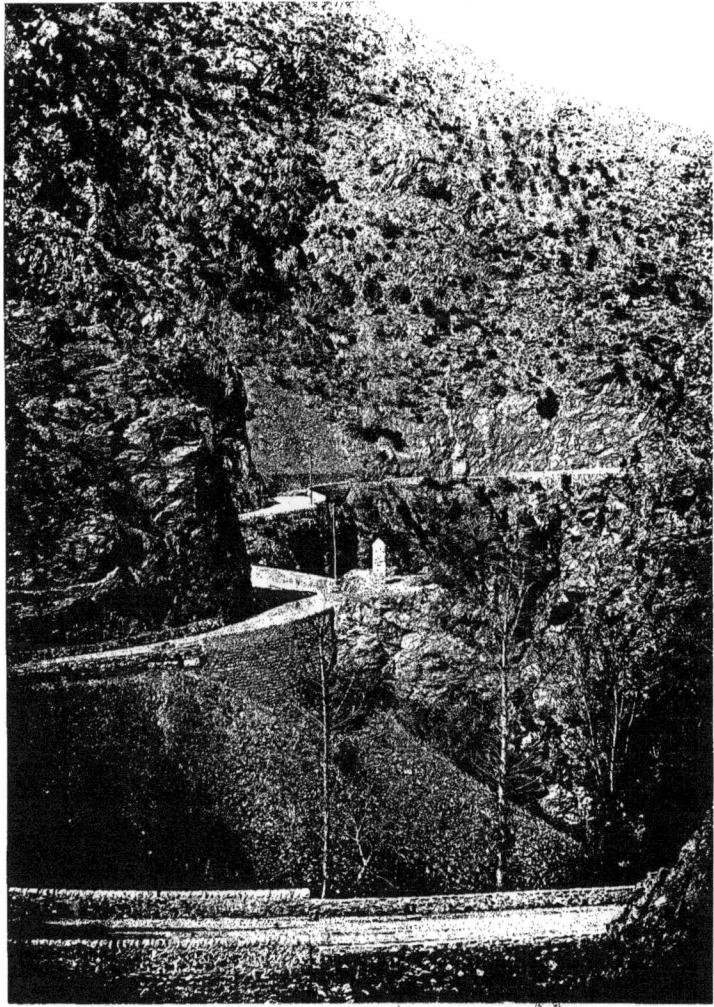

ROUTE DANS LA VALLÉE DU TECH

PONT NEUF A PARIS

LES TRAVAUX PUBLICS DE LA FRANCE

PONT DE BÉTHARAM

PONTE NUOVO

LES TRAVAUX PUBLICS DE LA FRANCE

PONT DE LAVAUR

PONT St LOUIS

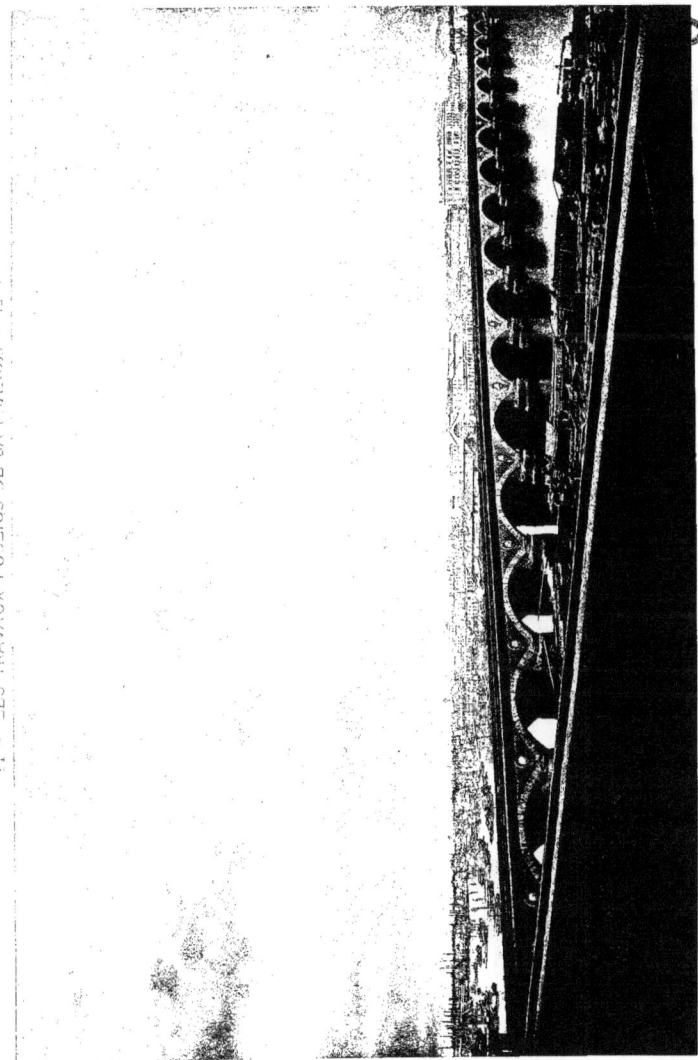

LES TRAVAUX PUBLICS DE LA FRANCE

PONT DE BORDEAUX

LES TRAVAUX PUBLICS DE LA FRANCE

PONT DE VIEILLE-BRIOUDE

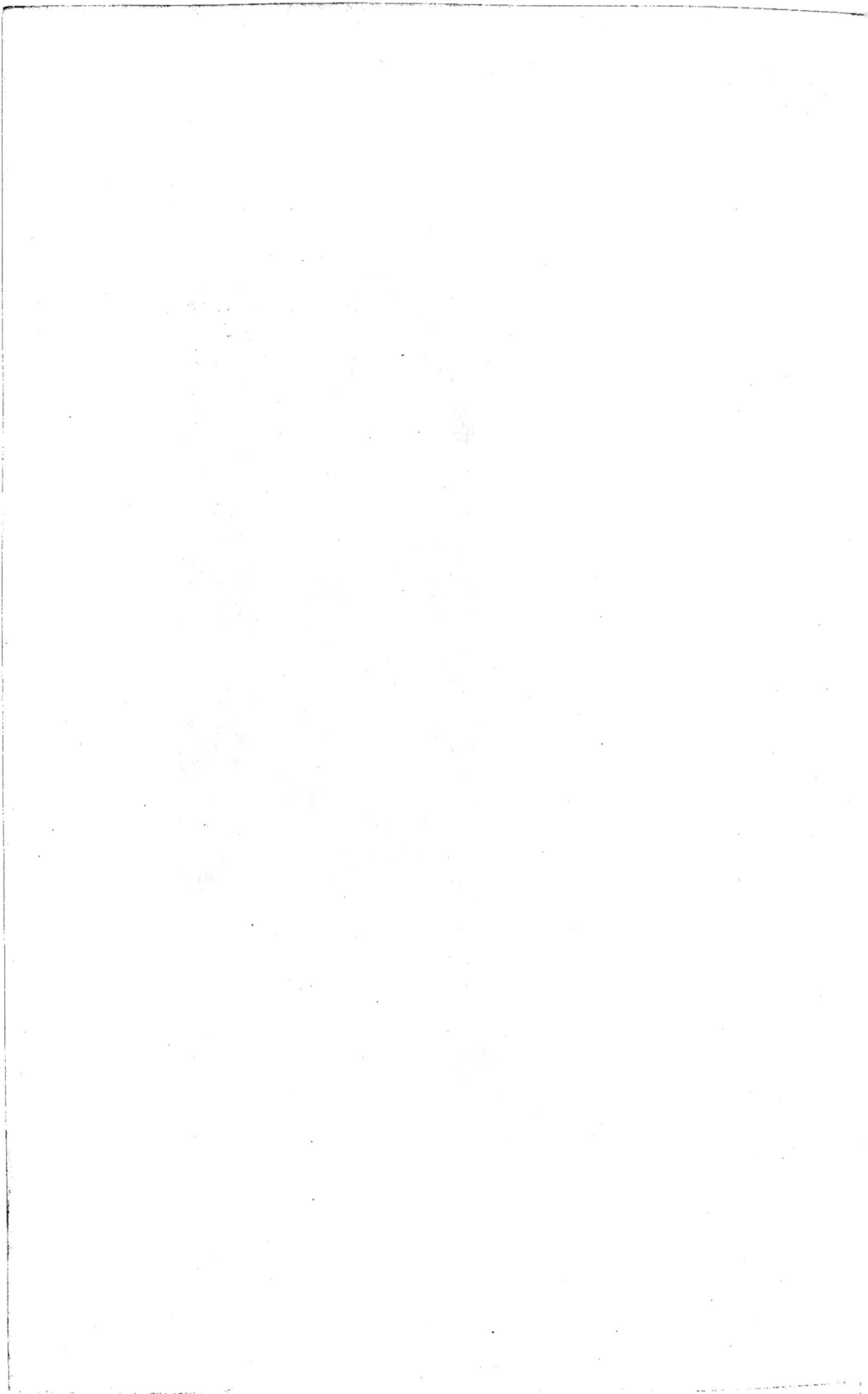

LES TRAVAUX PUBLICS DE LA FRANCE

« VIADUC DE DINAN »

J. SCHUBLIN & DREYFUS, PARIS

LES TRAVAUX PUBLICS DE LA FRANCE

PONT DES INVALIDES

PONT DE L'ALMA

VIADUC SUR LE TORRENT DE SI-GERVOI

PONT DE St SAUVEUR

LES TRAVAUX PUBLICS DE LA FRANCE

VIADUC DE PORT DE JOUX

LES TRAVAUX PUBLICS DE LA FRANCE

PONT NEUF A PARIS

LES TRAVAUX PUBLICS DE LA FRANCE

5 — PONT CHAÂBET-EL-AKHRA

VIADUC DE BUZON

PONT DE PAU

PONTS DE CAIX

☐ « PONT DE LA TRINITÉ » ☐

J. ROTHSCHILD, ÉDITEUR, PARIS

Tous Droits Réservés

PONT DES SAINTS-PÈRES À PARIS

PONT D'ARCOLE A PARIS

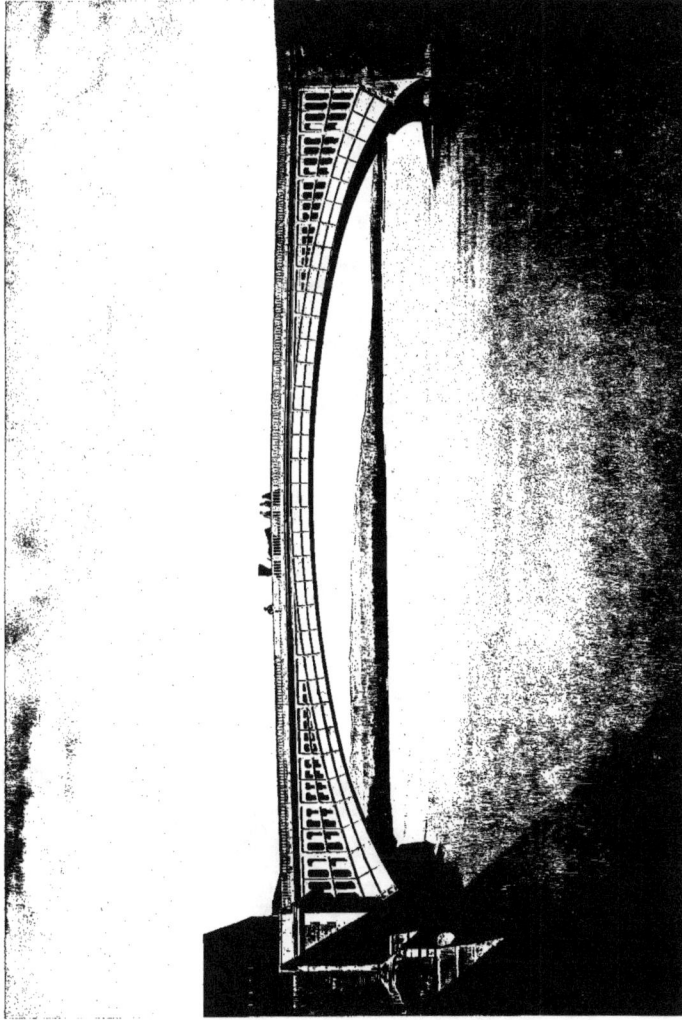

LES TRAVAUX PUBLICS DE LA FRANCE

PONT DE PONT-SAINT-ESPRIT

PONT DE SOLFÉRINO

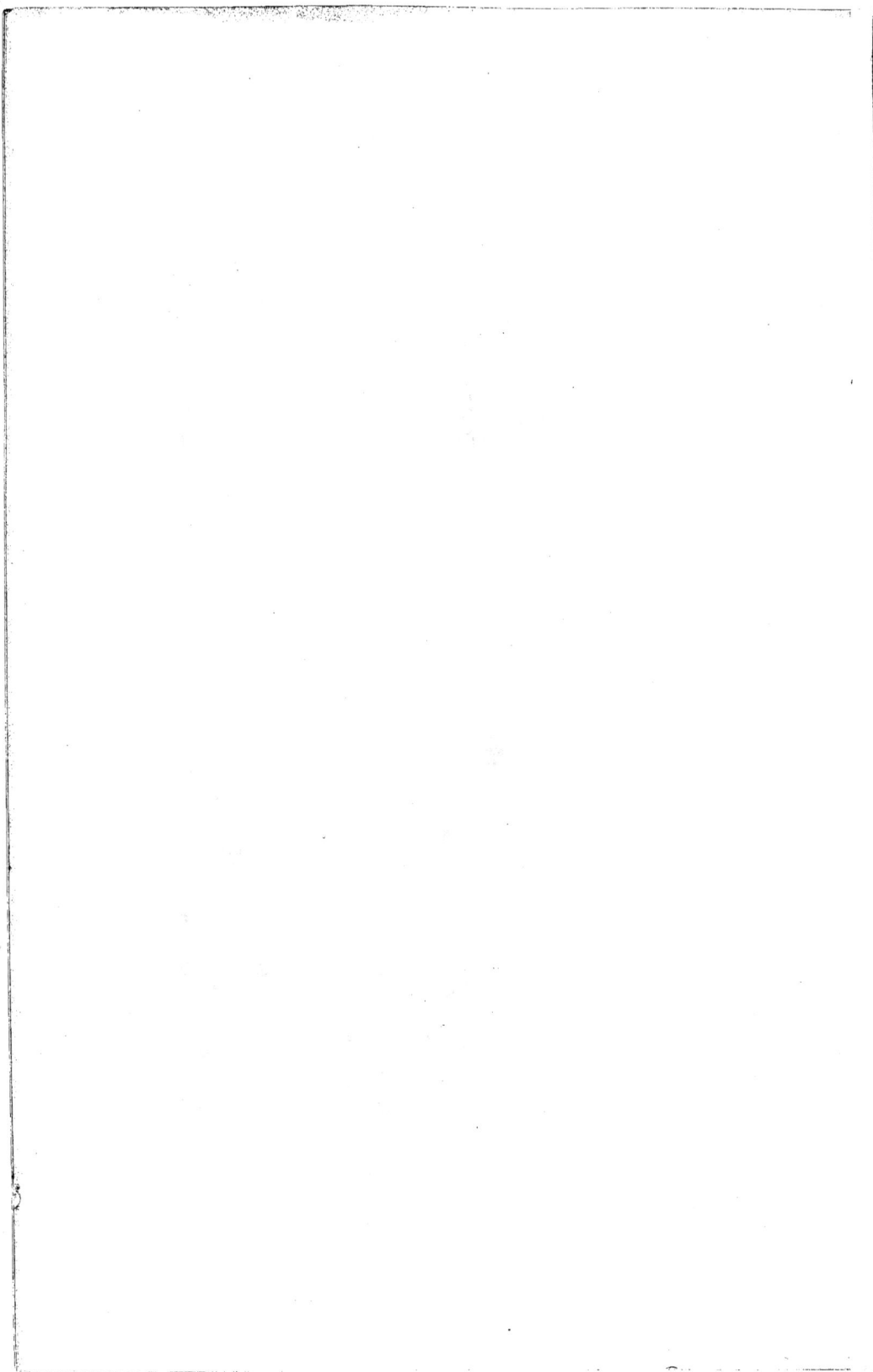

« LES TRAVAUX PUBLICS DE LA FRANCE »

« PONT DE NEUILLY »

« LES TRAVAUX PUBLICS DE LA FRANCE »

PONT ST-LOUIS A PARIS

« PONT DU VAR »

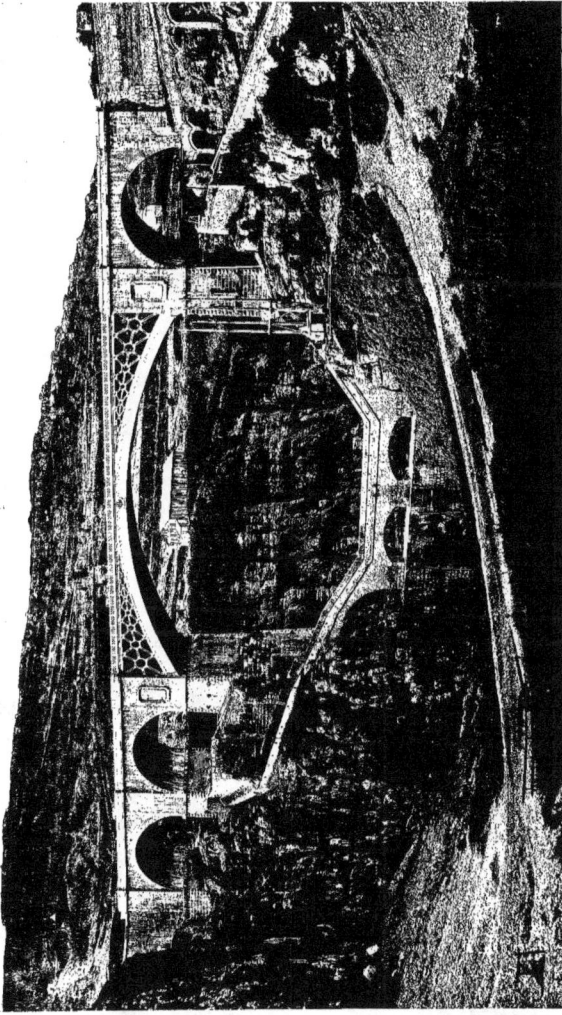

PONT D'EL KANTARA

J. ROTHSCHILD, 13, RUE DES SAINTS-PÈRES, PARIS

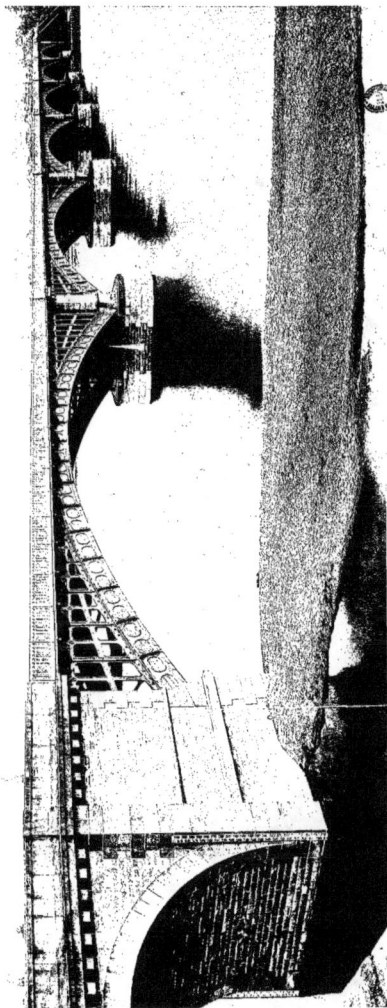

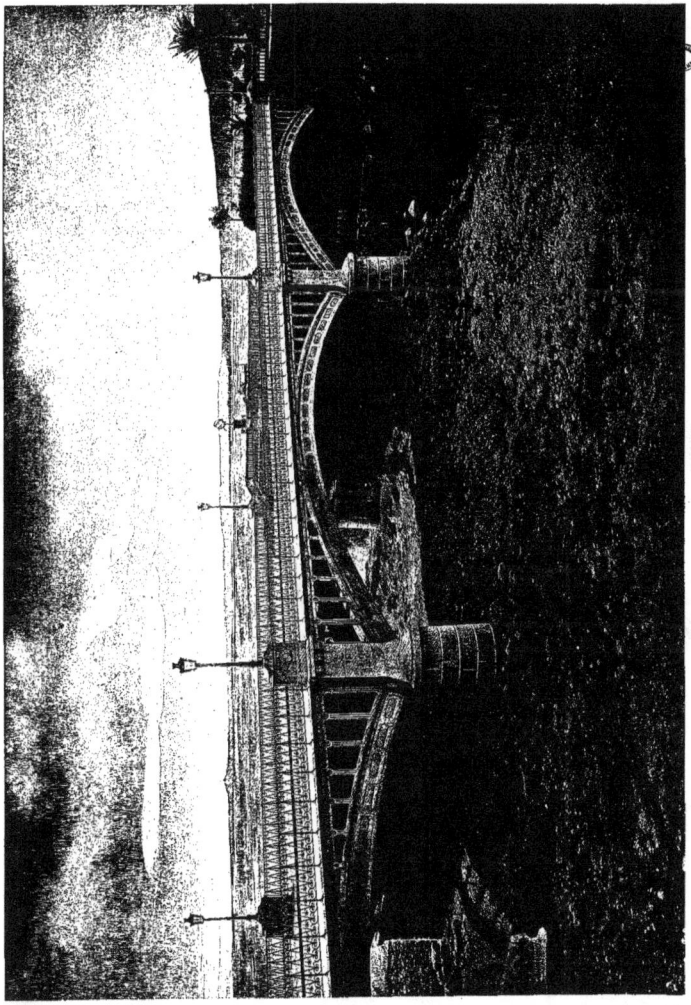

LES TRAVAUX PUBLICS DE LA FRANCE

PONT SUR LE PAILLON A NICE

J. ROTHSCHILD ÉDITEUR, PARIS

LES TRAVAUX PUBLICS DE LA FRANCE

PONT DE CLICHY-LA-GARENNE

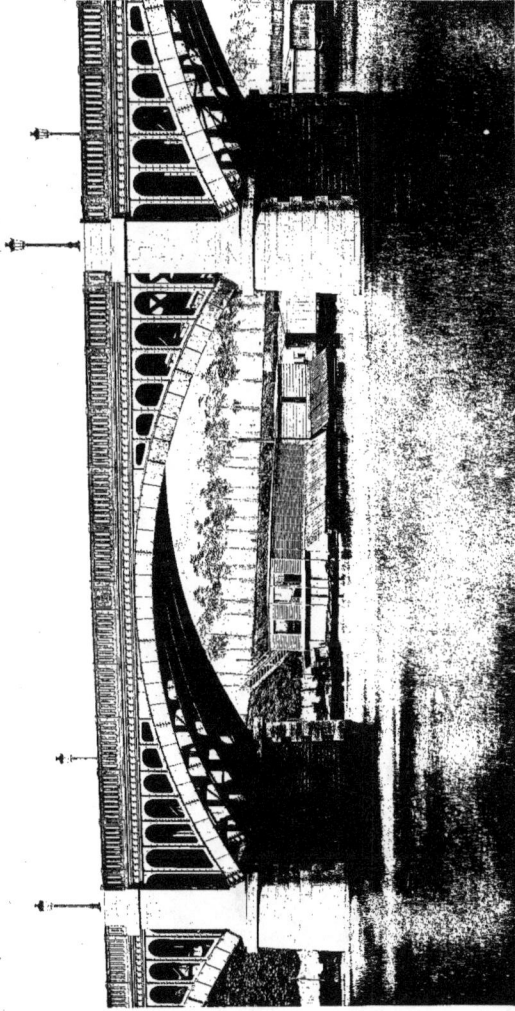

PONT DE GRENELLE

J. ROTHSCHILD, ÉDITEUR, PARIS
Imp. J.Petit, 1880-83

« LES TRAVAUX PUBLICS DE LA FRANCE » — « PONT DE SULLY A PARIS »

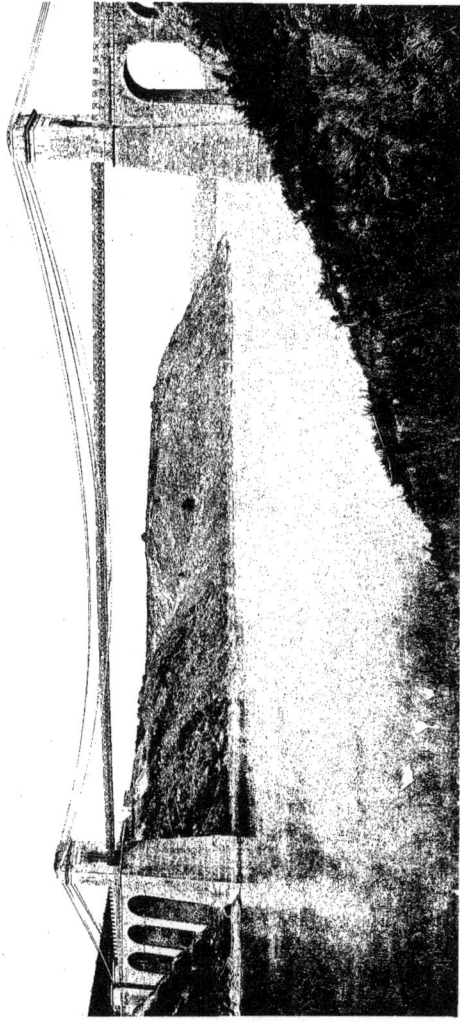

PONT DE LA ROCHE-BERNARD

— 4 — LES TRAVAUX PRIS ES DE LA RANC... — PONT SUR LE PORTE...

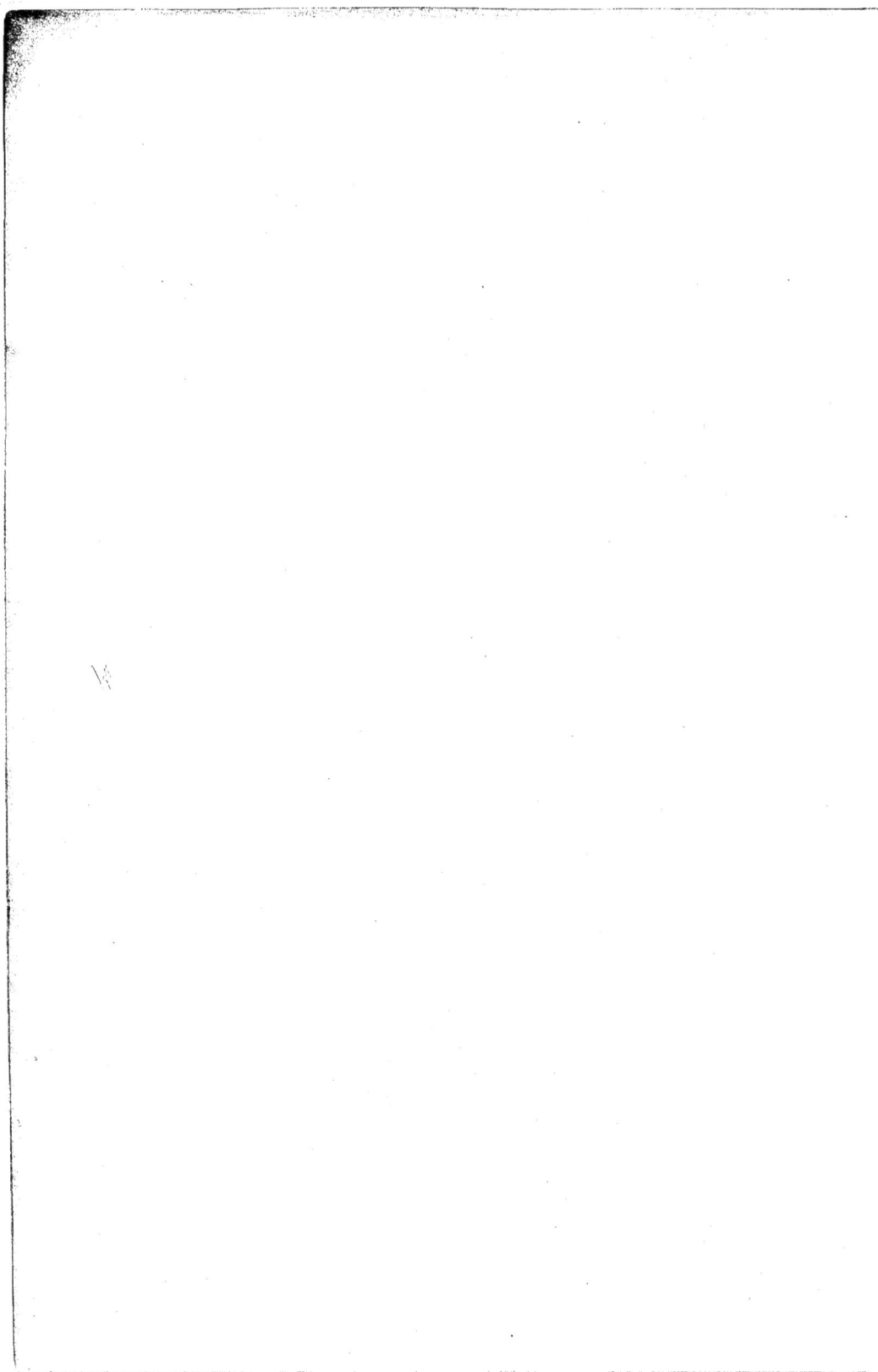

« LES TRAVAUX PUBLICS DE LA FRANCE »

« PONT DE LA MESCLA SUR LE VAR »

IMPRIMERIE SCHNEIDER, PARIS
Tous Droits réservés

MARSEILLE — LE PONT TRANSBORDEUR

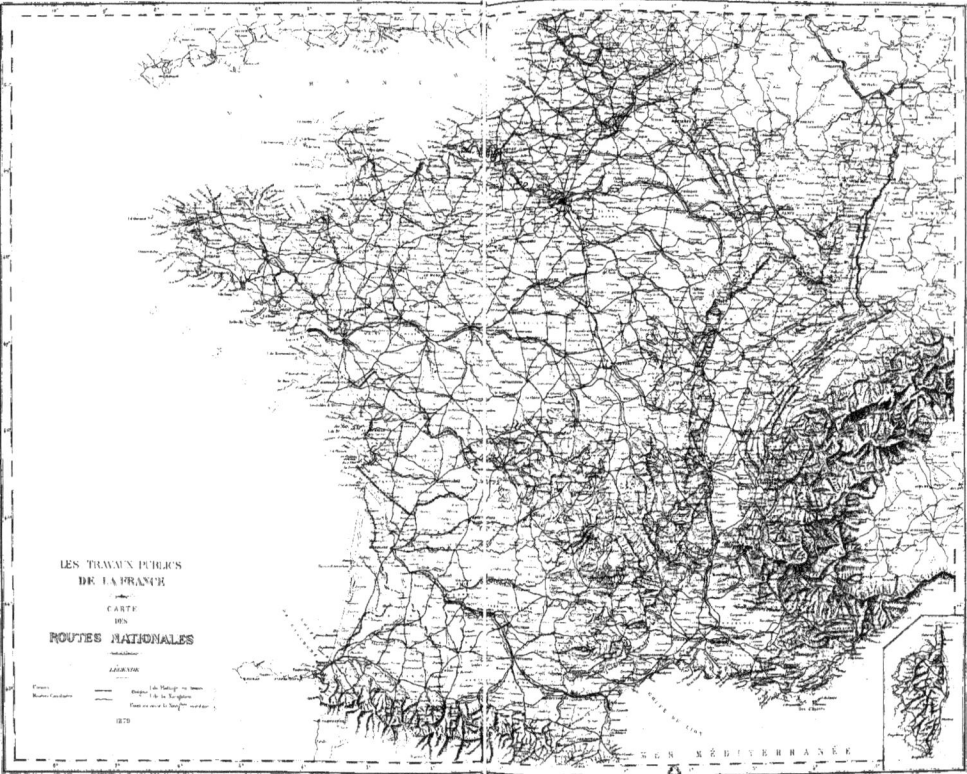

LES TRAVAUX PUBLICS
DE LA FRANCE

CARTE
DES
ROUTES NATIONALES

LES TRAVAUX
PUBLICS
DE
LA FRANCE

www.ingramcontent.com/pod-product-compliance
Lightning Source LLC
Chambersburg PA
CBHW061008280326

41935CB00009B/882